Peter Bleses · Antje Vetterlein

Gewerkschaften ohne Vollbeschäftigung

AF125534

Peter Bleses · Antje Vetterlein

Gewerkschaften ohne Vollbeschäftigung

Westdeutscher Verlag

Die Deutsche Bibliothek – CIP-Einheitsaufnahme
Ein Titeldatensatz für diese Publikation ist bei
Der Deutschen Bibliothek erhältlich

1. Auflage September 2002

Alle Rechte vorbehalten
© Westdeutscher Verlag GmbH, Wiesbaden 2002

Lektorat: Nadine Kinne

Der Westdeutsche Verlag ist ein Unternehmen der
Fachverlagsgruppe BertelsmannSpringer.
www.westdeutscher-verlag.de

Umschlaggestaltung: Horst Dieter Bürkle, Darmstadt

Gedruckt auf säurefreiem und chlorfrei gebleichtem Papier

ISBN-13: 978-3-531-13854-1   e-ISBN-13: 978-3-322-83378-5
DOI: 10.1007/978-3-322-83378-5

Inhalt

7

Vorwort

Ein Element des gesellschaftlichen und politischen Wandels der vergangenen Jahrzehnte sind tiefgreifende Probleme gesellschaftlicher Großorganisationen. Davon sind neben den Volksparteien vor allem auch die Gewerkschaften betroffen. Worauf gründen die gewerkschaftlichen Probleme? Ein wichtiger Grund liegt in veränderten ökonomischen und politischen Bestandsvoraussetzungen gewerkschaftlicher Politik. Arbeitslosigkeit, unstetes Wirtschaftswachstum, angebotsorientierte Wirtschafts- und Finanzpolitik sowie der betriebliche Wandel sind Stichworte, welche vor allem die äußere Umwelt der gewerkschaftlichen Organisation beschreiben. Ein weiterer wichtiger Grund besteht in der Ausdifferenzierung der Interessen des gewerkschaftlichen Klientels. Divergierende Interessen von Beschäftigten und nicht Beschäftigten, der soziale Wandel sowie Mitgliederverluste sind hier wichtige Anhaltspunkte, welche besonders die innere Umwelt der Organisation betreffen. Welche Position und welche Politik der Gewerkschaften kann noch alle in ihr repräsentierten Interessen vertreten?

Sozialwissenschaftler können die Probleme der Gewerkschaften nicht unberührt lassen. Das gilt unabhängig davon, ob man sich als gewerkschaftskritisch oder gewerkschaftsfreundlich versteht – wir verstehen uns übrigens weder als das eine noch als das andere. Denn handlungsfähige Gewerkschaften sind ein wichtiger Bestandteil des politischen, gesellschaftlichen und ökonomischen Systems der Bundesrepublik. Brechen sie weg, ohne dass funktionale Äquivalente an ihre Stelle treten, sind tiefgreifende Stabilitätsprobleme zu erwarten. Und funktionale Äquivalente sind unseres Erachtens noch nicht einmal in Ansätzen zu erkennen.

Wir haben uns zunächst einzeln Gedanken über diese Zusammenhänge gemacht. Zusammengeführt hat uns die externe Mitarbeit am Verbundprojekt der Hans-Böckler-Stiftung (HBS) „Arbeit und Ökologie" des Deutschen Instituts für Wirtschaftsforschung (DIW), des Wuppertal Institut für Klima, Umwelt Energie (WI) und des Wissenschaftszentrum Berlin für Sozialforschung (WZB). In diesem Zusammenhang entstanden am WZB zwei Arbeitspapiere (Bleses 2000; Vetterlein 2000), die in überarbeiteter Form wichtige Bausteine dieses Buches bilden.

Als wissenschaftliche Mitarbeiter am Institut für Soziologie der Universität Leipzig hatten wir die Gelegenheit, unsere Zusammenarbeit in Lehre und Forschung zu intensivieren. Die Idee, daraus ein Buch zu machen, war das Ergebnis der gemeinsamen Unzufriedenheit darüber, dass den meisten Büchern über die Probleme und Perspektiven der Gewerkschaften die analytische Distanz fehlt. Entweder werden die Gewerkschaften verdammt – oder sie werden unkritisch hochgelobt, vielleicht noch als unschuldige Opfer der gesellschaftlichen Entwicklung angesehen. Beides sind Verkürzungen. Beides wird der Sache nicht gerecht. Wir wollen die Gewerkschaften als Objekte wie Subjekte des gesellschaftlichen, rechtlichen und politischen Wandels begreifen und analysieren. Wir hoffen, dass uns das gelungen ist.

Wir bedanken uns bei jenen, die uns beim Zustandekommen dieses Buches begleitet und unterstützt haben. Zuerst und vor allem bei Georg Vobruba, der uns von der Idee bis zur Fertigstellung des Buches mit Rat und Tat zur Seite gestanden hat. Seine langjährigen analytischen Erfahrungen in der Arbeits- und Sozialpolitik, die er mit uns geteilt hat, waren immer hilfreich. Vielleicht noch wichtiger aber ist seine Fähigkeit, Zuversicht in die eigene Leistungsfähigkeit zu verleihen. Sehr wichtig waren für uns des Weiteren die hilfreichen Kommentare von Martin Seeleib-Kaiser und Olaf Struck. Zu danken haben wir ferner Jana Lantzsch, die das Buch in der Anfangsphase mit uns diskutiert hat. Und schließlich danken wir auch dem WZB-Team des Projekts „Arbeit und Ökologie", das Teile des Buches in einem Stadium begleitete, bevor wir überhaupt ahnten, dass daraus einmal ein Buch werden könnte.

Bremen/Florenz, Juli 2002 *Peter Bleses, Antje Vetterlein*

1 Einführung: Gewerkschaften und die Vollbeschäftigung

„Eines der Grundrechte des Menschen ist das Recht auf Arbeit. Es
kann nur durch Vollbeschäftigung
verwirklicht werden" (DGB 1977: 3).

„Vollbeschäftigung, Verteilungsgerechtigkeit und mehr Lebensqualität sind
für die Gewerkschaften die wichtigsten
Ziele ökonomischen Handelns" (DGB
1996a: 16).

Seit mehr als einem Vierteljahrhundert wird in der Bundesrepublik Deutschland
das Vollbeschäftigungsziel verfehlt, über weite Strecken sogar sehr weit. Aber
die permanent und seit der deutschen Vereinigung besonders hohen Arbeitslosenzahlen sind nur eine und vielleicht nicht einmal die wichtigste Seite der Veränderung des Arbeitsmarktes in den vergangenen Jahrzehnten. Die andere, langfristig wahrscheinlich sogar bedeutendere Seite stellt die qualitative Entwicklung der Beschäftigungsverhältnisse und -biographien dar. Quantitative und
qualitative Aspekte wirken zusammen und lassen langsam aber sicher das zur
Vergangenheit werden, was sich treffend mit dem Begriff der ,traditionellen
Vollbeschäftigung' bezeichnen lässt. Traditionelle Vollbeschäftigung, deren Ende Mitte der 70er Jahre begann, war nicht einfach dadurch gekennzeichnet, dass
alle irgendeine bezahlte Arbeit finden können. Tatsächlich herrschte Vollbeschäftigung in einem bestimmten Typus von Beschäftigungsverhältnis. Es handelte sich um vollzeitige, arbeits- und sozialrechtlich sowie tarifvertraglich erfasste Beschäftigung, die zudem in einem Betrieb möglichst lange und kontinuierlich ausgeübt wurde.[1]

Der Begriff ,Vollbeschäftigung' ist dabei allerdings leicht irreführend. Denn
er suggeriert, dass alle im erwerbsfähigen Alter einer Erwerbsarbeit nachgingen.
Tatsächlich arbeitete jedoch gegen Entgelt vor allem der männliche Teil der Gesellschaft, während die Frauen in aller Regel den unbezahlten sogenannten Reproduktionstätigkeiten nachgingen und allenfalls geringfügig ,dazu verdienten'.
Vollzeiterwerbstätigkeit der Männer und versorgende Tätigkeiten der Frauen
lassen sich dabei als gesellschaftliches Arrangement bezeichnen, in dem Frauen
über ihre Männer mit Unterhalt versorgt wurden, Männer sich aufgrund der

---

1 Das sind im wesentlichen die Merkmale, mit denen Mückenberger (1985) die arbeits- und sozialrechtliche Fiktion des „Normalarbeitsverhältnisses" beschrieb.

Haushaltstätigkeit der Frauen voll und ganz um die Erwerbsarbeit kümmern konnten. Die männliche Erwerbstätigkeit allein war existenzsichernd für den gesamten Haushalt, was in historischer Perspektive einzigartig ist (Vobruba 2000; 1999a). Dieses Lebens-, Arbeits- und Versorgungsarrangement wurde ebenso durch sozialstaatliche Regelungen gerahmt und unterstützt wie es gesellschaftlich akzeptiert war. Betrachtet man das Gesamtarrangement, ist der Begriff der *traditionellen Vollbeschäftigungsgesellschaft* angemessen.

In der traditionellen Vollbeschäftigungsgesellschaft befanden sich die Gewerkschaften in der Bundesrepublik in einer sehr einflussreichen Position. Weil Vollbeschäftigung herrschte, konnten sie für ihre Mitglieder in den Verhandlungen mit den Arbeitgeberverbänden umfängliche Verbesserungen von Löhnen und Arbeitsbedingungen erzielen. Weil sie das konnten und weil die Interessen der Beschäftigten aufgrund der vergleichsweise stark normierten Beschäftigungsverhältnisse relativ gering voneinander divergierten, lag auch der gewerkschaftliche Organisationsgrad hoch. Die Gewerkschaften konnten behaupten, die Arbeitnehmerschaft zu vertreten. Dieser Alleinvertretungsanspruch der Gewerkschaften ließ auch ihre politische Macht steigen. Die Gewerkschaften konnten politisch mitbestimmen. Ihre Stimme besaß Einfluss nicht nur in Fragen, die unmittelbar die Beschäftigten und ihre soziale Absicherung betrafen. Zudem waren die Gewerkschaften auch in den politischen Diskurs über die Wirtschafts- und Finanzpolitik einbezogen.

Mit der Ölkrise 1973, den nachfolgenden Wirtschaftskrisen, den nicht nur daraus resultierenden Dauerproblemen am Arbeitsmarkt, einem diese Entwicklungen begleitenden gesellschaftlichen und politischen Wandel verschlechterten sich jedoch die Rahmenbedingungen für die Gewerkschaften immer mehr. Die Zunahme sogenannter atypischer Beschäftigungsverhältnisse, die persistent hohe Arbeitslosigkeit, der abnehmende gewerkschaftliche Organisationsgrad, die zunehmende internationale ökonomische Verflechtung und ein deutlicher politischer Machtverlust der Arbeiterorganisationen im Vergleich zum gewachsenen Einfluss des (nicht nur deutschen) Kapitals sind dabei nur die offensichtlichsten Erscheinungen, die für die Gewerkschaften weitreichende Konsequenzen besitzen. Traditionelle Vollbeschäftigung und darauf basierende Gewerkschaftsmacht gehören (zumindest zunächst einmal) der Vergangenheit an.[2]

Trotz aller Veränderungen scheinen die Gewerkschaften aber unbeirrt am Ziel der Vollbeschäftigung festzuhalten, wie das obige Zitat aus dem aktuellen Grundsatzprogramm des Deutschen Gewerkschaftsbundes (DGB 1996a) zeigt. Wenngleich es berechtigte Zweifel daran geben mag, ob die Vollbeschäftigung

---

2   S. Kap. 3.

aufgrund der wahrscheinlich hohen Kosten der Zielerreichung wirklich im Interesse aller Gewerkschaftsmitglieder oder gar der Organisation selbst liegt (Vobruba 2000, 1998), sollte man die Gewerkschaften beim Wort nehmen: Keine andere politische Organisation bekennt sich so sehr und so ausdauernd zum Vollbeschäftigungsziel wie die Gewerkschaften. Die Gewerkschaften befinden sich dabei in einer schwierigen Position. Es wird ihnen vorgeworfen, sich zu einer Organisation konservativer Besitzstandswahrer entwickelt zu haben, die im Interesse ihrer Kernklientel, den (weniger werdenden) Beschäftigten in Normalarbeitsverhältnissen, den Wandel auf dem Arbeitsmarkt am liebsten verhindern, zumindest aber bremsen wollen. Sie werden deshalb und aufgrund ihrer Lohnpolitik sogar mitverantwortlich gemacht für die andauernde problematische Arbeitsmarktsituation.

Die Gewerkschaften können also nicht nur fordern, dass die Arbeitslosigkeit von ‚der' Politik und den Arbeitgebern beseitigt wird; sie sind zudem auch Forderungen ausgesetzt, durch eine Veränderung ihrer eigenen Politik (vor allem hinsichtlich der Lohnentwicklung, des Lohngefüges und der Rigidität kollektivvertraglicher Regelungen) mit zum Abbau der Arbeitslosigkeit beizutragen. Halten sie unter dem Eindruck der Kritik an ihren Positionen fest, geraten sie in eine Verteidigungsposition. Wollen sie ihre Positionen verändern, werden sie in ihrer eigenen Organisation auf Widerstand bei jenen stoßen, die an der Beibehaltung der alten Politik Interesse haben. Für die Gewerkschaften, die nach wie vor einen politischen und gesellschaftlichen Mitgestaltungsanspruch erheben (DGB 1996a: 2), trägt die gegenwärtige Lage alle Kennzeichen eines Dilemmas.

Es gibt nun aber jenseits der konstanten Beschwörung des Vollbeschäftigungsziels Anlass zur Vermutung, dass die Gewerkschaften mittlerweile zumindest einige Zeichen der Zeit erkannt haben. Das ist zum einen an ihren neueren politischen Grundpositionen (nicht nur, aber insbesondere im Grundsatzprogramm) wie auch an den neueren politischen Strategien (vor allem die Bündnisse für Arbeit) zu sehen. Offensichtlich scheinen auch die Gewerkschaften nicht mehr immer an die traditionelle Vollbeschäftigung zu denken, wenn sie von Vollbeschäftigung sprechen. Überhaupt sprechen sie nicht mehr so viel von der Vollbeschäftigung, wie ein eindeutiges Bekenntnis zu diesem Ziel erwarten ließe. Lieber sprechen auch die Gewerkschaften heute von ‚mehr Arbeit' oder vom ‚Abbau der Arbeitslosigkeit'. Auch sind sie beispielsweise bereit, den Arbeitsbegriff über die Erwerbsarbeit auf nicht entlohnte Tätigkeiten hinaus zu erweitern, Teilzeitarbeit zu fördern, Tarifverträge zumindest teilweise zu öffnen.

Solche Veränderungen der gewerkschaftlichen Positionen und Strategien in Reaktion auf die dauerhafte Abwesenheit der traditionellen Vollbeschäftigung sind bislang zu wenig ergründet worden. Statt dessen haben sich die Sozialwis-

senschaften vielfach damit befasst, den Gewerkschaften die selbst- oder fremd-
gesteckten Grenzen ihres Handels aufzuzeigen (z.b. Koch 1995). Ziel des folgenden Buches ist daher, sich empirisch mit der Frage zu beschäftigen, welche
Positionen und Strategien die Gewerkschaften heute tatsächlich vertreten, wie
konsistent sie sind und welche Umsetzungschancen ihre Vorschläge besitzen.

Bevor wir uns aber mit den Gewerkschaften selbst beschäftigen, müssen wir
ein wenig ausholen. Zuerst wenden wir uns sowohl den Interessen der Arbeits-
marktakteure an der Vollbeschäftigung wie auch ihren Möglichkeiten zu, den
Beschäftigungsstand zu verändern. Dieser theoretische Teil (Kap. 2) soll Auf-
schluss darüber geben, ob die beteiligten Akteure – Gewerkschaften, Arbeitgeber und Staat – Vollbeschäftigung überhaupt *wollen* und herbeiführen *können*.
Im Anschluss daran werden wir einen empirischen Überblick über die Entwicklungen des Arbeitsmarktes und der Gesellschaft in den vergangenen Jahrzehnten geben. Welche Veränderungen hat die traditionelle Vollbeschäftigungsgesellschaft erfahren und wie sind die Gewerkschaften davon betroffen? (Kap.
3) Basierend auf diesem ersten Teil des Buches, konzentrieren wir uns anschließend ausschließlich auf die Positionen und Strategien der Gewerkschaften, mit
diesen veränderten Rahmenbedingungen umzugehen. Hier geht es zuerst um die
aktuellen programmatischen Äußerungen der Gewerkschaften in der Arbeits-
und Sozialpolitik und um den aktuellen Gewerkschaftsdiskurs, der um die Positionen der Gewerkschaften geführt wird. Wie stellen sich die heutigen Positionen der Gewerkschaften in Programmen und Diskursen dar? Reflektieren die
Gewerkschaften die dauerhafte Abwesenheit der traditionellen Vollbeschäftigung bzw. wie sind ihre Reaktionen zu beschreiben? (Kap. 4) Während es in
Kapitel 4 eher um die Reaktionen der Gewerkschaften auf diskursiver Ebene
und die Anpassung ihres Leitbildes an veränderte soziale, ökonomische und gesellschaftliche Bedingungen geht, behandelt Kapitel 5 eine der wesentlichen
,aktiven' Strategien der Gewerkschaften, die Vollbeschäftigungslücke zumindest zu verkleinern: das von ihnen initiierte Bündnis für Arbeit. Diesem korporatistischen Politikinstrument widmen wir uns deshalb in einem eigenen Kapitel.
Was beabsichtigen die Gewerkschaften mit dem Bündnis für Arbeit, wie sind
die Erfolgsaussichten bzw. was lässt sich damit überhaupt erreichen? Vollbeschäftigung oder überhaupt mehr Beschäftigung? Welche Gefahren sind mit der
Bündnisstrategie verbunden? (Kap. 5) Zum Ende wollen wir unsere Ergebnisse
zusammenführen und zu der Fragestellung bündeln, welche Handlungsoptionen
und -risiken sich den Gewerkschaften ohne die traditionelle Vollbeschäftigung
auftun. Dabei werden wir uns intensiv insbesondere mit den Chancen und
Problemen verschiedener Strategien der Arbeitszeitverkürzung auseinander setzen (Kap. 6).

2   Vollbeschäftigungspolitik: Wollen und Können

2.1   Interessen an Vollbeschäftigung

2.1.1   Die Interessenlage des Staates

Downs (1974, [1957]) geht davon aus, dass die Wähler starken Einfluss auf die Interessen der Regierung haben. In seiner „Ökonomischen Theorie der Politik" ist er nicht der Ansicht, dass Politiker die „soziale Wohlfahrt" maximieren. Vielmehr seien sie als „politische Unternehmer" an der Maximierung von Wählerstimmen interessiert. Demnach würde die Politik durch die Interessen der Mehrheit bestimmt. Empirisch bestätigt sich diese Vermutung nicht: Es wird durchaus auch Politik für Minderheiten gemacht und Mehrheitsinteressen werden verletzt, ohne dass die Regierung abgewählt wird (Vobruba 1983a). Die ökonomische Theorie der Politik greift also offensichtlich zu kurz. Nicht nur die Wählerinteressen sind entscheidend für das Verhalten von stimmenmaximierenden Politikern. Hinzu kommen andere Faktoren, z.b. kollektive Akteure, die Einfluss auf die Politik nehmen können; finanzielle Restriktionen; die Ideologie bzw. Werte einer Regierung, aus der sich unterschiedliche Umweltperzeptionen und Lösungsvorschläge ableiten (s. Keynesianismus vs. Neoliberalismus); aber auch die Parteibasis, deren Interessen zwecks Einigkeit der Partei berücksichtigt werden müssen. Uns erscheint das Konzept vom „Interesse des Staates an sich selbst" (Offe 1975; s. auch Vobruba 1983a) als analytischer Zugang geeignet: Staatliche Akteure intervenieren dann bei gesellschaftlichen Problemen, wenn diese drohen, die Regierungsmacht zu gefährden oder gar das System zu destabilisieren. Die Frage nach den Interessen des Staates bezüglich Vollbeschäftigung ist dann so zu formulieren: Stellt Massenarbeitslosigkeit eine Gefahr für Erhalt, Ausbau und Absicherung der Regierungsmacht dar?

Aus der Beantwortung dieser Frage ist auf ein „symmetrisch-heterogenes" Interessenprofil (Urban 1998: 621) des Staates zu schließen, welches Pro- und Contra-Interessen gleichermaßen enthält. Zum einen steht die Regierung – insbesondere eine sozialdemokratisch geführte – unter starkem Erwartungsdruck. Misserfolge bei der Bekämpfung der Arbeitslosigkeit drohen Akzeptanzverluste zur Folge zu haben. Zum anderen sind aber nicht nur speziell bei der politischen

Elite, sondern auch in der Bevölkerung abnehmende beschäftigungspolitische Ambitionen zu beobachten. Folglich hat sich die Prognose, Massenarbeitslosigkeit sprenge das System, politisch nicht bestätigt. Mit Massenarbeitslosigkeit kann man durchaus Wahlen gewinnen (Vobruba 1998; Schmidt 1989; international vergleichend: Anderson 2001: 284f.). Auch Scharpf (1988b) kommt bei seiner Analyse von Inflation und Arbeitslosigkeit zu dem Schluss, dass die Interessen der Bevölkerung bezüglich dieser beiden Ziele nicht eindeutig zu bestimmen sind. Er zeigt, dass Arbeitslosigkeit eher ein Randgruppenproblem darstellt, Inflation hingegen betrifft alle Gesellschaftsmitglieder (vgl. a. Heinelt 1993). Die Phillipskurve (s. z.B. Spahn 1996) macht deutlich, dass zwischen beiden Zielen ein negativer Zusammenhang besteht. Man muss sich für die Verfolgung von einem von beiden entscheiden. Auch wenn dieser Zusammenhang empirisch nicht immer bestätigt wurde, scheint er doch in der Wahrnehmung politischer Akteure zu existieren. Das bedeutet für die Regierung, dass die Verfolgung des Zieles Geldwertstabilität politisch sinnvoller sein kann.

Dass das Postulieren des Zieles Vollbeschäftigung im Gegensatz zu dem der Haushaltskonsolidierung immer weiter an Bedeutung verliert (Vobruba 1998: 84) bzw. Vollbeschäftigung so explizit nicht mehr gefordert wird, haben Bleses/ Rose (1998) und Lantzsch (1999) empirisch nachgewiesen. In inhaltsanalytischen Studien offizieller Reden politischer Akteure wird gezeigt, „... daß tatsächlich das Ziel Vollbeschäftigung nicht mehr geäußert wird. Für die konservativ-liberale Regierung hatte das Ziel einer Geldwertstabilität Vorrang. Weniger eindeutig waren die Zielsetzungen sozialdemokratischer Regierungen festzumachen. (...) Mit der Abkehr vom Vollbeschäftigungsversprechen ging eine Zunahme der Äußerung anspruchsloserer Aussagen wie z.B. des Zieles ‚Erhöhung der Beschäftigung' einher" (Lantzsch 1999: 74f.).

Welche Interessen kann man plausibel unterstellen? Einerseits hat die Regierung ein Interesse am Abbau von Arbeitslosigkeit, da sie einen enormen Kostenfaktor für den Staatshaushalt darstellt. Eine Senkung der gesamtfiskalischen Ausgaben erhöht den finanziellen und politischen Handlungsspielraum des Staates. Auf der anderen Seite verursacht aktive Beschäftigungspolitik ebenfalls Kosten, bei denen der Staat schnell an finanz- bzw. verteilungspolitische Grenzen stößt. Eine Finanzierung über eine höhere Staatsverschuldung ist spätestens seit Ende der 70er Jahre politisch kaum noch durchsetzbar und heute durch die Konvergenzkriterien des Maastrichter Vertrages sowie den europäischen „Stabilitäts- und Wachstumspakt" auch nicht mehr möglich. Vergleichbares gilt für den Weg einer Steuer- und Abgabenerhöhung. In diesem Falle ist mit großem Abgabenwiderstand in der Bevölkerung zu rechnen. Verteilungspolitisch gesehen, wäre eine Belastung der Unternehmen zwar der sinnvollste Weg, vor allem vor dem Hintergrund, dass sich die Verteilungsposition des Kapitals in den letzten Jahren erheblich verbessert hat (vgl. Urban 1998: 623). Doch die Drohung der Standortverlagerung ins Ausland seitens der Unternehmer lässt die politischen Akteure zurückschrecken. Eine solche Exit-Option steht den Beschäftigten nur beschränkt zur Verfügung. Auch würde deren Gerechtigkeitsempfinden durch steigende Abgaben stark strapaziert.

2.1.2 Die Interessenlage der Arbeitgeber und ihrer Verbände

Das Interesse der Arbeitgeber an Vollbeschäftigung ist ambivalent mit deutlichem Übergewicht der Contra-Interessen. Zum einen sind auch die Arbeitgeber an Vollbeschäftigung bzw. einem Abbau der Arbeitslosigkeit interessiert. Dieses Interesse beruht auf der Annahme, dass durch freigesetzte finanzielle Spielräume seitens des Staates die Abgabenlast sinkt. Des weiteren würden der aus einem steigenden Beschäftigungsniveau folgende forcierte Wertschöpfungsprozess und die damit einhergehenden Wachstumszuwächse die Absatzchancen der Unternehmen verbessern und zu einer Entschärfung des Verteilungskonfliktes zwischen Kapital und Arbeit beitragen. Hohe Konfliktkosten beispielsweise durch Streiks könnten dadurch vermieden werden. Der „soziale Frieden" wiederum schafft günstige Ausgangsbedingungen für Innovation und Investition.

Zum anderen dürften aber die Vorteile, die sich für die Unternehmen aus einem zu hohen Angebot an Arbeitskräften ergeben, die Pro-Interessen bei weitem übersteigen. Einerseits scheinen die Kosten der Arbeitslosigkeit eher an den Arbeitgebern vorbeizugehen (vgl. Urban 1998: 625). Vor allem aber ergeben sich aus einem Überangebot an Arbeitskräften machtpolitische Vorteile für die Unternehmer. Bei hoher Arbeitslosigkeit ist die Position der Gewerkschaften geschwächt und somit die Durchsetzungschance seitens des Kapitals günstig. Nach Marx ist das als Mechanismus der „industriellen Reservearmee" bzw. des „Lohngesetzes" zu bezeichnen. In einer Situation der Vollbeschäftigung können die Arbeitnehmer nicht mehr mit der Entlassungsdrohung diszipliniert werden. Das „Ende der Vollbeschäftigung" bringt für die Unternehmer also strategische Vorteile mit sich. Daraus erwachsen direkte verteilungspolitische Vorteile hinsichtlich geringerer Lohnerhöhungen sowie gemäßigtem Widerstand bei Personalabbau, Abbau tariflicher Leistungen und „Tarifflucht". Und sie sind in der Lage, die Kosten der Arbeitslosigkeit den Arbeitnehmern zu überlassen.

Neben den verteilungspolitisch besseren Bedingungen sind mit Arbeitslosigkeit zusätzlich ordnungspolitische Vorteile für Arbeitgeber verbunden. Erstens erhöhen sich politische Durchsetzungschancen bezüglich der Transformation von Flächentarifvertrag und betrieblicher Mitbestimmung entsprechend den Erfordernissen des Marktes. Zweitens steigen die Chancen, die Grundstrukturen des sozialen Sicherungssystems immer mehr mit dem Ziel in Frage zu stellen, den Arbeitgeberanteil an den Beitragslasten zu reduzieren (Urban 1998). Ein weiterer Grund der Ablehnung, der allerdings alle gesellschaftlichen Akteure tangiert, ist die Inflationsgefahr einer bestehenden Vollbeschäftigung. Wie bereits erwähnt, hat Phillips Ende der 50er Jahre auf einen negativen Zusammenhang zwischen Inflationsrate und Arbeitslosigkeit hingewiesen, der sich aus einer nicht-linearen Beziehung zwischen der Wachstumsrate der Nominallöhne und der Arbeitslosenquote ergibt. Der negative Zusammenhang von Arbeitslosigkeit und Inflation funktioniert wie folgt: Vollbeschäftigung hat dadurch Einfluss auf das Machtverhältnis zwischen Arbeitgebern und Arbeitnehmern, dass die Position des Kapitals relativ zu der der Arbeit geschwächt wird. Geringe Arbeitslosigkeit steigert die Verhandlungsmacht der Gewerkschaften, die infolgedessen ihre verbesserte Situation zur Durchsetzung von Lohnsteigerungen nutzen können. Der Effekt von steigenden Löhnen zeigt sich in steigender Nachfrage nach Gütern und Dienstleistungen, aber auch in steigenden Produktionskosten der Unternehmen und damit in steigenden Preisen. Diese inflationäre Entwicklung kann durch einen Erwartungsmechanismus weiter forciert werden: Bei den Lohnverhandlungen der nächsten Tarifrunde wird die gesteigerte Inflationsrate bereits antizipiert, was zum Abschluss von höheren Löhnen führt und damit zu Kosten- und in deren Folge zu Preissteigerungen (Spahn 1996).

Der Blick auf das einzelne Unternehmen ist jedoch zu verengt. Denn die Unternehmen verfügen über kollektive Interessenvertretungen, die im wesentlichen als politische Akteure auftreten. Diese Unternehmensverbände haben durchaus ein Interesse am Vollbeschäftigungs*postulat*. Mit diesem Mittel können sie gegenüber dem Staat oder den Gewerkschaften unternehmerische Interessen durchsetzen. Denn eine Voraussetzung für mehr Beschäftigung durch das Einstellungsverhalten von Unternehmern sind ausreichende Ertragserwartungen. Unternehmensverbände können bessere Bedingungen für ihre Klientel durchsetzen, wenn sie argumentieren, dass es genau an diesen Erwartungen mangelt. Dabei ist besonders vorteilhaft, dass die Voraussetzungen für bessere Ertragserwartungen *zuerst* geschaffen werden müssen. Bleiben die angestrebten Beschäftigungseffekte dennoch aus, wird meist das Argument angeführt, dass es aufgrund fehlender situationsverbessernder Maßnahmen für die Wirtschaft zum Stellenabbau gekommen wäre. Mit anderen Worten haben die Arbeitgeberverbände gute Gründe, dass Vollbeschäftigungspostulat als Instrument politischer Interessendurchsetzung aufrechtzuerhalten, wobei diese Strategie weder zu erfolgreich noch zu erfolglos sein darf (Vobruba 1997).

Schließlich muss noch zwischen Arbeitgebern und Kapitaleignern unterschieden werden. Hier lässt sich klar und knapp feststellen: Das Interesse der Kapitaleigner richtet sich – im Gegensatz zu den Unternehmern – *eindeutig gegen* Vollbeschäftigung, weil diese durch die Stärkung der Angebotsseite des Arbeitsmarktes potentiell kostensteigernd wirkt (Vobruba 1998).

2.1.3 Die Interessenlage der Gewerkschaften und ihrer Mitglieder

Die Gewerkschaften und ihre Mitglieder haben das größte Interesse an Vollbeschäftigung. Aber auch bei ihnen ist bei näherer Betrachtung ein asymmetrisches Interessenprofil zu finden (Urban 1998: 628). Allerdings überwiegen die Pro-Interessen. Vollbeschäftigung bedeutet für die Gewerkschaften erstens höhere Durchsetzungsmacht, da der Konkurrenzdruck der Arbeitskraftanbieter gesunken ist. Daraus folgt größerer arbeitsmarkt- und gesellschaftspolitischer Einfluss, der wiederum beispielsweise für Lohnforderungen genutzt werden kann. Erfolge in diesem Bereich würden die Mitgliederzufriedenheit und -bindung stärken. Zweitens verbessert sich die finanzielle Situation des Verbandes, denn mehr Beschäftigte bedeuten gleichzeitig tendenziell mehr Mitglieder und damit mehr Beiträge.[3]

Auf der anderen Seite ergeben sich auch auf der Gewerkschaftsseite Probleme beim Verfolgen des Vollbeschäftigungszieles. Denn beschäftigungswirksame Maßnahmen stehen nicht unbedingt in Einklang mit den Forderungen der Mitgliedschaft. Kollektivinteressen und Partikularinteressen können je nach Lebenslage stark differieren und konfligieren (Wiesenthal 1987). Die Beschäftigten sind in erster Linie an Lohnerhöhungen interessiert. Kollektive Arbeitszeitverkürzung – eine mögliche Strategie, um Arbeitslosigkeit abzubauen – wäre beispielsweise wahrscheinlich nur bei (vollem) Lohnausgleich durchsetzbar. Aus Umfragen geht zwar hervor, dass ein Teil der Arbeitnehmer an Arbeitszeitverkürzung mit entsprechenden Lohneinbußen interessiert ist. Doch sollte auch berücksichtigt werden, dass derartige Absichtsäußerungen noch lange nicht zu Handlungen führen müssen. Solange die Beschäftigten vom Risiko des Arbeitsplatzverlustes nicht direkt betroffen sind, werden sie wenig dazu bereit sein, indirekte Strategien der Gewerkschaft zur Schaffung von Arbeitsplätzen zu unterstützen, und damit auf Vorteile zu verzichten, wenn der Nutzen anderen (den Arbeitslosen) zugute kommt.

---

3   S. Kap. 3.

Hier zeigt sich ein kurzfristig orientiertes rationales Denken der Beschäftigten. Denn eine verbesserte Arbeitsmarktlage der gesamten Arbeitnehmerschaft führt, langfristig gesehen, zu einer stärkeren Verhandlungsposition und damit Durchsetzungsfähigkeit der Gewerkschaften im Konflikt mit den Arbeitgebern. Aus derartigen Diskrepanzen zwischen Mitglieder- und Kollektivinteresse kann für die Gewerkschaften eine prekäre Situation entstehen. Zum einen verursacht eine radikale Politik der Beschäftigungsförderung starke interne Konflikte, die die Position des Verbandes in Verhandlungen schwächen. Zum anderen würde gerade eine erfolgreiche Vollbeschäftigungspolitik letztendlich die Durchsetzungsmacht der Gewerkschaften steigern. Die Gewerkschaften haben also die schwierige Aufgabe der politischen Interessenvermittlung zwischen Beschäftigten und Arbeitslosen bzw. kurzfristigen und langfristigen Zielen. In dieser Konstellation ist davon auszugehen, dass die „Stammbelegschaft" größere Chancen hat, ihre Interessen durchzusetzen. Ihnen stehen mehr Mittel an organisationsinternen Sanktionen und Widerstand zur Verfügung als den Arbeitslosen. Mit anderen Worten dominieren die Interessen der momentan stabil Beschäftigten die der Arbeitslosen. Das Interesse der Gewerkschaften an beschäftigungsfördernden Maßnahmen hat also dort seine Grenze, wo dadurch Kosten für die (Kern-)Mitgliedschaft entstehen, und ist somit schwer vereinbar mit dem universalistischen Vertretungsanspruch der Gewerkschaften. Also *postulieren* sie lediglich programmatisch das Vollbeschäftigungsziel und entsprechen damit den Interessen der Unternehmerverbände (Vobruba 1998).

Zusammenfassend lässt sich aus der Analyse der Interessen der relevanten Akteure schließen, dass die Contra-Interessen bezüglich der Vollbeschäftigung überwiegen. Anders gesagt: „... haben die designierten Akteure entweder kein richtiges Interesse an Vollbeschäftigung oder eine effektive Beschäftigungspolitik fordert ihnen Verhaltensweisen ab, die mit Kosten, Konflikten und Schwierigkeiten verbunden sind" (Schmitthenner 1998a: 846). Doch selbst wenn alle beteiligten Akteure Vollbeschäftigung *wollten*, was zumindest ihrer Rhetorik nach der Fall ist, stellt sich immer noch die Frage, ob sie Vollbeschäftigung[4] tatsächlich herbeiführen *könnten*. Das führt zu der Frage, was für Möglichkeiten Staat, Arbeitgeber und Arbeitnehmer haben, dieses Ziel zu erreichen.

---

4   Natürlich spricht niemand mehr explizit vom Ziel „Vollbeschäftigung". Doch wenn DGB und BDA in ihrer gemeinsamen Erklärung zum 3. Gespräch im Bündnis für Arbeit vom „... gemeinsamen Ziel, die Arbeitslosigkeit deutlich und nachhaltig zu verringern und möglichst allen Arbeitsuchenden eine Beschäftigungschance in Voll- oder Teilzeit zu eröffnen" (s. Arlt/ Nehls 1999: 277) sprechen, kann das zumindest als ein großer Schritt in Richtung Vollbeschäftigungspolitik gedeutet werden.

2.2 Möglichkeiten des Abbaus von Arbeitslosigkeit

2.2.1 Strategien zur Bekämpfung von Arbeitslosigkeit

Grundsätzlich kann auf den beiden Seiten des Arbeitsmarktes – also der Angebots- und Nachfrageseite – angesetzt werden, um Arbeitslosigkeit abzubauen. Entweder man senkt das Angebot an Arbeitskräften, oder man versucht, die Nachfrage nach Arbeit zu erhöhen.[5]

Die Arbeitsmarktlage wird durch drei Faktoren bestimmt (vgl. Hinrichs et al. 1983; Kunz 1983; Riese 1983):

– das Erwerbspersonenangebot,
– die Endnachfrage nach Arbeit und
– die Arbeitsproduktivität.

Die vergangenen Entwicklungen dieser drei Größen werden in Kapitel 3 ausführlich dargestellt. Wie sie sich in Zukunft entwickeln und damit die Lage auf dem Arbeitsmarkt beeinflussen werden, kann dem Prognos Deutschland-Report 2 entnommen werden (Prognos 1998):

(1) Für die Zukunft ist laut Prognos (1998) zumindest bis ins Jahr 2010 ein Anstieg der Erwerbstätigkeit sowie des Erwerbspersonenangebots zu erwarten. Im Perspektivzeitraum bis 2020 wird die Zahl der Erwerbspersonen um 1,8 Millionen schrumpfen, diese prognostizierte Verringerung findet aber erst ab 2010 statt. Bis dahin werden zwar auch rund eine halbe Million neuer Arbeitsplätze geschaffen, die aber wegen der gleichzeitigen Steigerung des Erwerbspersonenangebots den Arbeitsmarkt nicht entlasten werden. Erst nach 2010 kommt es zu dieser Entspannung, wobei es sich um rein demographische Effekte handelt: den Rückgang der Zahl der Personen im erwerbsfähigen Alter. Gleichzeitig muss man weiterhin mit einem beachtlichen Anstieg der Erwerbsbeteiligung der Männer und Frauen gleichermaßen rechnen (Prognos 1998).

(2) Die Nachfrage nach Arbeit ist von zwei Faktoren abhängig: von der (End-)Nachfrage nach Gütern und Dienstleistungen und von der Produktivität der Arbeit. Bezüglich der (End-)Nachfrage müssen der private Konsum sowie die Investitionstätigkeit betrachtet werden. Die Wachstumsperspektiven haben sich nach der konjunkturellen Belebung 1998 durch externe Umstände (Krise in Russland, Asien, Lateinamerika etc.) verschlechtert. Der seit 1994 anhaltende

---

5   Mit dem Begriff des Angebots auf dem Arbeitsmarkt sind in der wissenschaftlichen Terminologie die Arbeitnehmer gemeint, die ihre Arbeitskraft auf dem Arbeitsmarkt anbieten. Die Nachfrage bezeichnet folglich die Seite der Arbeitgeber, die Arbeitskräfte nachfragen.

Wachstumskurs der deutschen Wirtschaft war zu schwach, um Arbeitslosigkeit zu absorbieren (Prognos 1998). Auch zukünftige Wachstumsraten werden nicht zur Entlastung des Arbeitsmarktes führen, sondern lediglich Beschäftigung sichern, also gerade den Produktivitätsfortschritt ausgleichen.

(3) Prognos (1998) sagt zukünftige Wachstumsraten des realen BIP von 2% im Jahresdurchschnitt bis 2020 voraus. Wenn die Zahl der Arbeitsplätze gehalten werden soll, dann müsste die Produktion im gleichen Maße wie die Produktivität wachsen. Um Vollbeschäftigung herzustellen, müssten die Wachstumsraten noch darüber liegen. Solche Wachstumsraten der Produktion und Dienstleistungen sind aber mit Blick auf die vergangenen beiden Jahrzehnte unrealistisch.

Alle drei Größen entwickeln sich derzeit so, dass ein Überangebot an Arbeitskräften und demzufolge Arbeitslosigkeit entsteht. Obwohl die Prognosen des zukünftigen Verlaufs von Erwerbstätigkeit, Produktion und Produktivität mit Vorsicht zu genießen sind, kann trotzdem erwartet werden, dass auf dem Arbeitsmarkt auch längerfristig noch Diskrepanzen zwischen Angebot und Nachfrage bestehen werden. Die Bedingungen für eine Politik, die das Gleichgewicht auf dem Arbeitsmarkt wieder herzustellen versucht, sind demnach denkbar ungünstig. Theoretisch könnte man an jedem dieser drei Faktoren ansetzen, um sie in die gewünschte Richtung zu beeinflussen. Diese drei Ansatzpunkte kann man auch aus der Zusammensetzung des Sozialproduktes (SP) ableiten: SP = Beschäftigte * Arbeitsstunde pro Beschäftigtem * Stundenproduktivität. Um nun Wachstumsraten der Beschäftigung zu erzielen, die mit Vollbeschäftigung vereinbar sind, kann man (1) die Wachstumsrate des SP steigern, (2) die Stundenproduktivität senken und (3) Arbeitszeit verkürzen (vgl. Riese 1983: 66f.).

Die Möglichkeit, den Produktivitätsfortschritt zu senken, stößt rasch an ökonomische und politische Grenzen und kommt deshalb als politischer Ansatzpunkt nicht in Frage. Verbleiben die Alternativen, entweder die Nachfrage nach Arbeitskräften zu erhöhen, indem man das Wirtschaftswachstum zu steigern versucht, und/oder das angebotene Arbeitsvolumen zu senken, indem man die Zahl der Erwerbstätigen bzw. Arbeitsuchenden senkt und/oder Arbeitszeit verkürzt.

Strategien auf der Nachfrageseite

Auf der Nachfrageseite lassen sich grundsätzlich zwei Strategien der Wachstumspolitik unterscheiden, die durch entsprechende Maßnahmen eine Produktionsstimulation herbeizuführen versuchen, damit sich die zur Arbeitsplatzbeschaffung erforderlichen Wachstumsraten einstellen.

Die erste Strategie versucht mittels einer angebotsorientierten Wachstumspolitik über die Stärkung der Investitionsfähigkeit der Unternehmen Beschäftigungseffekte zu erzielen. In diesem Zusammenhang wird neben Steuer- und Abgabensenkung insbesondere zurückhaltende Lohnpolitik gefordert, die die Kosten der Unternehmen nicht weiter erhöht und somit Investitionen anregen soll. Das entspricht der neoklassischen ökonomischen Theorie. Hier wird argumentiert, dass Arbeitslosigkeit erst durch staatliche Intervention zustande kommt. Diese Theorierichtung geht davon aus, dass eine Marktwirtschaft zum Gleichgewicht tendiert, solange die Bedingungen eines funktionierenden Wettbewerbs sowie ein flexibler Preismechanismus erfüllt sind. Massenarbeitslosigkeit ist in dieser Perspektive die logische Folge von zu hohen Löhnen und der mangelnden Flexibilität des Arbeitsmarktes durch sozialpolitische Eingriffe. Nach diesem Verständnis sind der Rückzug des Staates sowie die Verringerung der Produktionskosten der Unternehmen mittels Lohnzurückhaltung bzw. Lohnsenkung geeignete Instrumente, um Arbeitslosigkeit zu bekämpfen.

Zwei Einwände lassen sich gegen diese Strategie und deren Wirksamkeit vorbringen:

Das Arbeitskraftangebot reagiert auf eine Preissenkung invers: Wenn die Löhne sinken, wird mehr Arbeit angeboten. Der Grund dafür liegt in dem Versuch, Einkommenseinbußen durch Mehrarbeit wieder auszugleichen. Je näher das Arbeitseinkommen an das Existenzminimum gerät, also fast zu 100% konsumiert wird, desto größer dürfte dieser Effekt werden (Vobruba 1998, 1989). Sollten also Kostensenkungen über Lohnsenkungen tatsächlich zu mehr Arbeitsplätzen führen[6], dann ist es möglich, dass das Arbeitsangebot insgesamt steigt und damit den Arbeitsplatzgewinn (über)kompensiert. Aus dieser inversen Reaktion des Angebots ergibt sich deshalb eine Schwächung der Position der Arbeitnehmer, die mit weiteren Lohnreduktionen einhergehen kann. Diese Situation hat den Charakter eines Gefangenendilemmas: Individuell ist es rational, bei sinkenden Löhnen mehr Arbeit anzubieten, kollektiv dagegen führt dies zu ineffizienten Ergebnissen. Fehlen hier Mechanismen, die die Unterbieterkonkurrenz begrenzen, läuft diese Entwicklung Gefahr, zu sich selbst verstärkenden Verarmungsprozessen auf dem Arbeitsmarkt ohne beschäftigungspolitische Erfolge zu führen (Vobruba 1998).

---

6 Das muss nicht zwingend der Fall sein, da Unternehmen den erhöhten finanziellen Spielraum auch für Rationalisierungsinvestitionen nutzen können, die keine bzw. negative Beschäftigungseffekte zeitigen.

Keynes hat gegen die neoklassische Theorie folgenschwere Einwände erhoben (Vobruba 1989: 50ff.): Nach seiner Auffassung müssen Nominallohnsenkungen nicht logischerweise zu mehr Beschäftigung führen. Da die Kosten des Faktors Arbeit die Höhe der Produktionskosten mitbestimmen, verringert sich bei Nominallohnsenkungen das gesamtwirtschaftliche Kostenniveau. Gleichzeitig sinkt aber auch die Nachfrage nach Gütern und Dienstleistungen seitens der Arbeitnehmer. Dies kann schließlich zur Konsequenz haben, dass die Preise im gleichen Maße wie die Löhne sinken und der Reallohn relativ konstant bleibt. Finanzspielräume werden nicht für die Schaffung von mehr Arbeitsplätzen genutzt, sondern lösen sich aufgrund der gesunkenen Nachfrage in Preissenkungen auf. Arbeitskräfte haben es aufgrund des makroökonomischen Zusammenhangs von Preisniveau und Nominallohn also gar nicht in der Hand, über Lohnsenkungen die Nachfrage auf dem Arbeitsmarkt zu beeinflussen. Letztlich lässt sich sogar festhalten, dass die Gewerkschaften in diesem Sinne die Funktion haben, Deflationsprozesse zu verhindern, indem sie absolute Lohnsenkungen blockieren (ebd.; vgl. auch Spahn 1996).[7]

Die zweite Strategie auf der Nachfrageseite ist die keynesianische Vollbeschäftigungspolitik. In dieser Perspektive hängt das Beschäftigungsniveau nicht von den Löhnen, sondern von Angebots- und Nachfrageverhältnissen auf dem Gütermarkt ab. Arbeitslosigkeit ist hier eine Folge von zu geringer Nachfrage. Der Staat kann in dieser Situation intervenieren, indem er die Erhöhung der öffentlichen Ausgaben über Staatsverschuldung (und nicht über Steuern[8]) finanziert und damit die Investitionstätigkeit der Wirtschaft anregt. Dies sollte er auch tun, wenn die Arbeitslosigkeit konjunkturelle Ursachen hat. Davon werden Beschäftigungseffekte erhofft, die wiederum die Nachfrage steigern und letztlich zu einem sich selbst tragenden Aufschwung führen. In Hochkonjunkturzeiten soll der Staat sich dann wieder zurückziehen und die entstandenen Staatsschulden abbauen.

Aber auch dieser Strategie sind Grenzen gesetzt. Zunächst einmal bestehen große Widerstände gegen die steigende Staatsverschuldung, die ohnehin seit dem Maastrichter Vertrag und den darin festgelegten Konvergenzkriterien stark beschränkt ist. Zweitens ist die bestehende Massenarbeitslosigkeit nicht nur konjunkturell bedingt. Gegen strukturelle Arbeitslosigkeit infolge eines mis-

---

7   Vobruba (1998) spricht von einem Gefangenendilemma für Unternehmer, innerhalb dessen die Gewerkschaften durch ihre Lohnpolitik die Unternehmer vor kollektiver Selbstschädigung bewahren.

8   Die Ausweitung der Nachfrage darf nicht über eine Kostenerhöhung bei den Unternehmen geschehen, weil das den Effekt wieder zunichte machen würde. Folglich kann man die Binnennachfrage auch nicht durch Lohnsteigerungen erhöhen.

matches auf dem Arbeitsmarkt kann die Belebung der Nachfrage nichts bewirken. Ein dritter Faktor ist die Veränderung der wirtschaftlichen Rahmenbedingungen. Mit dem Ende des Systems fixer Wechselkurse, der Internationalisierung der Geldmärkte und den zunehmenden realwirtschaftlichen Verflechtungen wurde der keynesianischen Globalsteuerung die Grundlage entzogen. Wird unter solchen Bedingungen beschäftigungsfreundliche Politik verfolgt, muss mit einem enormen Kapitalabfluss sowie einem Budgetdefizit im eigenen Land gerechnet werden, während die Nachfragestärkung ins Ausland geht (Vobruba 1998, 1989).

Schließlich entstehen Grenzen aus der Funktionsweise der Intervention selbst (Vobruba 1998): Es kommt zu zwei Arten von Lernprozessen seitens der Unternehmer. Einerseits konnte in den 70er Jahren beobachtet werden, dass die in Rezessionszeiten ausgeweitete Staatsverschuldung in wirtschaftlich prosperierenden Zeiten nicht entsprechend abgebaut wurde. Die Unternehmer rechneten mit höheren Steuern für den öffentlichen Schuldendienst in der Zukunft. Des weiteren folgt aus dem Ungleichgewicht zwischen Aus- und Abbau der Staatsverschuldung, dass die Nachfrage nach anlagebereitem Kapital steigt. Das führt zusammen mit hohen Realzinsen zu einer Ausweitung der Finanz- zu Lasten der Realinvestitionen (Vobruba 1998). Zum anderen bezweifeln die Unternehmer aus ihrer Erfahrung heraus die Dauerhaftigkeit der staatlichen Nachfragesteigerung. Dementsprechend halten sie sich mit Investitionen und der Ausweitung der Beschäftigung zurück, und der Nachfrageschub verpufft inflationär. Mit anderen Worten führt das Verstehen der Funktionsweise des Keynesianismus zur Zerstörung seiner Wirksamkeit. „Weil die keynesianische Wachstumspolitik in dieser Weise unterlaufen werden kann und unterlaufen wird, verschleißt sich die Steuerungsfähigkeit der Nachfragepolitik (durch Mitnahmeeffekte, Nichtinanspruchnahme oder das Erfordernis immer höherer Dosierung nachfragestimulierender Maßnahmen)" (Hinrichs et al. 1983: 10).

Die Wirksamkeit der Strategien auf der Nachfrageseite lässt sich zusammenfassend so beurteilen: In beiden Fällen ist nicht davon auszugehen, dass die ergriffenen Maßnahmen tatsächlich hundertprozentig zu Beschäftigungseffekten führen. Beschäftigungswirksame Ergebnisse hängen jeweils davon ab, ob die angestrebten Wachstumseffekte erstens überhaupt stattfinden, und zweitens, selbst wenn sie eintreten, sich auch tatsächlich positiv auf die Beschäftigung auswirken. Genauso gut sind Rationalisierungsinvestitionen denkbar und sogar eher wahrscheinlich, wenn Unternehmen nicht davon ausgehen können, dass Masseneinkommen langfristig steigen und der Produktabsatz somit problemlos ist. Aber auch ein sich selbst überlassener Markt wird wohl kaum zu den erforderlichen Wachstumsraten führen.[9] Die Nachfrageseite des Arbeitsmarktes ist also politisch kaum steuerbar. Dies führt zu der Konsequenz, dass für eine Vollbeschäftigungspolitik als Alternative eher die Steuerung auf der Angebotsseite des Arbeitsmarktes mittels Senkung des Arbeitsangebotes zur Verfügung steht.

Strategien auf der Angebotsseite

Auch hier können zwei verschiedene Wege gegangen werden. Einerseits können Teile des Erwerbspersonenpotentials aus dem Arbeitsmarkt ausgegliedert bzw. in die „Stille Reserve" überführt werden. Mögliche „Ausgliederungsgruppen" wären beispielsweise ausländische Arbeitskräfte, Jugendliche, ältere und leistungsgeminderte Arbeitnehmer oder auch Frauen (Hinrichs et al. 1983). Diese Option scheint allerdings erschöpft. Ausländer sind immer weniger bereit, bei sinkendem Bedarf an Arbeitskraft in ihre Heimat zurückzukehren. Außerdem muss im Zuge der Europäischen Union (EU) mit steigender Mobilität der Arbeitskräfte innerhalb Europas gerechnet werden. Die Verlängerung von Schulzeiten u.ä. dürfte ebenso auf Widerstand stoßen. Problematisch ist auch die Ausgliederung älterer und nicht mehr so leistungsfähiger Arbeitskräfte, da hier sehr schnell die finanziellen Grenzen der Rentenversicherung bzw. der individuellen Bereitschaft, eine verringerte Rente in Kauf zu nehmen, erreicht werden. Es kommt sogar zu einem Hinausschieben des Renteneintrittalters.[10] Schließlich steigt die Zahl der Frauen, die auf den Arbeitsmarkt drängen (s. Kap. 3).

Andererseits bestimmt sich das angebotene zeitliche Arbeitsvolumen nicht nur aus der Menge der Beschäftigten, sondern auch aus den jährlichen Arbeitsstunden pro Beschäftigtem. Neben der Zahl der Beschäftigten kann auch die Verkürzung der angebotenen Arbeitszeit das Angebot an Arbeitskraft auf dem Arbeitsmarkt reduzieren helfen. Auf einer ersten sehr allgemeinen Ebene kann man zwischen individueller und kollektiver Arbeitszeitverkürzung unterscheiden. Das klassische Beispiel für individuelle Arbeitszeitverkürzung ist die Teilzeitarbeit. Auch der Abbau von Überstunden wird zur individuellen Arbeitszeitverkürzung gezählt. Kollektive Arbeitszeitverkürzung umfasst insbesondere die

---

9   Schließlich sollte der Vollständigkeit halber erwähnt werden, dass stark steigende Wachstumsraten insbesondere wegen ihrer ökologischen Wirkungen gar nicht erwünscht sein können (Hinrichs et al. 1983).

10 In diesen Zusammenhang passt auch der Paradigmenwechsel im siebten Spitzengespräch des Bündnisses für Arbeit (März 2001), wo man nun – nach einer Politik der Ausgliederung älterer Arbeitnehmer – verstärkt auf deren Integration in den Arbeitsmarkt durch Verringerung bzw. Prävention von Arbeitslosigkeit unter älteren Arbeitnehmern mittels Qualifikation und Weiterbildung setzt (Presse- und Informationsamt der Bundesregierung 2001c).

tarifliche Verkürzung der Wochenarbeitszeit. Daneben gibt es noch diverse andere Formen der Arbeitszeitverkürzung – zumeist äußerst flexible Maßnahmen, wie kapazitätsorientierte variable Arbeitszeit (KAPOVAZ), Gleitzeit oder befristete Arbeitsverträge. Neuerdings geht es insbesondere um verschiedene Formen von Arbeitszeitkonten, die zumeist kombiniert werden mit qualifikatorischen Maßnahmen wie Sabbaticals oder Jobrotation.

Nach der Schilderung der verschiedenen Strategien zur Reduzierung von Arbeitslosigkeit wird es im folgenden darum gehen, was die einzelnen Akteure für Möglichkeiten haben, auf diesen verschiedenen Wegen zum Abbau von Arbeitslosigkeit beizutragen. Bevor dieser Aspekt behandelt wird, soll darauf eingegangen werden, dass zwischen den verschiedenen Arbeitsmarktparteien nicht nur unterschiedliche Interessen bestehen, sondern diese auch unterschiedlich stark auf eine Einigung bezüglich der Bekämpfung von Arbeitslosigkeit angewiesen sind, was sich wiederum auch auf deren mögliche Strategien auswirkt. Zwischen Arbeitgebern und Arbeitnehmern herrscht eine asymmetrische Machtrelation, die von der stärkeren Seite strategisch genutzt werden kann und dazu führt, dass sich die Partei in der schwächeren Position in Verhandlungen wie z.B. dem Bündnis für Arbeit viel eher wird festlegen lassen müssen. Diese Machtasymmetrie wird noch verstärkt durch unterschiedlich starke Organisationsprobleme der verschiedenen Seiten.

2.2.2 Machtasymmetrie zwischen Arbeit und Kapital

Zunächst einmal haben die Gewerkschaften, trotz aller festgestellten Einschränkungen, das größte Interesse an der Reduzierung der Arbeitslosigkeit. Das ist nicht verwunderlich, da sie die Interessenvertretung der Arbeitnehmer sind, deren Hauptproblem darin besteht, über den Arbeitsmarkt ihre Existenz zu sichern – also zu arbeiten, um zu leben. Da sich der Erfolg von Interessengruppen daran messen lässt, inwieweit sie die Ziele ihrer Mitgliedschaft verwirklichen, und dieser Erfolg wiederum die künftigen Einflusschancen in Verhandlungen bestimmt, haben Gewerkschaften nicht nur ein großes Interesse an Beschäftigungserfolgen, sondern sind darüber hinaus stark auf sie angewiesen. Arbeitgeberverbände dagegen sind in diesem Sinne weitaus weniger vom Zielerfolg abhängig. Darin spiegelt sich letztlich das Machtverhältnis auf dem Arbeitsmarkt wider (Vobruba 1989; Wiesenthal 1987; Offe/Hinrichs 1984; Lindblom 1977: v.a. 170-188):

Zwei Dinge sind für dieses Machtverhältnis von Bedeutung. Zum einen bestimmt es sich durch die Mengenrelation von Angebot und Nachfrage auf dem

Arbeitsmarkt. Da das Angebot an Arbeitskraft nichtökonomischen Kalkülen folgt und bei Preissenkung invers reagiert, kann hier – zumindest im Falle von Arbeitslosigkeit – bereits auf die strukturelle Unterlegenheit der Anbieterposition auf dem Arbeitsmarkt geschlossen werden. Zum anderen ist das Machtverhältnis der beiden Seiten von den potentiellen Optionen abhängig, die diese außerhalb des Arbeitsmarktes wahrnehmen könnten: Kapital kann durchaus auf andere Märkte abwandern; Arbeit ist auf den Arbeitsmarkt festgelegt. Der Arbeitnehmer ist also auf den Arbeitsmarkt angewiesen, um seine Existenz zu sichern. In diesem Sinne ist Arbeit existentiell auf Kapital angewiesen, dagegen stiftet Kapital auch ohne die Kombination mit Arbeit Nutzen. Kapital ist sogar in der Lage, sich durch Rationalisierungsinvestitionen von Arbeit zu emanzipieren. Schließlich sind die Optionen des Kapitals auch in der Zeitdimension vorteilhafter, denn die Nachfrageseite kann „warten", wohingegen sich das Arbeitskräfteangebot strategisch nicht zurückhalten lässt, da der Lohn die Existenzgrundlage für die Individuen darstellt. Diese Unterlegenheit der Angebotsseite beruht auf den ungleichen Fähigkeiten marktrationaler Strategien (Offe/ Hinrichs 1984) und wirkt bis in das Arbeitsverhältnis hinein (vgl. Vobruba 1989; Offe/Hinrichs 1984; Mückenberger 1983).

Eine verbesserte Machtposition der Arbeitnehmer kann erreicht werden, wenn es zur Koordination mit konkurrierenden Arbeitnehmern kommt.[11] „Zur Wahrung ihrer existentiellen Interessen ist die Arbeitskraft *organisationsbedürftig*" (Wiesenthal 1987: 65). Nur durch Kooperation kann die Angebotsseite autonome Macht gewinnen. Die Herstellung kollektiver Handlungsfähigkeit ist allerdings mit Problemen behaftet, die sich aus denselben Merkmalen der Arbeitskraft ergeben, die auch ihre Organisationsbedürftigkeit bedingen. Die Interessen der Arbeitskraft sind im Vergleich zum Kapital sehr heterogen. Sie beziehen sich nicht nur auf Lohn, Beschäftigungssicherheit und Arbeitsbedingungen, sondern darüber hinaus auch auf Lebensbedingungen. Interessendifferenzen sind umso größer, je unterschiedlicher die soziale Lage, die Arbeitsmarktchancen und die Deutungsmuster der Individuen sind. Dagegen stellen die Interessen von Arbeitgeberverbänden Residualgrößen dar und sind damit im Grunde begrenzt (Abromeit 1993: 41). In dem Maße, in dem die Gewerkschaften Vertretungsanspruch für alle Lohnarbeiterkategorien übernehmen, steigen die Probleme der Interessenaggregation. Eine einfache Addition ist nicht möglich, sondern ein gemeinsamer Wille muss diskursiv erst gebildet werden. Die Macht

---

11 Verbandsgründung ist für Unternehmer eine weniger essentielle Strategie. Ökonomische Überlebensinteressen werden über den Markt realisiert bzw. Unternehmer haben für sich allein schon ein Drohpotential.

kollektiven Handelns kann also nur durch einen Rekurs auf eine „kollektive Identität" verfügbar gemacht werden (Wiesenthal 1987: 66). Arbeitgeberverbände dagegen haben dieses „Assoziationsproblem" (Traxler 1988) weniger, da sie lediglich Partikularinteressen kollektiv artikulieren. Ein weiterer Vorteil für sie ergibt sich daraus, dass Unternehmen und nicht Individuen assoziiert werden. Die Interessenaggregation ist dabei durch die geringere Anzahl der Mitglieder einfacher (s. Olson 1992). Dafür haben Wirtschaftsverbände eher mit einem Loyalitätsproblem zu kämpfen, die interne Kontroll- und Verpflichtungsfähigkeit wird hier zum Problem (s. geringer Organisationsgrad, Voswinkel 1999), was letztlich wieder zum Nachteil für die einzelnen Arbeitnehmer werden kann. Kommt es nämlich zur Flucht aus Tarifverträgen, so kann das mit negativen Konsequenzen für die einzelnen Arbeitnehmer verbunden sein.

Als Schlussfolgerung dieser Überlegungen ergibt sich, dass Gewerkschaften durch ihre Beschäftigung mit internen Konflikten einen unproduktiven Kräfteverschleiß hinnehmen müssen, wohingegen die Arbeitgeber den ‚Kopf frei haben' und demnach strategisch flexibler sind. Ihre Orientierung an Kosten und Nutzen ist berechenbarer, was eine ständige Rückkopplung der Verbandsspitze mit der Basis überflüssig macht (Abromeit 1993).

Hinzu kommt das antagonistische wie interdependente Verhältnis zwischen Arbeit und Kapital. Der Antagonismus ergibt sich, „weil die Erweiterung der Reproduktionschancen des Kapitals mit den jeweils aktuellen Reproduktionsinteressen der Arbeitskraft konfligiert" (Traxler 1988: 270). Da die Arbeitskraft und ihr Träger untrennbar miteinander verbunden sind, ist dieser zugleich auch am Erfolg ‚seines' Unternehmens interessiert. Dieser Machtasymmetrie liegt einerseits der Primat der Akkumulation zugrunde sowie andererseits strategische Handlungsvorteile der Unternehmer (ebd.). Mit dem Primat der Akkumulation ist gemeint, dass es letztlich nur allen gut gehen kann, wenn die Akkumulationserfordernisse befriedigt werden, es der Wirtschaft gut geht.[12] Dieser Aspekt gilt im übrigen auch für den Staat, da seine Mittel (aus Beitrags- und Steuereinnahmen) ebenfalls abhängig sind von profitabler Akkumulation. Die strategischen Handlungsvorteile des Kapitals ergeben sich aus oben genannten Gründen der relativen Unabhängigkeit von der Angebotsseite des Arbeitsmarktes.

---

12 Das erinnert an die Aussage, dass nur der Wohlstand umverteilt werden kann, den die Wirtschaft vorher produziert hat. In Bezug auf die zunehmende Globalisierung und ökonomische Integration in der EU steigt die Bedeutung dieses Arguments: Mit dem Verweis auf Standortverlagerung können die Unternehmer den Gewerkschaften und dem Staat drohen. Arbeitnehmerverbände, die also ‚von Natur aus (fiktiver Charakter der Ware Arbeitskraft, s. Polanyi [1977]) die schwächere Position in diesem Machtverhältnis einnehmen und daher der Hilfe des Staates bedürfen, werden diese durch das Interesse das Staates an einer prosperierenden Ökonomie nicht erhalten.

Aus diesen beiden Aspekten des Akkumulationsprimats (1) und der strategischen Handlungsvorteile der Unternehmer (2) ergeben sich für die Gewerkschaften offensive Artikulationen ihrer Interessen. Das Kapital dagegen, dessen Interessen mit den Imperativen der Akkumulation übereinstimmen, muss die Forderungen der anderen Seite nur abwehren. Letzteres verlangt geringeren Ressourceneinsatz sowie weniger Kampfkraft, beides Erfordernisse, die auf Seiten der Gewerkschaften neben dem bereits schwerwiegenderen Organisationsproblem aufgrund der Aggregation unterschiedlichster Interessen zusätzlich zu einem Konflikt zwischen Willensbildung und Kampfnotwendigkeit führen können (Abromeit 1993).

Dieses Machtverhältnis und die Tatsache, dass letztlich *alle* (auch der Staat) an wirtschaftlicher Prosperität interessiert sein *müssen*, da sie die Voraussetzung für (weitere) Umverteilung ist, bestimmen, welche der Arbeitsmarktparteien ihre Interessen eher durchsetzen kann.

2.2.3 Die Möglichkeiten des Staates

Zuvorderst muss festgehalten werden, dass der Staat selbst Arbeitgeber ist und demzufolge den Arbeitsmarkt direkt beeinflussen kann, indem er Arbeitskräfte nachfragt. Der Ausbau der Beschäftigung im öffentlichen Dienst scheint zumindest in den skandinavischen Ländern (insbesondere Dänemark und Schweden) in den 80er Jahren signifikant zum Abbau von Arbeitslosigkeit beigetragen zu haben. Dafür spricht die nach wie vor hohe Beschäftigungsquote im öffentlichen Dienst Schwedens in Höhe von 30% (Esping-Andersen 1996: 11, 1985: 57). In Deutschland dagegen sank die Zahl der Vollzeitbeschäftigten im unmittelbaren öffentlichen Dienst seit 1991 von 5.126.000 (1991) auf 3.247.000 (1999) (BMA 2000). Der Grund dafür liegt im gestiegenen Spardruck des öffentlichen Haushalts.

Abgesehen von seinen knapper gewordenen Möglichkeiten als Arbeitgeber sind die Mittel des Staates, Arbeitslosigkeit abzubauen, allerdings begrenzt. Wir sind bereits oben darauf eingegangen: Der Staat kann aufgrund der Tarifautonomie weder die Lohnpolitik beeinflussen, um damit die Kosten für Unternehmen zu verringern, noch die Arbeitsmarktparteien auf Arbeitszeitverkürzungen festlegen. Zumindest scheinen derartige Regulierungen ohne die Zustimmung von Arbeitnehmern und -gebern schwer durchsetzbar. Auch sind die Möglichkeiten und finanziellen Spielräume für keynesianische Wirtschaftspolitik begrenzt. Subventionen für Unternehmen bzw. die Verbesserung ihrer Kostenstruktur durch Steuer- und Abgabensenkung oder Maßnahmen zur Verknappung des Arbeitskräfteangebots bzw. dessen qualitativer Verbesserung (durch aktive Arbeitsmarktpolitik, Ausbildung von Jugendlichen etc.) stehen ihm zwar immer noch relativ leicht zur Verfügung und werden von Seiten der Arbeitnehmer und -geber auf weniger Widerstand stoßen, doch scheinen eine derartige Wachstumspolitik sowie personelle Angebotsverknappung keine effizienten Strategien zur Reduzierung von Arbeitslosigkeit (mehr) zu sein.

Generell sieht es so aus, als ließe sich die Angebotsseite des Arbeitsmarktes besser steuern als die Nachfrageseite. Wenn das so ist, wäre es angesichts des Ziels ‚Verringerung der Arbeitslosigkeit‘ sinnvoll, sie zum Gegenstand von Abmachungen zu machen. Allerdings sollte dabei beachtet werden, dass der Staat zwar durchaus in der Lage ist, bestimmte Rahmenbedingungen zu setzen.[13] Letztlich aber sind es die Arbeitgeber und Arbeitnehmer, die auf dem Arbeitsmarkt interagieren.[14] Deshalb interessieren uns jetzt die möglichen Strategien, die diesen beiden Parteien zur Verfügung stehen.

2.2.4 Die Möglichkeiten der beiden Arbeitsmarktparteien

Es ist evident: Allein die Arbeitgeber können Stellen schaffen oder verwehren. Allein die Arbeitgeber können damit die Zahl der Beschäftigten *direkt* beeinflussen.

Ein Stellenaufbau erfordert von den Unternehmen, in menschliche Arbeitskraft zu investieren. Diese Investition steht immer in Konkurrenz zu solchen in die Produktivitätssteigerung oder in Finanzanlagen. Investitionen sind ökonomische Entscheidungen und damit abhängig von der wirtschaftlichen Lage des Unternehmens sowie der allgemeinen wirtschaftlichen Situation einer Volkswirtschaft bzw. der Weltwirtschaft insgesamt. Investiert wird nur, wenn es sich lohnt. Und es wird so investiert, wie es den größten Nutzen verspricht.

Unternehmen können auch in Humankapital investieren, indem sie Lehrlinge ausbilden bzw. Arbeitnehmer ihren Bedürfnissen entsprechend weiterbilden. Unternehmen tragen damit dazu bei, dass Arbeitslosigkeit durch veränderte qualifikatorische Anforderungen an Arbeitnehmer vorgebeugt wird. Außerdem haben gut ausgebildete Fachkräfte im Falle von Arbeitslosigkeit auch eher eine Chance, wieder in Arbeit zu gelangen. Letztlich ist es aber so, dass zunächst

---

13 Wenngleich man dabei beachten sollte, dass seine Steuerungsmöglichkeiten eher indirekter statt direkter Natur sind.

14 Dabei sollte allerdings nicht übersehen werden, dass der Arbeitsmarkt nicht losgelöst von anderen Märkten existiert. Er hängt stark von den Entwicklungen auf den Geld- und Gütermärkten ab. Das gilt deshalb ebenso für die Interaktionen der Arbeitsmarktparteien.

eine Nachfrage nach Arbeitskräften vorhanden sein muss – egal wie gut die Qualifikation des Angebots ist.

Die *Arbeitnehmer* stellen die Angebotsseite des Arbeitsmarktes dar. Der einfachen Marktlogik folgend, ist Arbeitslosigkeit nichts anderes als ein Angebotsüberschuss. Dem ökonomischen Mechanismus zufolge müsste dieses überschüssige Angebot durch Mengen- und Preisanpassung verschwinden. Dies ist auf dem Arbeitsmarkt jedoch nicht so einfach möglich wie auf Gütermärkten.

1. Mengenanpassung: Verknappung kann hier lediglich durch eine Ausgliederung verschiedener Beschäftigtengruppen aus dem Arbeitsmarkt oder durch Arbeitszeitverkürzung erfolgen. Beide Strategien sind individuell nicht leicht zu realisieren. Der besitzlose Arbeitnehmer ist existenziell auf ein Einkommen durch den Verkauf seiner Arbeitskraft und damit auf den Arbeitsmarkt angewiesen. Die Verlängerung von Ausbildungszeiten, Ausgliederung älterer Arbeitnehmer etc., können deshalb nur dann umgesetzt werden, wenn das Arbeitsmarkteinkommen ersetzt wird. Es muss also eine sozialpolitische Flankierung seitens des Staates geben. Oder der Einkommensausfall wird durch privaten Unterhalt aufgefangen. Ähnlich verhält es sich bei Arbeitszeitverkürzung (AZV), wobei allerdings zwischen unterschiedlichen Arten der AZV differenziert werden muss. Kollektive AZV erfordert die Zustimmung beider Arbeitsmarktparteien. Sollte diese Bedingung erfüllt sein, ist davon auszugehen, dass diese Art der AZV die Arbeitnehmer nicht in eine prekäre Einkommenssituation bringt. Gerade das ist der wichtigste Hinderungsgrund bei einer Einigung auf kollektive AZV: Sie ist nur mit Lohnausgleich umsetzbar (der wiederum ihre Beschäftigungswirksamkeit herabsetzt). Individuelle AZV dagegen muss man sich auch leisten können. Teilzeit beispielsweise kann man nur arbeiten, wenn der individuelle Einkommensverlust anderweitig aufgefangen bzw. nicht zur existentiellen Bedrohung wird.

Neben den Möglichkeiten der Arbeitnehmer, das Arbeitskraftangebot zu beeinflussen, ist auch die Wirksamkeit der Strategien zu betrachten. Ausgliederung aus dem Arbeitsmarkt ist schon lange keine effiziente Strategie mehr. Dagegen scheint AZV immer noch eine der wirksamsten Strategien für die Arbeitnehmer zur Beeinflussung der Arbeitsmarktlage zu sein und wird auch von den Gewerkschaften immer wieder explizit gefordert. Allerdings müssen die individuellen Arbeitnehmer auch dazu bereit und in der Lage sein, weniger zu arbeiten und infolge dessen auf Einkommen zu verzichten. Auf diesbezügliche innergewerkschaftliche Konflikte sowie auf die gesamte Debatte um AZV und deren Verhandlung im Rahmen des Bündnisses für Arbeit werden wir in den Kapiteln 5 und 6 näher eingehen.

2. Preisanpassung: Kommen wir noch einmal auf die Logik des Marktes zurück: Eine andere Argumentationskette der klassischen ökonomischen Theorie nach Adam Smith lautet: Wenn das Angebot größer ist als die Nachfrage, muss der Preis sinken, damit das überschüssige Angebot vom Markt geräumt wird. Im Falle von Arbeitslosigkeit heißt das Lohnsenkung bzw. -zurückhaltung. Genau das fordern die Arbeitgeber von den Arbeitnehmern als wirksame Maßnahme zur Reduktion von Arbeitslosigkeit. Wie wir allerdings bereits festgestellt hatten, ist es keineswegs zwingend, dass Lohnzurückhaltung Arbeitsplätze schafft. Der Arbeitsmarkt funktioniert eben nicht wie ein Markt in der klassischen Theorie.

Weitere indirekte Maßnahmen auf Seiten der Arbeit bestehen in einer größeren Flexibilität und Mobilität der Arbeitnehmer sowie der Bereitschaft, sich der Nachfrage entsprechend zu qualifizieren. Damit könnte die Attraktivität des Arbeitskräfteangebots erhöht und die Chance verbessert werden, die Beschäftigung zu erhöhen.

Letztlich ist eine Reduzierung der Arbeitslosigkeit aber einzig und allein von der Einstellungspraxis der Arbeitgeber abhängig. Selbst die wichtigste Strategie der Arbeitnehmer, die Arbeitszeitverkürzung, muss nicht notwendigerweise zu Neueinstellungen führen, obwohl bei einer hinreichend großen Verkürzung wahrscheinlich ist, dass anschließend mehr Beschäftigte benötigt werden. Eine Verkürzung der Arbeitszeit in großen Ausmaßen ist allerdings heute nicht mehr verhandelbar.[15] Die Abhängigkeit von der Arbeitgeberseite bzw. ökonomischen Bedingungen wird noch deutlicher hinsichtlich Lohnzurückhaltung: Während diese von den Gewerkschaften realisiert werden kann, können Arbeitgeberverbände lediglich ein Versprechen abgeben, daraufhin für mehr Beschäftigung zu sorgen. Das Beschäftigungsniveau allerdings bestimmt sich aus ökonomischen Bedingungen, die politisch schwer zu beeinflussen sind. D.h., alle Maßnahmen, die in irgendeiner Weise die Bedingungen des Kapitals begünstigen, sind mehr oder weniger Vorleistungen entweder der Arbeitnehmer oder auch des Staates (Subventionen), die nicht zwingend in mehr Beschäftigung münden. Es gibt keine Beschäftigungsgarantie. Diese Asymmetrie zwischen beiden Akteuren spiegelt die ungleiche Machtposition von Arbeit und Kapital wider, die wir oben bereist erläutert haben.

Das sind allerdings nicht die einzigen Probleme, mit denen sich die Gewerkschaften heute auseinandersetzen müssen. Tatsächlich haben sich die Rahmen-

---

15 In den aktuellen Debatten um Arbeitszeitverkürzung geht es meist sowieso nicht um eine generelle Verkürzung der Wochenarbeitszeit, sondern um Flexibilisierungen, die zunächst weniger beschäftigungswirksam sind. Dazu aber später mehr.

bedingungen ihres Handelns in den vergangenen Jahrzehnten erheblich verändert. Darauf wollen wir im folgenden Kapitel näher eingehen, bevor die zwei Reaktionen, mit denen die Gewerkschaften den veränderten politischen, gesellschaftlichen und ökonomischen Bedingungen gerecht werden wollen – die Veränderung ihres sozialen Leitbildes sowie das Bündnis für Arbeit – im Detail dargestellt und diskutiert werden.

3 Ohne Vollbeschäftigung: Arbeitswelt, Gesellschaft und Sozialpolitik

Wir verstehen unter dem Begriff *Vollbeschäftigung* mehr als den Umstand, dass alle, die einer Erwerbsarbeit nachgehen wollen und sollen, auch tatsächlich einen Arbeitsplatz besitzen oder finden können. Tatsächlich soll ein ökonomisches und gesellschaftliches Modell bezeichnet werden, das wir mit dem präzisierenden Begriff der *tradierten Vollbeschäftigungsgesellschaft* versehen haben. Wenn wir im folgenden in einem kursorischen Überblick empirisch nachzeichnen wollen, welche rechtlichen, ökonomischen und gesellschaftlichen Veränderungen in den vergangenen knapp dreißig Jahren stattgefunden haben, reicht es deshalb auch nicht, sich auf die Schilderung der Entwicklung der Arbeitslosigkeit zu beschränken. Diese besitzt zwar einen herausragenden Stellenwert, ist aber für die Gewerkschaften bei weitem nicht die einzige hochrelevante Veränderung der letzten Jahrzehnte. Zudem haben sich im Laufe der auf Dauer gestellten Beschäftigungsprobleme die Arbeitsmarktstrukturen, die gesellschaftliche Partizipation am Arbeitsmarkt, die Beschäftigungsverhältnisse, die Arbeitszeiten, die Stellung der Kollektivvertragsparteien, die rechtliche Regulierung des Arbeitsmarktes, die soziale Sicherung der Beschäftigten und Arbeitslosen und vieles mehr verändert. Alle diese Entwicklungen lassen sich im Rahmen eines kurzen Abrisses nicht darstellen. Das verlangt auf der einen Seite, sich auf die zentralen Veränderungen der Vergangenheit zu konzentrieren. Auf der anderen Seite erfordert jedoch das Anliegen, einigermaßen sicher erfassen zu wollen, wie sich die Rahmenbedingungen gewerkschaftlichen Handelns in der Vergangenheit verändert haben, etwas weiter auszuholen.

Wir werden uns in diesem Kapitel vor allem auf Beschreibungen von Veränderungen und die Erörterung ihrer möglichen Bedeutung für die Gewerkschaften konzentrieren. Die Suche nach Erklärungen für die Entwicklungen auf dem Arbeitsmarkt ist schwierig. Wir überlassen sie den Experten der Arbeitsmarktforschung. Hier jedoch gibt es kaum Erklärungen, die für die diversen Veränderungen auf dem Arbeitsmarkt angeboten werden, die nicht strittig sind. Woran liegt das? Das hat erstens mit der Komplexität des Gegenstandes ‚Arbeitsmarkt' selbst zu tun. Es mangelt an Möglichkeiten, einfache Kausalmodelle einzusetzen. Entwicklungen lassen sich kaum auf einzelne Ursachen zurückführen (Struck/Simonson 2000: 25ff.; Sesselmeier/Blauermel 1998). Es gibt viele Ursachen und zudem ein Zusammenspiel von Ursachen, deren Wirkungsweise, -stärke und -zusammenhang analytisch kaum eindeutig bestimmbar sind. Das eröffnet einen weiten Spielraum für Interpretationen, die vielfach durch die beiden großen wirtschaftswissenschaftlichen Schulen (Keynesianer vs. Neoklassiker) vorbestimmt werden. Zweitens ist die Datenlage häufig lückenhaft oder sogar widersprüchlich und somit kaum zuverlässig (Schupp et al. 1998). Zwar gibt es nunmehr seit vielen Jahrzehnten eine systematische Arbeitsmarktbeobachtung, die vor allem seit Gründung des Instituts für Arbeitsmarkt und Berufsforschung (IAB) vor mehr als 30 Jahren in Nürnberg vorangetrieben wird und der die Arbeitsmarktforschung viel verdankt. Aber das Wissen über den Arbeitsmarkt oder – genauer – über die Ursachen der andauernden Arbeitslosigkeit ist immer noch äußerst lückenhaft.

Wir versuchen trotzdem, die folgenden Schlaglichter möglichst präzise zu setzen.[16] Zunächst geben wir eine Skizze der Veränderungen auf dem Arbeitsmarkt. Hierzu gehört u.a. die Entwicklung der Arbeitslosigkeit und der Beschäftigung, deren möglicher Zusammenhang mit dem Wirtschaftswachstum, der Wandel von Beschäftigungsverhältnissen, Arbeitszeiten und – wenngleich nur ansatzweise – der industriellen Beziehungen (3.1). Dann werden wir erörtern, von welchen sozialen Veränderungen die Arbeitsmarktentwicklung in den vergangenen Jahrzehnte begleitet wurde (3.2) und wie sich das Modell des deutschen Wohlfahrtsstaates seither verändert hat (3.3). Schließlich rücken wir im abschließenden Resümee die Frage ins Zentrum, wie die Gewerkschaften von diesen Entwicklungen betroffen waren und sind (3.4).

3.1 Entwicklung der Arbeitswelt

Entwicklung der Arbeitslosigkeit

In der gegenwärtigen Debatte um die hohe Arbeitslosigkeit entsteht manchmal der Eindruck, als handele es sich um ein Problem, das erst nach der Vereinigung

---

16   Wir werden uns hier im wesentlichen auf Zahlenangaben stützen, welche die Revision der Volkswirtschaftlichen Gesamtrechnung (VGR) nicht berücksichtigen. Zwar sind mittlerweile zahlreiche Wirtschafts- und Arbeitsmarktkennziffern nach neuer Rechnung verfügbar. Diese beziehen sich jedoch allein auf die Zeitspanne 1991 bis zur Gegenwart. Da wir jedoch in den meisten Fällen längere Zeitreihen (für die ‚alte' Bundesrepublik) berücksichtigen und für Vergleiche heranziehen wollen, eignen sich die revisionierten Angaben meist nicht. In einzelnen Fällen werden wir jedoch auf prägnante Unterschiede hinweisen.

der beiden deutschen Staaten entstanden sei. Wie ein Blick auf die Entwicklung der Arbeitslosenquoten in den vergangenen mehr als 40 Jahren zeigt, datiert der Beginn anhaltend hoher Arbeitslosigkeit aber aus der Mitte der 70er Jahre (s. Abb. 1). Die anschließende Entwicklung der Arbeitslosigkeit ist als stufenförmig zu bezeichnen. Zwar sank die Arbeitslosigkeit nach den jeweiligen Höchstständen 1975, 1985 und 1997 im Anschluss mehr oder weniger stark wieder ab. Bislang gelang es aber bei weitem nicht, das Ausgangsniveau vor dem vorausgegangenen Anstieg auch nur näherungsweise wieder zu erreichen. Mit Vollbeschäftigung, die Ende der 60er und zu Beginn der 70er Jahre auf ca. 0,8 bis 1,2% Arbeitslosenquote definiert wurde (Engelen-Kefer et al. 1995: 76), hatte das jedenfalls nichts mehr zu tun. Nach 4,6% im Jahre 1975 sank die Quote zwar wieder auf 3,8% Ende 1979 und 1980. Anschließend stieg sie allerdings rasant auf 9,3% im Jahre 1985 und sank dann nicht mehr unter die 6%-Marke. In 1997 wurde der bisherige (gesamtdeutsche) Höchststand von 12,7% erreicht, das entsprach einer absoluten Zahl von knapp 4,4 Millionen Menschen, die als arbeitslos registriert waren. Bis zum Jahre 2000 fiel die Quote wieder auf 10,7% (knapp 3,9 Millionen registrierte Arbeitslose).[17] Gegenwärtig steigt die Arbeitslosigkeit wieder und Arbeitsmarktbeobachter erwarten für die nächste Zeit keinen entscheidenden Rückgang.[18] Statt von einer Entspannung reden zu können, ist in der Langfristperspektive also eine deutliche Problemverschärfung zu erkennen.

Der Blick auf den gesamtdeutschen Arbeitsmarkt täuscht allerdings darüber hinweg, dass der Arbeitsmarkt zwischen den alten und neuen Bundesländern sehr unterschiedlich von der Beschäftigungskrise betroffen ist. Auch der leichte Aufschwung am Arbeitsmarkt bis 2001 zeigte sich lediglich in den alten Bundesländern, während in den neuen Bundesländern sogar ein entgegengesetzter Trend zu verzeichnen war. In 1999 betrug die Arbeitslosenquote in den alten Ländern 9,9%, im Jahre 2000 waren es 8,7%; in den neuen Ländern lauteten die entsprechenden Werte 18,8 bzw. 19,0% (Presse- und Informationsamt der Bundesregierung 2001a: 11, 15). Die Arbeitslosenquoten spiegeln allein die registrierte Arbeitslosigkeit wider. Sie geben nur bedingt Auskunft über die tatsächliche Lücke zwischen Arbeitsnachfrage und Arbeitsangebot. Zum einen wird der

---

17 Wird die Abgrenzung der Arbeitslosigkeit gemäss der ILO-Definition vorgenommen, was zu international vergleichbaren Zahlen führen kann, ergeben sich niedrigere Quoten als auf Basis der Abgrenzung der Bundesanstalt für Arbeit. In 1991 betrug die Arbeitslosenquote danach 5,5% (ca. 2,2 Mio.), 1997 in der Spitze 9,8% (ca. 3,9 Mio.), 1998 noch 9,4% (ca. 3,7 Mio.) (Klös 1999: 22).

18 Was vor allem auf die desolate Situation des ostdeutschen Arbeitsmarktes zurückzuführen ist. Zum ostdeutschen Arbeitsmarkt und seinen Perspektiven s. Wiedemann et al. 1999.

erste Arbeitsmarkt seit langem durch Maßnahmen des sogenannten zweiten Arbeitsmarktes, durch Qualifikationsmaßnahmen sowie Frühverrentungen entlastet. Die Teilnehmer an Maßnahmen werden in der Regel nicht in der Arbeitslosenstatistik geführt, gelten also nicht als arbeitslos. Die Anwendung solcher Maßnahmen unterliegt Schwankungen, weshalb auch der Entlastungseffekt stark variiert. Besonders in den ersten Jahren nach der Vereinigung wurde der Arbeitsmarkt der neuen Bundesländer durch Maßnahmen wie Kurzarbeit, Arbeitsbeschaffung sowie Fortbildung, Übergangsgeld für ältere Arbeitslose bis zum Ausscheiden aus dem Arbeitsmarkt usf. entlastet. Zusammengenommen reduzierte sich das Arbeitskräfteangebot auf dem ersten Arbeitsmarkt in den neuen Bundesländern in dieser Zeit um mehrere Millionen, zu einem Teil zeitweise (Qualifikationsmaßnahmen), zu einem Teil aber auch dauerhaft (Frühverrentung).[19]

Zum anderen taucht in der Arbeitslosenstatistik auch die sogenannte ‚Stille Reserve' nicht auf. Hierzu werden Personen gerechnet, die zwar arbeitslos sind und bei besserer Arbeitsmarktlage auch erwerbstätig sein würden, sich aber bei den Arbeitsämtern nicht als arbeitslos registrieren lassen, weil sie erstens keinen Anspruch auf Leistungen des Arbeitsamtes besitzen und zweitens keine Hoffnung haben, durch die Arbeitsämter in Arbeit vermittelt zu werden. Kleinhenz (2000: 11) kommt für das Jahr 1999 zu dem Ergebnis, dass die gesamtdeutsche registrierte Arbeitslosigkeit 1999 in Höhe von 4,1 Mio. von einer Stillen Reserve in Höhe von mehr als 1,5 Mio. begleitet wurde; gleichzeitig wurde der Arbeitsmarkt durch arbeitsmarktpolitische Maßnahmen in Höhe von ca. 1 Mio. Menschen entlastet, wodurch sich eine Arbeitsplatzlücke von insgesamt mehr als 6,6 Mio. ergibt.

---

19 Vgl. zusammenfassend: Bleses/Rose 1998: 125ff.; ausführlicher zum Einsatz arbeitsmarktpolitischer Instrumente nach der deutschen Vereinigung: Heinelt/Weck 1998: 57ff.

Abb. 1: Prozentuales Wirtschaftswachstum und Arbeitslosenquoten

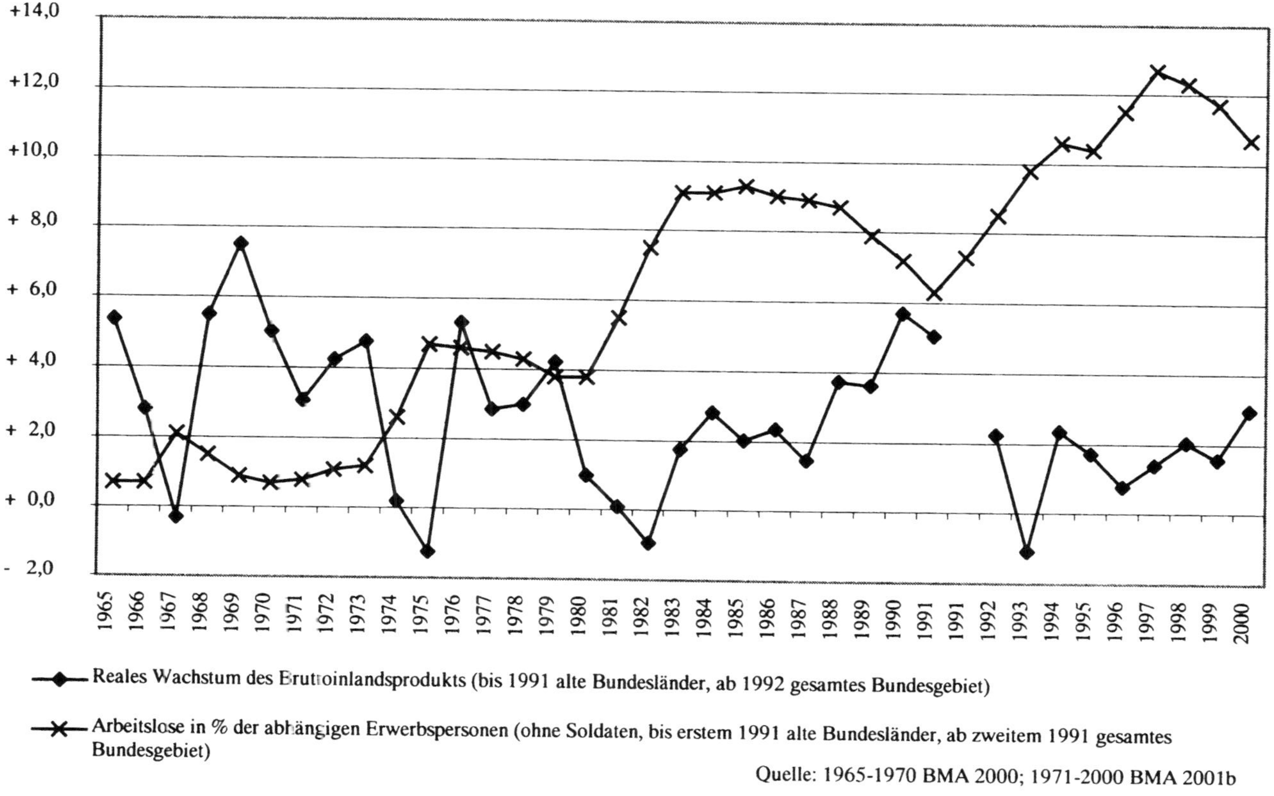

—◆— Reales Wachstum des Bruttoinlandsprodukts (bis 1991 alte Bundesländer, ab 1992 gesamtes Bundesgebiet)

—✕— Arbeitslose in % der abhängigen Erwerbspersonen (ohne Soldaten, bis erstem 1991 alte Bundesländer, ab zweitem 1991 gesamtes Bundesgebiet)

Quelle: 1965-1970 BMA 2000; 1971-2000 BMA 2001b

Abb. 2: Prozentuale Entwicklung der Erwerbspersonen und erwerbstätigen Arbeitnehmer

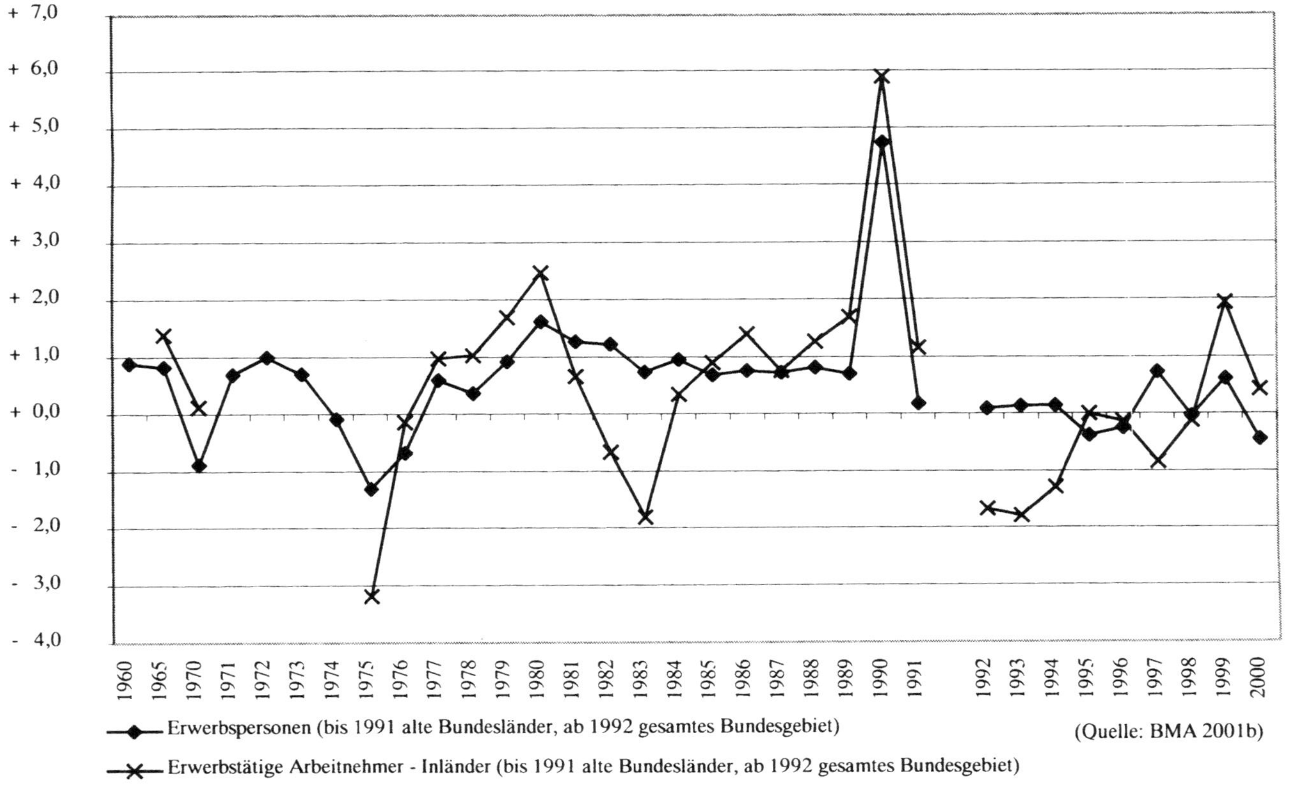

Erwerbspersonen (bis 1991 alte Bundesländer, ab 1992 gesamtes Bundesgebiet)

Erwerbstätige Arbeitnehmer - Inländer (bis 1991 alte Bundesländer, ab 1992 gesamtes Bundesgebiet)

(Quelle: BMA 2001b)

Zwar erweckt die lange Dauer der Arbeitslosigkeit häufig den Eindruck, als handele es sich um das Problem einer bestimmten gesellschaftlichen Gruppe oder Schicht. Das ist allerdings irreführend. Vielmehr herrscht auf dem Arbeitsmarkt wie in der Arbeitslosigkeit beides: Stabilität und hohe Fluktuation. Hinweise auf die Bewegung und Stabilität geben die Dauer der Arbeitslosigkeit sowie die Zahl der Zu- und Abgänge in Arbeitslosigkeit. Langzeitarbeitslosigkeit (= ein Jahr und länger arbeitslos) ist in den alten wie in den neuen Bundesländern ein Problem. Ihr Anteil an den Arbeitslosen lag in den alten Bundesländern im Jahre 2000 bei 36,6% (918.600 Personen), in den neuen Bundesländern bei 33,5% (456.000 Personen). Die durchschnittliche Dauer der Arbeitslosigkeit betrug in den alten Ländern 34,2 Wochen, in den neuen Ländern 36,8 Wochen (Presse- und Informationsamt der Bundesregierung 2001a: 12, 16). In den alten Bundesländern gab es im Jahre 2000 ca. 4,65 Mio. Arbeitslosmeldungen und ca. 4,88 Mio. Abmeldungen aus Arbeitslosigkeit. In den neuen Ländern betrugen die Zugänge ca. 2,29 Mio., die Abgänge ca. 2,31 Mio. (Presse- und Informationsamt der Bundesregierung 2001a: 11, 16).[20] Arbeitslosigkeit bedeutet also nicht in jedem Fall Langzeitarbeitslosigkeit, vielmehr ist die Fluktuation in und aus Arbeitslosigkeit hoch. Aber immerhin mehr als ein Drittel der Arbeitslosen in den alten und neuen Bundesländern nehmen innerhalb eines Jahres keine neue Erwerbstätigkeit auf. Dabei ist Langzeitarbeitslosigkeit vor allem deshalb ein Problem, weil die Vermittlungsaussichten in eine neue Beschäftigung mit der Dauer der Arbeitslosigkeit abnehmen. Die hohe Fluktuation am Arbeitsmarkt lässt zwar eine gesellschaftliche Spaltung in Arbeitslose und Nicht-Arbeitslose als wenig plausibel erscheinen; dennoch gibt es Gruppen, bei denen sich das Problem Arbeitslosigkeit in der Zeitperspektive konzentriert, während es andere gibt, die vom Arbeitslosigkeitsrisiko entweder ganz oder weitgehend verschont bleiben oder zeitlich nur relativ kurz betroffen sind.

Die besonders von Arbeitslosigkeit betroffenen Gruppen werden mit dem wenig schönen Begriff der ‚Problemgruppen' bezeichnet. Hierzu gehören insbesondere Ältere, Frauen, Gering- und Unqualifizierte, Personen mit gesundheitlichen Beeinträchtigungen, ausländische Arbeitnehmer sowie – meist als Folge einer oder mehrerer der vorangegangenen Merkmale – Langzeitarbeitslose. Insbesondere das Alter und mangelhafte Qualifikation erhöhen das Risiko der (Langzeit-)Arbeitslosigkeit stark. Jugendarbeitslosigkeit, die in manchen euro-

---

20 Es ist allerdings zu berücksichtigen, dass Zugänge in und Abgänge aus Arbeitslosigkeit – anders als die Dauerarbeitslosigkeit – nicht in Personen, sondern in Fällen gerechnet werden. Hinter mehreren Fällen kann also eine Person stehen, die mehrfach arbeitslos wird bzw. sich aus der registrierten Arbeitslosigkeit abmeldet.

päischen Ländern ein vergleichsweise großes Problem darstellt, ist in Deutschland nur wenig ausgeprägt (vgl. Kleinhenz 2000: 13ff.).

Strukturwandel der Produktion und Qualifikation: strukturelle Arbeitslosigkeit?

Die – mit großen Unsicherheiten behafteten – langfristigen Prognosen für den deutschen Arbeitsmarkt sagen auf absehbare Zeit keine grundlegende Entspannung voraus.[21] Zwar werden aufgrund der demographischen Entwicklung in Zukunft die auf den Arbeitsmarkt strömenden Generationen kleiner; dafür wird aber (in Westdeutschland[22]) mit einem Anstieg der Erwerbsquote gerechnet. Die Zuwanderung lässt sich zwar nur äußerst ungenau prognostizieren, allgemein wird aber von einer konstanten oder sogar noch steigenden Arbeitsmigration nach Deutschland ausgegangen. Etwas sicherer lassen sich Prognosen erstellen, die den strukturellen Wandel der Arbeitswelt berühren und sich auf empirisch beobachtete Trends der jüngeren Vergangenheit gründen.

Der strukturelle Wandel der Arbeitswelt[23] hat sich bereits auf den Arbeitsmarkt ausgewirkt – und er wird sich aller Wahrscheinlichkeit auch noch weiterhin auswirken. Der strukturelle Wandel besteht erstens in fortwährenden Produkt- und Produktionsinnovationen; zweitens in einem generellen Trend steigender volkswirtschaftlicher Bedeutung des Dienstleistungssektors zuungunsten des Produktionssektors; drittens in einem Wandel innerhalb des Dienstleistungssektors von einfachen hin zu höher und hochspezialisierten Dienstleistungen (Informationstechnik usf.). Der auf Dauer gestellte und beschleunigte strukturelle Wandel verlangt regelmäßig erneuerte Qualifikationen auf Arbeitnehmerseite. Es kann der Fall eintreten, dass auf dem Arbeitsmarkt Qualifikationen nachgefragt werden, die auf Arbeitnehmerseite nicht angeboten werden. Umgekehrt werden Qualifikationen angeboten, die nicht mehr oder kaum noch nachgefragt werden (Bergbau, Stahlverarbeitung). Das wiederum kann bewirken, dass Arbeitskräftemangel und -überangebot parallel bestehen.[24] Insbesondere bei den älteren Langzeitarbeitslosen ist dieses Problem zu vermuten. Sie besitzen zwar häufig spezifische berufsfachliche Qualifikationen, aber ihre Qualifikationsstruktur ist den Qualifikationsanforderungen infolge des wirtschaftlichen Wandels nicht mehr angemessen. Sie werden oft deshalb arbeitslos, weil ihre

---

21 Wir gingen in Kap. 2 bereits ein wenig näher auf die Zukunftsprognosen für den Arbeitsmarkt ein.
22 Dafür ist vor allem die steigende Frauenerwerbsquote ausschlaggebend. In den neuen Bundesländern war die Frauenerwerbsquote bereits traditionell sehr hoch.
23 Zum Strukturwandel der Arbeitswelt und ihren Auswirkungen s. Willke 1999.
24 Der Fachbegriff lautet ,mismatch-Arbeitslosigkeit'; wir kommen weiter unten darauf zurück.

Um- oder Weiterqualifizierung für das Unternehmen nicht mehr lohnend ist. Sind sie dann erst einmal arbeitslos, bedeutet das eine weitere Dequalifizierung für den Arbeitsmarkt. Es kann auf diese Weise ein relativ stabiler Sockel von strukturell bedingter Arbeitslosigkeit entstehen, der auch in konjunkturell günstigen Zeiten nicht oder nur sehr zögerlich abgebaut werden kann. Selbst dann, wenn die Reintegration von Arbeitslosen nach ihrer unternehmensexternen Qualifikation gelingt, ist dem doch eine Zeit der Arbeitslosigkeit vorgeschaltet.

Das deutsche Qualifikationssystem, das stark von dem Leitbild geprägt ist, dass Qualifikationen vor dem Einstieg ins Berufsleben erworben werden und dann ein Arbeitsleben lang ausreichend sind, erweist sich hier als problematisch. Insbesondere der sich in den kommenden Jahrzehnten auswirkende demographische Wandel wird den Arbeitsmarkt in dieser Hinsicht negativ beeinflussen. Denn angesichts geringer werdender jüngerer Generationen bei zugleich länger im Berufsleben stehenden älteren Generationen bleibt der notwendige Nachschub mit frischen Qualifikationen aus. Das demographische Problem gelangt über die Qualifikationsstruktur des Arbeitsangebots in die Betriebe hinein. Die Unternehmen müssten darauf – mehr als bisher – mit verstärkter und fortlaufender Qualifizierung ihrer Beschäftigten reagieren. Der Weg des Austauschs der Qualifikation in den Betrieben über den Austausch von Generationen wird zukünftig schwerer gangbar sein (George/Struck [Hg.] 2000; Rössel et al. 1999).

Warum entsteht Arbeitslosigkeit – warum bleibt sie bestehen?

Dieses demographische Problem wird aber vor allem eines der Zukunft sein. Es taugt kaum, die lange Geschichte hoher Arbeitslosigkeit zu erklären. Zur Diagnose der Entstehung und Persistenz von Arbeitslosigkeit wird regelmäßig ein begrenzter Satz von Variablen herangezogen. Die wesentlichen bilden die Entwicklung des Wirtschaftswachstums, der Beschäftigten- und Wirtschaftsstruktur sowie der Produktivität und des Arbeitsangebots. Um zu großen Hoffnungen der Leserinnen und Leser vorzubeugen: Welche Variable hauptverantwortlich ist, kann nicht entschieden werden. Vielmehr wirken regelmäßig alle gemeinsam, wobei ihr jeweiliger Einfluss nur schwer und ungenau separiert werden kann. Und selbst wenn eine Variable zu einem bestimmten Zeitpunkt als von überragender Bedeutung erkannt wird, heißt das noch lange nicht, dass sie es auch zu einem anderen Zeitpunkt gewesen ist bzw. sein wird. Wir werden deshalb vor allem die genannten Einflussfaktoren der Arbeitslosigkeit beschreiben und einige mögliche Zusammenhänge aufzeigen.

Die These, dass das Wirtschaftswachstum Einfluss auf die Entstehung, die Persistenz und den Rückgang von Arbeitslosigkeit hat, kann vereinfacht so ausgedrückt werden: Geht es der Wirtschaft gut, geht es auch dem Arbeitsmarkt gut; kriselt die Wirtschaft (dauerhaft), kriselt auch der Arbeitsmarkt (dauerhaft). Ein kurzer Blick auf die Entwicklung von Wirtschaftswachstum und Arbeitslosigkeit in Deutschland zeigt auch tatsächlich einen Zusammenhang zwischen beiden Größen (s. Abb. 1). Aber es wird auch sehr schnell deutlich, dass die These nicht vollständig haltbar ist. Zwar stieg die Arbeitslosigkeit im Zuge der – von der gegenwärtigen abgesehen – vier in der Bundesrepublik bislang erwähnenswerten Wirtschaftskrisen (1966/67; 1974/75; 1981/82; 1993). Was die Verminderung von Arbeitslosigkeit betrifft, kann der Zusammenhang hingegen als sehr viel lockerer interpretiert werden. Zwar scheint hierzu Wirtschaftswachstum unerlässlich zu sein, wie die Phasen sinkender Arbeitslosigkeit zeigen. Allerdings sinkt Arbeitslosigkeit nicht gleich bei jedem Wirtschaftswachstum – und sie scheint auch nicht immer nennenswert auf Wirtschaftswachstum zu reagieren. Vielmehr muss es wohl relativ andauerndes und genügend hohes Wachstum sein. Dieser nur indirekte Zusammenhang in der positiven Richtung legt nahe, dass es intervenierende Variablen geben könnte, welche verhindern, dass Wirtschaftswachstum immer positiv auf die Verringerung von Arbeitslosigkeit wirkt.

Eine zentrale intervenierende Variable ergibt sich unmittelbar aus dem Blick auf die bestimmenden Größen des Verhältnisses von Arbeitsangebot und Arbeitsnachfrage. Arbeitslosigkeit besteht immer dann, wenn es für das Angebot an Arbeitskräften keine passende Nachfrage von Arbeitgeberseite gibt. Die Arbeitgeber fragen entweder zu wenig Arbeitskräfte nach; oder es wird – wie oben bereits erläutert – nicht das verfügbare, sondern ein hinsichtlich Qualifikation, Entlohnung, Arbeitsbedingungen usf. qualitativ nicht verfügbares Angebot nachgefragt (mismatch-Arbeitslosigkeit). Uns interessiert jetzt der quantitative Aspekt.

Zwar legt Arbeitslosigkeit immer sofort den Verdacht nahe, dass allein eine unzureichende, gar zurückgehende Nachfrage (z.B. Arbeitsplatzvernichtung durch Produktivitätsanstieg) die Ursache ist. Das ist jedoch nicht zwingend. Zumindest ist zu fragen, an welchem Maßstab eine befriedigende bzw. mangelhafte Nachfrage bemessen wird. Wird als Maßstab die Entwicklung der Zahl der Arbeitsplätze herangezogen? Oder werden direkt die Angebots- und die Nachfrageseite ins Verhältnis gesetzt? Im ersten Fall wäre die Nachfrageentwicklung schon befriedigend, wenn sich die Nachfrage – von kurzfristigen Schwankungen abgesehen – kontinuierlich erhöhen würde, es also zu einer Erhöhung der Zahl der Arbeitsplätze käme. Im zweiten Fall müsste sich die Nachfrage dem Angebot entsprechend entwickeln. Sie wäre erst dann befriedigend, wenn sie jede Entwicklung des Angebots nachvollziehen würde. Es stellt sich dann aber sofort die Frage, ob die Nachfrage tatsächlich jede Angebotsbewegung sofort nachvollziehen könnte. Daran dürften erhebliche Zweifel bestehen, denn starke Anstiege auf der Angebotsseite des Arbeitsmarktes schlagen sich für die Arbeitgeber nicht zwingend und sogleich auch in einer gleichzeitigen Erhöhung der Nachfrage nach Produkten und Dienstleistungen nieder, so dass Neueinstellungen als kurzfristige Reaktion auf Angebotserhöhungen alles andere als wahrscheinlich sind bzw. allenfalls in bestimmten Sektoren stattfinden. Wenn das so ist, ist nicht immer allein die Nachfrageseite, sondern unter Umständen auch die Angebotsseite die Verursacherin von Arbeitsmarktproblemen.

Ein Blick auf die Angebotsentwicklung in den vergangenen Jahrzehnten bestätigt diese Annahme. Der Anstieg des Erwerbspersonenpotentials betrug auf dem Gebiet der alten Bundesrepublik zwischen 1973 (letztes Jahr der Vollbeschäftigung) und 1992 ca. 5 Mio., bis 1997 sogar ca. 5,3 Mio. Er ist insbesondere auf die Zunahme der Frauenerwerbstätigkeit, die Zuwanderung vor allem von Ostdeutschen und deutschstämmigen Aussiedlern sowie geburtenstarke Jahrgänge zurückzuführen. Wäre das Potential nicht in dieser Weise angestiegen, hätte 1980 und 1987 Vollbeschäftigung herrschen können (Klauder 1999: 36f.). Der Blick auf den gesamtdeutschen Arbeitsmarkt zeigt ebenfalls eine Erhöhung der Erwerbspersonenzahlen. Sie war jedoch relativ gering – außerdem verlief die Entwicklung schwankend – und betrug zwischen 1991 und 1999 gut 400.000 Menschen (BMA 2000: Tab. 2.3). Zwar hat sich der Arbeitsmarkt in Deutschland wie auch in anderen Ländern historisch immer wieder in der Lage gezeigt, ein höheres Angebot langfristig zu integrieren. Aber kurz- und mittelfristig entstehen zum Teil große Probleme. Wie groß die quantitativen Integrationsprobleme des Arbeitsmarktes sind, wie schnell sie überwunden werden bzw. wie dauerhaft sie sich erweisen, ist dabei von verschiedenen Faktoren abhängig. Von hoher Bedeutung sind dabei die Dauer eines starken Angebotsanstiegs (1), die Höhe und die Dauer des Wirtschaftswachstums (2) und dessen Beschäftigungsintensität (3).[25] Wir gehen dies der Reihe nach durch:

ad 1) Innerhalb des Erwerbspersonenpotentials ist für die Lage auf dem Arbeitsmarkt nur die Zahl derer von Bedeutung, die ihre Arbeitskraft den Arbeitgebern anbieten. Selbständige, die zu den Erwerbspersonen rechnen, erscheinen anders als Arbeitnehmer und Arbeitslose auf dem Arbeitsmarkt nicht auf der Angebots-, sondern als mögliche Arbeitgeber allenfalls auf der Nachfrageseite. Natürlich gibt es Überschneidungen zwischen selbständiger und abhängiger Er-

---

25 S. dazu auch die Formel in Kap. 2.2.1.

werbstätigkeit. Für die Vergangenheit wird sogar eine Zunahme dieser Überschneidungen durch die Zunahme der sogenannten ,Scheinselbständigkeit' vermutet. Scheinselbständige sind ein – arbeits- und sozialrechtlich – schlecht gesichertes Pendant zu abhängig Beschäftigten. Das heißt, sie erfüllen die gleichen Aufgaben wie abhängig Beschäftigte, sind lediglich von einem Auftraggeber (häufig dem früheren Arbeitgeber) abhängig, besitzen aber keinen Arbeitsvertrag und keine an das Arbeitsverhältnis gekoppelte soziale Sicherung. Das bedeutet für den Auftrag- bzw. Arbeitgeber erstens die Abwälzung des Unternehmerrisikos auf den Scheinselbständigen und zweitens den Wegfall der Lohnnebenkosten. Die Scheinselbständigkeit ist rechtswidrig und schon deshalb schwer erfassbar. Ihre Zahl wird für 1994 in Westdeutschland auf bis zu 431.000 geschätzt (Hoffmann/Walwei 1998: 6). Für die jüngere Vergangenheit und die ostdeutschen Länder ist eher mit einem Anstieg als mit einer Abnahme zu rechnen. Die Scheinselbständigkeit gehört jedoch bereits zur Veränderung der Beschäftigungsverhältnisse, auf die wir unten näher eingehen werden.

Wenn auch die Scheinselbständigkeit im Grunde mit berücksichtigt werden müsste, gilt formal dennoch: Das Angebot auf dem Arbeitsmarkt errechnet sich allein aus der Summe der abhängig Beschäftigten und der Arbeitslosen.[26] Im Jahre 1973 betrug diese Summe knapp 23,5 Mio., im Jahre 1991 lag sie bei gut 27,9 Mio. (alte Bundesländer). Der westdeutsche Arbeitsmarkt hatte damit in weniger als zwei Jahrzehnten einen Angebotsanstieg von ca. 4,4 Mio. Personen zu verkraften. Nach der Vereinigung der beiden deutschen Staaten entwickelte sich die Situation auf dem gesamtdeutschen Arbeitsmarkt anders. Die Summe aus abhängig Beschäftigten und Arbeitslosen betrug 1991 gut 36,8 Mio., 1999 gut 36,1 Mio.[27] Das Angebot war also leicht rückläufig. Es ist davon auszugehen, dass der Rückgang vor allem auf eine veränderte Erwerbsbeteiligung in den

---

26   Wobei im folgenden nur die registrierte Arbeitslosigkeit herangezogen wird. Auf die Einbeziehung der ,Stillen Reserve' (s.o.) verzichten wir an dieser Stelle; sie ist prinzipiell aber mit zu berücksichtigen und vergrößert das Angebot auf dem Arbeitsmarkt – wie auch die Scheinselbständigkeit – zusätzlich.

27   Alle Zahlenangaben: Eigene Berechnungen auf Basis von BMA 2000: Tab.: 2.5 und 2.10. Insgesamt stieg in der Bundesrepublik zwar die Erwerbspersonenzahl, die Erwerbsquoten entwickelten sich jedoch wechselhaft: sie sanken von 1960 bis 1975 von 47,7 auf 43,4%, stiegen ab 1977 bis 1990 stark auf 49,5%, um dann 1991 noch einmal auf 48,9% zu sinken. Die erste gesamtdeutsche Erwerbsquote lag dann mit 50,1% wieder auf einem erhöhten Wert. Dieser sank jedoch bis 1996 auf 48,8%, um dann bis 1999 wieder leicht auf 49,3% zu steigen (BMA 2000, Tab. 2.3). Werden nur der Anfangs- und der Endpunkt der Entwicklung ohne Rücksicht auf die territorialen Veränderungen betrachtet, dann hat sich die Erwerbsquote zwischen 1960 und 1999 gerade einmal um 1,6% erhöht. Die gestiegenen Erwerbspersonenzahlen zeigen also nur an, dass sich mehr Menschen im erwerbsfähigen Alter befinden, nicht aber auch, dass ein wesentlich größerer Teil der Gesellschaft einer Erwerbstätigkeit nachgeht.

neuen Bundesländern zurückzuführen ist. Von der Vereinigung bis 1997 ist die potentielle Erwerbsbeteiligung hier um ca. 6% gesunken (Fuchs 1998: 7). Vor der Vereinigung lag die Erwerbsquote in den neuen Bundesländern allerdings auch deutlich höher als in den alten Bundesländern. Festzuhalten ist damit, dass es auf dem gesamtdeutschen Arbeitsmarkt trotz des verringerten Arbeitsangebots nicht gelang, die Arbeitslosigkeit zu senken. Tatsächlich sank sogar die Zahl der abhängig Beschäftigten zwischen 1991 und 1998 um knapp 2,2 Mio., die Zahl der Arbeitslosen stieg derweil um ca. 1,5 Mio. an.[28] Vieles deutet jedoch darauf hin, dass die Situation nach der deutschen Vereinigung, die zwar den gesamtdeutschen, insbesondere aber den ostdeutschen Arbeitsmarkt in Mitleidenschaft zog, eine historische Sondersituation war (und als solche wahrscheinlich noch andauern wird), die sich weder mit den vorangegangenen Jahrzehnten noch international einfach vergleichen lässt.[29]

ad 2) Das für die Nachfrage nach Arbeit zentrale Wirtschaftswachstum verhielt sich seit Mitte der 70er Jahre erstens wechselhaft und erreichte zweitens nur in der Ausnahmesituation des Wiedervereinigungsbooms so hohe Werte wie in den 50er bis zu den 70er Jahren (vgl. Abb. 1). Wenn davon ausgegangen wird, dass Arbeitgeber erst dann zu Neueinstellungen übergehen, wenn es ausreichend hohe und anhaltende Wachstumserwartungen gibt, zeigt sich der Wachstumsverlauf der vergangenen Jahrzehnte eher beschäftigungsfeindlich. Lediglich die Zeiten zwischen 1976 und 1979, 1984 und 1986 sowie 1988 und 1991 stellen Ausnahmen in der Höhe dar; es fehlt aber meist die Kontinuität.

ad 3) Die Höhe des Wirtschaftswachstums allein gibt aber noch keine Auskunft über die daraus resultierende Arbeitsnachfrage. Es stellt sich die Frage, inwieweit das wirtschaftliche Wachstum dem Arbeitsmarkt zugute kommt, also Investitionen in Arbeit und nicht vollständig in Arbeitskräfteersparnis anregt. Dass die Arbeitgeber generell versuchen, ihre Produktion zu rationalisieren, um Kosten einzusparen, steht außer Frage. Wichtig ist deshalb das Verhältnis von Wirtschafts- und Produktivitätswachstum. Um beschäftigungswirksam zu sein, muss das Wirtschaftswachstum die Produktivitätsgewinne übersteigen, da die durch das Wirtschaftswachstum ausgelösten Effekte ansonsten nicht auf dem

---

28 Angaben s. Fußnote 27. Angaben auf Basis der revisionierten Volkswirtschaftlichen Gesamtrechnung weisen hingegen für den genannten Zeitraum nur einen Verlust in Höhe von ca. 1,3 Mio. abhängig Beschäftigten aus. Zwischen 1998 und 2000 wurden die vorangegangenen Verluste durch einen Anstieg der abhängig Beschäftigten um ca. 1 Mio. fast wieder kompensiert. Allerdings ist der Anstieg allein auf vermehrte Teilzeitbeschäftigung (und hier vor allem die geringfügige Beschäftigung) zurückzuführen. Die Vollzeitbeschäftigung war demgegenüber stark rückläufig (Bach 2001: 5). Wir werden auf diesen Aspekt weiter unten im Rahmen der veränderten Beschäftigungsverhältnisse näher eingehen.

29 S. Fußnote 18.

Arbeitsmarkt ankommen. Je höher die Spanne zwischen Wirtschaftswachstum und Produktivitätszuwächsen, desto größer fällt der Beschäftigungseffekt aus. Zur Integration eines schnell wachsenden Arbeitsangebots wie vor allem in den 80er Jahren ist eine vergleichsweise große Spanne Voraussetzung. Eine anhaltend hohe Arbeitslosigkeit weckt den Verdacht, dass das Produktivitätswachstum (je Arbeitsstunde) im Vergleich zum Wirtschaftswachstum relativ hoch liegen muss, es vielleicht sogar mit dem Effekt übersteigt, dass mehr menschliche Arbeitskraft durch Maschineneinsatz und verdichtete Arbeitsprozesse usf. ersetzt wird, als durch das Wirtschaftswachstum entsteht.

Dieser Verdacht erweist sich mit Blick auf die Vergangenheit als überwiegend falsch. In der alten Bundesrepublik lag das Produktivitätswachstum in den ersten Jahrzehnten ihres Bestehens deutlich höher als in den 70er und 80er Jahren. Tatsächlich bedurfte es in den 80er Jahren sogar eines relativ geringen Wirtschaftswachstums, um beschäftigungswirksam zu werden. Seit der Rezession des Jahres 1993 sieht die Situation allerdings anders aus. Das Produktivitätswachstum hat sich stark erhöht mit dem Effekt, dass ein sehr viel höheres Wirtschaftswachstum für mehr Beschäftigung von Nöten ist. Aufgrund des sich jüngst wieder verlangsamenden Anstiegs kann allerdings vermutet werden, dass es sich hier um die Auswirkungen eines technologischen Modernisierungsschubs handelte, der mittlerweile weitgehend abgeschlossen ist. Erst die letzten Jahre könnten also für die These der ‚technologisch bedingten‘ Arbeitslosigkeit sprechen, während in der Zeit zuvor das Wirtschaftswachstum meist ausreichte, um beschäftigungswirksam zu werden (Klauder 1999: 46ff.). Allerdings sind hier die Effekte der tariflichen Arbeitszeitverkürzungen der 70er und 80er Jahre bzw. die ausbleibenden Arbeitszeitverkürzungen seit Beginn der 90er Jahre noch nicht berücksichtigt.[30]

Zusammengefasst lässt sich also festhalten, dass alle drei Komponenten: Angebotssteigerung (vor allem 80er Jahre), mangelhaftes und nicht ausreichend kontinuierliches Wirtschaftswachstum (über weite Strecken) sowie eine im Vergleich zum Wirtschaftswachstum zu hohe Produktivitätssteigerung (seit 1993) zu unterschiedlichen Zeiten und in unterschiedlichen Kombinationen für die Höhe und Persistenz der Arbeitslosigkeit verantwortlich sind. Vor allem der ostdeutsche Arbeitsmarkt erweist sich – anders als zur Zeit der Vereinigung erhofft – als nicht absehbares und tiefgreifendes Dauerproblem.

---

30 Auch auf die Effekte der Arbeitszeitverkürzung werden wir unten zurückkommen (s. Kap. 5).

Veränderte Beschäftigungsverhältnisse

Die dauerhafte und hohe Arbeitslosigkeit ist aber nicht das einzige Problem des deutschen Arbeitsmarktes. Die Entwicklung der Beschäftigungsverhältnisse ist ein weiteres. Es ist im Anschluss an die ‚Entdeckung' des Konstruktes „Normalarbeitsverhältnis" (Mückenberger 1985) viel darüber gestritten worden, inwieweit sich die Beschäftigungsverhältnisse im Laufe der – zeitweise krisenhaften – Entwicklung von Wirtschaft und Arbeitsmarkt in den vergangenen drei Jahrzehnten verändert haben. Die Debatte wird zwischen zwei Polen geführt: Eine Seite behauptet ein sukzessives oder sogar bereits weit fortgeschrittenes Verschwinden einigermaßen normierter Beschäftigungsverhältnisse (Kommission für Zukunftsfragen 1996); eine andere Seite geht davon aus, dass sich die Beschäftigungsverhältnisse – bis auf Ausnahmen – vergleichsweise wenig verändert hätten (Oschmiansky/Schmid 2000).

Zudem ist strittig, inwieweit die Veränderung der Beschäftigungsverhältnisse bzw. ihr nur sehr zögerlicher Wandel nicht vielleicht sogar für die Beschäftigungsprobleme mitverantwortlich sein könnten. Während auf Gewerkschaftsseite der zu rasante Wandel der Beschäftigungsverhältnisse im Sinne des Verlustes von Normalität lange Zeit als äußerst bedrohlich wahrgenommen wurde, sind von Arbeitgeberseite eher umgekehrte Bedrohungsszenarien entwickelt worden: Die Blockade des notwendigen Strukturwandels, die ihrerseits Arbeitslosigkeit über mangelhafte Wettbewerbsfähigkeit der Unternehmen erzeuge. Die vorliegenden empirischen Studien sind oft in der einen oder anderen Weise von der jeweiligen politischen Position in dieser Thematik gefärbt. Das macht auch in diesem Fall die Beschreibung nicht einfacher. Erneut erweist sich die Beurteilung der Veränderungen als schwierig, weil sich die Ausgangsannahmen sowie unterschiedlichen Abgrenzungen der vorliegenden Analysen unterscheiden. Wir werden uns – des Sachverstandes, der Einheitlichkeit und erhofften Neutralität willen – vor allem auf Daten des IAB stützen.

Zunächst noch einmal kurz zum Verständnis des Begriffes „Normalarbeitsverhältnis" und seiner Funktion für die Beschäftigten.[31] Ein Normalarbeitsverhältnis ist nach Mückenberger (1985) kein empirisch vorfindliches Arbeitsverhältnis, sondern ein theoretisches Konstrukt bzw. die Fiktion eines Idealtyps. Das heißt nicht, dass es keine Beschäftigungsverhältnisse gibt, die dem Normalarbeitsverhältnis auch tatsächlich entsprechen. Es heißt vielmehr, dass es ein Leitbild beschreibt, an dem sich Arbeitsverträge in einer bestimmten historischen Phase in der Bundesrepublik mehr oder weniger stark ausgerichtet haben

---

31   Vgl. dazu auch Bleses 1994: 68ff.

und die institutionell besonders gut gerahmt sind. Es gab deshalb immer auch Arbeitsverhältnisse, die den Kennzeichen des Normalarbeitsverhältnisses wenig oder gar nicht entsprachen. Verschiedene Kriterien sind nach Mückenberger für *das* Normalarbeitsverhältnis konstitutiv: Es handelt sich um Vollzeitarbeit; die Arbeit wird innerhalb eines betrieblichen Sozialzusammenhangs ausgeübt; die Arbeit wird auf hohem qualifikatorischen Niveau ausgeübt, das innerhalb des Betriebes erreicht wurde; man ist lange innerhalb eines (möglichst großen) Betriebes beschäftigt und hat innerhalb der Beschäftigung ein hohes Alter erreicht. Diese konstitutiven Merkmale sind mit weiteren Merkmalen des Normalarbeitsverhältnisses verknüpft, die sich direkt oder indirekt daraus ergeben: Es gibt eine Vertretung der Arbeitnehmerinteressen durch Betriebsrat und Gewerkschaften; die Erwerbsbiographie ist kontinuierlich und lang; Arbeitslosigkeit tritt nicht oder kaum auf; der Lebenslauf entspricht dem „Normallebenslauf"[32] (Vobruba 1990: 30f.).

Was ist nun die Funktion des Normalarbeitsverhältnisses? Kurz gesagt, handelt es sich um das Arbeitsverhältnis, das durch Arbeits- und Sozialrecht optimal gesichert ist und dem Beschäftigten innerhalb des Betriebes eine möglichst gute Position sichert. Im Arbeitsrecht betrifft das vor allem Fragen der Beschäftigungssicherheit infolge guten Kündigungsschutzes. Im Sozialrecht bzw. im Sozialversicherungsrecht betrifft das vor allem die Möglichkeit, Anwartschaften auf Leistungen in einer Weise erwerben zu können, die institutionell für eine qualitativ wie quantitativ möglichst gute Absicherung vorgesehen sind. Nach Vobruba wird auf diese Weise ein „Idealarbeitsverhältnis" definiert, das einen „»Standardadressaten« der sozialpolitischen Rechtsnormen" erzeugt (Vobruba 1990: 30, 32). Jene Beschäftigungsverhältnisse, die dem Normalarbeitsverhältnis nicht entsprechen, sind demgegenüber arbeits- und sozialrechtlich weniger gut erfasst und damit weniger gut gesichert. Dieser rechtlichen Unsicherheit, die wächst, je weiter sich die Arbeitsverhältnisse von den Kriterien des Normalarbeitsverhältnisses entfernen, entstammt auch der Begriff der ‚prekären' Arbeitsverhältnisse.

Wir bevorzugen im folgenden allerdings den weniger wertgeladenen Begriff der ‚Atypik' bzw. ‚atypischer Elemente' in Arbeitsverhältnissen. Denn damit wird lediglich ausgesagt, dass diese in einer bestimmten Dimension – und oftmals allein in dieser – von einem vorgegebenen Maßstab abweichen. Wir gehen

---

32 Der Begriff stammt von Kohli (1985). Der Normallebenslauf teilt sich in die Phasen Erziehung/Ausbildung – Erwerbstätigkeit bzw. (meist weibliche) Alternativrolle in der Reproduktion – Ruhestand. Die jeweiligen Phasen wie deren Übergänge sind vielfältig institutionell gerahmt und vermitteln damit allen jenen, die dem Normallebenslauf entsprechen, eine sichere Orientierung.

vor allem auf die befristete Beschäftigung, die Teilzeitbeschäftigung und die darin enthaltene geringfügige Beschäftigung ein. Damit sind die wichtigsten atypischen Elemente erfasst. Die oben schon angesprochene Scheinselbständigkeit lassen wir bei der Betrachtung weitgehend außer acht, weil ihre Erfassung hoch problematisch ist. Wie die Schwarzarbeit lebt sie davon, in ihrem illegalen Charakter nicht bekannt zu werden. Die Forschung behilft sich damit, die Selbständigen ohne Beschäftigte als Indikator für die Zahl der Scheinselbständigen heranzuziehen. Das ist allerdings problematisch, weil dadurch die Zahl der Scheinselbständigen überschätzt wird.[33] Wenn wir sie im folgenden auch nicht mehr berücksichtigen, ist sie dennoch eine Form atypischer Beschäftigung.[34]

In der sozialwissenschaftlichen Arbeitsmarktforschung wird nun in aller Regel nicht getestet, ob das oben definierte Normalarbeitsverhältnis noch besteht. Es wird vielmehr eine von den Kriterien her ,entleerte' Variante konstruiert. Gängig sind die Kriterien: abhängig Beschäftigte; Vollzeitarbeit; unbefristete Beschäftigung.[35] Leider ist durch diese Begriffsentleerung mit der Zeit die ursprüngliche Begriffsdefinition und damit das, was sie vermitteln wollte, aus dem Blick geraten. Es wäre demnach angemessen, eine andere Begrifflichkeit zu wählen. Die Kommission für Zukunftsfragen (1996) etwa hat das mit dem Begriff des „Normarbeitsverhältnisses" getan. In der Literatur ist hingegen der Begriff des Normalarbeitsverhältnisses geläufig geblieben. Wir bleiben daher bei diesem Begriff.

Die Beurteilung der Frage, ob es in der Vergangenheit zu einer Erosion des Normalarbeitsverhältnisses gekommen ist, ist eine Frage der Perspektive. Wird das Glas als halb voll eingeschätzt, gibt es immer noch viele Normalarbeitsverhältnisse; wird das Glas als halb leer gesehen, ist der Rückgang gravierend. Da es überhaupt Schwierigkeiten bereitet festzulegen, was normale Beschäftigung eigentlich heißt, schauen wir im folgenden weniger auf die Entwicklung der

---

33 Der Anteil der Selbständigen ohne Beschäftigte an den Erwerbstätigen ist von 1988 bis 1998 in Westdeutschland von 3,1 auf 4,5% gestiegen. In Gesamtdeutschland betrug die Quote 1998 4,3% (jeweils ohne Landwirtschaft). In 1998 lag die Quote der Selbständigen ohne Beschäftigte unter jener der selbständigen Arbeitgeber, allerdings hat sie sich sehr viel dynamischer entwickelt (Hoffman/Walwei 2000b: 2f.).

34 Natürlich gibt es weitere atypische Elemente in Beschäftigungsverhältnissen (die Tele-Heimarbeit; die Arbeit auf Abruf usf.), die wir in unserem kurzen quantitativen Abriss im folgenden nicht berücksichtigen werden (zu Typen, Umfang und Regulierungserfordernissen der atypischen Beschäftigungsverhältnisse vgl. die Analysen von Demel/Struck-Möbbeck 1998; Matthies et al. 1994). Im Rahmen der sozialen und sozialpolitischen Veränderungen werden wir allerdings kurz darauf eingehen, welche individuellen und kollektiven Probleme Atypik insgesamt verursachen kann.

35 Mal werden die Beamten mit einbezogen, mal handelt es sich nur um Arbeiter und Angestellte. Leiharbeit gehört nicht zum Normalarbeitsverhältnis.

Normalarbeitsverhältnisse als vielmehr darauf, wie sich die atypischen Elemente in Arbeitsverhältnissen entwickeln. Um sehen zu können, ob Deutschland hier einen besonderen Fall darstellt, zeigen wir anschließend, wie sich die Atypik in anderen europäischen Ländern entwickelt.

In Deutschland ist das Normalarbeitsverhältnis insgesamt rückläufig. Im Jahre 1985 befanden sich in Westdeutschland 68% aller Erwerbstätigen in einem solchen Beschäftigungsverhältnis. In 1998 waren es in den alten Bundesländern 62%. In den neuen Bundesländern lag die Zahl mit 65% sogar noch ein wenig über dem westdeutschen Wert (Hoffmann/Walwei 2000a: 1). Wird der Zeithorizont in die 70er Jahre erweitert, wird der Unterschied zur Gegenwart zwar deutlich größer[36], das Jahr 1985 ist aber deshalb ein guter Vergleichspunkt, weil in diesem Jahr mit dem Beschäftigungsförderungsgesetz die Voraussetzungen verbessert wurden, atypische Elemente in Beschäftigungsverhältnisse einzubauen. Insbesondere die Befristung wurde erleichtert. Schaut man auf die empirische Entwicklung der befristeten Beschäftigung, hat diese gesetzliche Veränderung jedoch wenig bewirkt. Die Quote lag 1985 bei 8,7%, 1998 in Gesamtdeutschland bei 10,9% (ebd.: 4). Demgegenüber ist die Teilzeitquote stark angestiegen. Sie kletterte im gleichen Zeitabschnitt von 11% in den alten Bundesländern auf 17% in Gesamtdeutschland (ebd.: 1).[37]

Ein hoher Teilzeitanteil wird in der wissenschaftlichen und politischen Debatte aus zwei verschiedenen und tendenziell widersprüchlichen Gründen für wichtig gehalten: Im Vergleich zu Vollzeitarbeitsverhältnissen kann damit das Angebotsvolumen an Arbeitskraft pro Kopf gesenkt werden; und es kann auch jenen Personen der Zugang zum Arbeitsmarkt erleichtert werden, denen infolge von Kindererziehung oder ähnlichem eine vollzeitige Beschäftigung unmöglich ist. Arbeitsplätze (und Einkommen) teilen, heißt die Devise. Die deutsche Teil-

---

36 Die Kommission für Zukunftsfragen (1996) zeigt hier prägnante Zahlen auf: Betrug der Anteil der in sogenannten Normarbeitsverhältnissen Tätigen in Westdeutschland 1970 noch knapp 84%, sank er bis 1995 beinahe kontinuierlich auf ca. 68% ab. In Ostdeutschland erlitten die Normarbeitsverhältnisse in der ersten Wendezeit einen tiefen Einbruch, um dann jedoch wieder anzusteigen; die Quote der Normarbeitsverhältnisse lag 1995 bei ca. 71%; 1989 betrug sie etwa 84%. In beiden Teilen Deutschlands zeigt der Anteil der Normarbeitsverhältnisse gegenwärtig abnehmende Tendenz (Kommission für Zukunftsfragen 1996: 64 u. 70). Betrug das Verhältnis von Normarbeitsverhältnissen zu Nicht-Normarbeitsverhältnisses Anfang der 70er Jahre noch 5 zu 1, sank es Anfang der 80er Jahre auf 4 zu 1, Mitte der 80er Jahre auf 3 zu 1 und Mitte der neunziger Jahre auf 2 zu 1. Würde der Trend in diese Richtung fortgeschrieben, würde das Verhältnis in ca. 15 Jahren bei einem Verhältnis von 1 zu 1 Normarbeitsverhältnissen zu Nicht-Normarbeitsverhältnissen angekommen sein (Kommission für Zukunftsfragen 1996: 11).

37 Einen etwas höheren Wert weisen Hoffmann/Walwei 2000b: 5 aus; absolute Zahlenangaben s. bei Müller-Jentsch/Ittermann 2000: 78.

zeitquote wird diesbezüglich häufig als zu niedrig angesehen. Vor allem im Vergleich zu den bei der Senkung der Arbeitslosigkeit seit längerer Zeit so erfolgreichen Niederlanden, die ihre Erfolge nicht zuletzt durch eine erhebliche Ausweitung der Teilzeitarbeit erzielten, erscheint die deutsche Teilzeitquote gering und ihre Entwicklung immer noch als zu schleppend.[38] Werden allerdings die Ergebnisse der Revision der Volkswirtschaftlichen Gesamtrechnung einbezogen, stellt sich sowohl die derzeitige Höhe der Teilzeitquote wie auch ihre Entwicklung während des vergangenen Jahrzehnts anders dar. Bach (2001: 6) gibt danach für das Jahr 2000 eine gesamtdeutsche Teilzeitquote von 25,6% an. In 1991 betrug die Quote erst 15,6%. Es fand in diesem Zeitraum also ein Wachstum um 10% statt. Auch die absoluten Zahlen spiegeln hier beeindruckend eine Verschiebung von Vollzeit- zu Teilzeitbeschäftigung wider: 1991 waren gut 29,4 Mio. Menschen in Vollzeit und gut 5,4 Mio. in Teilzeit beschäftigt; im Jahre 2000 waren nur noch gut 25,7 Mio. (ca. -3,7 Mio.) vollzeitig, dafür aber bereits knapp 8,9 Mio. (ca. +3,4 Mio.) teilzeitig beschäftigt. Ein erheblicher Teil des Effektes ist auf die verbesserte Einbeziehung der geringfügigen Beschäftigungsverhältnisse in die Statistik sowie auf einen starken Anstieg dieser Beschäftigungsform zurückzuführen. Im Jahre 1999 stellten die ca. 4 Mio. geringfügig Beschäftigten knapp die Hälfte der Teilzeitbeschäftigten. Deren Position ist vor allem sozialrechtlich problematisch. Wir kommen unten darauf zurück.

Verfügt ein Land über einen hohen Teilzeitanteil, ist die notwendige Konsequenz, dass der Arbeitsmarkt auch einen hohen Anteil atypischer Elemente aufweist. Es verwundert deshalb nicht, dass die Niederlande über eine im Vergleich zu Deutschland hohe Quote atypischer Erwerbsformen verfügt. Lag der Atypik-Anteil[39] in Deutschland 1998 bei 26%, betrug er in den Niederlanden – als europäischer Spitzenreiter – 44,6%. Deutschland liegt mit dieser Quote unterhalb des Durchschnitts in der Europäischen Union (29,2%). Länder mit besonders niedrigem Atypik-Anteil sind Luxemburg (12,3%), Italien (19,5%) und Österreich (19,8%). Eine besonders hohe Quote weisen nach den Niederlanden etwa noch Spanien (39,6%), das Vereinigte Königreich (34%), Schweden (32,7%)

---

38   Zum Vergleich der Teilzeitbeschäftigung und ihrer Entwicklung s. Ganßmann/Haas 2001: 254f. Auf Basis von OECD-Daten wird die deutsche Teilzeitquote für das Jahr 1996 mit 16,3%, die niederländische mit 36,5% angegeben. Bei Vergleichen ist allerdings Vorsicht geboten, weil Teilzeit in den verschiedenen Ländern unterschiedlich abgegrenzt wird. Für das Jahr 1998 kommen Müller-Jentsch/Ittermann (2000: 69) auf eine deutsche Teilzeitquote von immerhin 19,6%.

39   Alle Zahlenangaben aus Hoffmann/Walwei 2000b: 3. Diesmal einschließlich der Selbständigen ohne Beschäftigte außerhalb der Landwirtschaft. Doppelzählungen wurden herausgerechnet; bei den befristet Beschäftigten wurden Auszubildende usf. nicht mitgezählt.

und Belgien (31%) auf. Zu beachten ist, dass ein hoher Anteil atypischer Elemente in den Beschäftigungsverhältnissen geschlechtsspezifische Gründe haben kann. Länder, in denen das Normalarbeitsverhältnis dominiert, haben oft eine relativ niedrige Frauenerwerbsquote; Länder mit hohem Atypik-Anteil haben oft eine relativ hohe Frauenerwerbsquote. Denn Frauen arbeiten häufiger in atypischen Beschäftigungsverhältnissen als Männer. Auch in Deutschland ist die Atypik in Beschäftigungsverhältnissen vor allem weiblich. Denn die quantitativ wichtigste Form atypischer Beschäftigungsverhältnisse sind in Deutschland die Teilzeitbeschäftigungen, die im Jahre 1998 zu 86% von Frauen ausgeübt werden (Müller-Jentsch/Ittermann 2000: 70).

Bei der Bewertung von atypischen Elementen in Beschäftigungsverhältnissen ist zu berücksichtigen, dass sie – in Abhängigkeit von den national gültigen arbeits- und sozialrechtlichen Regelungen sowie der tarifvertraglichen Behandlung von Atypik – sehr unterschiedliche Auswirkungen haben können. Atypik muss deshalb nicht in jedem Fall ein besonders großes Sicherungs- oder Beschäftigungsrisiko bedeuten. Beispielsweise sind die Teilzeitbeschäftigten des öffentlichen Dienstes in Deutschland tarifvertraglich vergleichbar gut geschützt wie die Vollzeitbeschäftigten. Unterscheiden lassen sich auch Risiken, die während oder nach dem Beschäftigungsverhältnis eintreten. Die befristet Beschäftigten im öffentlichen Dienst kommen z.B. während ihrer Beschäftigung, von der zeitlichen Begrenzung ihrer Tätigkeit abgesehen, in den Genuss aller Rechte und Sicherungen, die auch den unbefristet Beschäftigten zugute kommen. Demgegenüber ist der arbeits- und sozialrechtliche Schutz befristet eingestellter geringfügig Beschäftigter nach wie vor äußerst lückenhaft. Es kommt deshalb sehr stark auf die institutionelle Rahmung der atypischen Elemente im Arbeitsvertrag an. Die kann national sehr unterschiedlich gestaltet sein. In Deutschland werden die angesprochenen atypischen Elemente der Befristung und Teilzeitbeschäftigung unterschiedlich gut erfasst. Probleme bereitet vor allem die sozialrechtliche Absicherung. Befristung ist vor allem dann ein soziales Risiko, wenn dadurch die Erwerbsbiographie diskontinuierlich wird, wenn also im Anschluss an die auslaufenden Arbeitsverträge keine (sofortigen) Anschlussverträge folgen oder wenn die befristeten Verträge sehr kurz sind. Denn die Sozialversicherungen in Deutschland setzen vielfach nicht nur eine bestimmte Beitragsdauer voraus, damit überhaupt Ansprüche entstehen, sie stellen bei der Absicherung des Risikos Arbeitslosigkeit auch darauf ab, dass das Risiko möglichst schnell und dauerhaft überwunden wird. Auf dieses Problem werden wir im Rahmen der sozialpolitischen Veränderungen zurückkommen, die eher zu einer Verschärfung der Problematik beigetragen haben.

Zusammenfassend ist festzuhalten, dass Normalarbeitsverhältnisse weniger geworden sind. Zwar ist der Rückgang ihres Anteils bislang nicht dramatisch, dennoch arbeiten jetzt nur noch ca. zwei Drittel der Erwerbstätigen in einem ‚normalen' Beschäftigungsverhältnis. Spiegelbildlich hat der Anteil der Atypik in Beschäftigungsverhältnissen zugenommen. Das wirft erstens soziale und sozialpolitische Probleme auf, die wir später behandeln. Es stellt zweitens die Interessengleichheit der Arbeitnehmer und damit die gewerkschaftliche Handlungsfähigkeit in Frage. Auf diesen Punkt gehen wir jetzt im Rahmen der Beschreibung der veränderten industriellen Beziehungen kurz ein.

Veränderte industrielle Beziehungen

Das historisch gewachsene „deutsche Modell der industriellen Beziehungen" (Müller-Jentsch 1995) zeichnet sich wesentlich durch das Charakteristikum der Dualität der Interessenvertretung aus.[40] Mit ihr ist eine Arbeitsteilung zwischen dem überbetrieblichen Flächentarifvertrag und der betrieblichen Mitbestimmung im Rahmen der Betriebsverfassung gemeint. Diese etabliert auf beiden Ebenen vor allem kollektive Akteure mit unterschiedlichen Kompetenzen: Die Gewerkschaften und die tariffähigen Arbeitgeberverbände, die im Rahmen der Tarifautonomie Flächen- bzw. Branchentarifverträge abschließen können; den Betriebsrat und den einzelnen Arbeitgeber auf Betriebs- bzw. Unternehmensebene.[41] Das ist ein wichtiger Unterschied vor allem zu den USA oder seit der Thatcher-Ära auch zu Großbritannien, in denen die Interessenvermittlung zwischen Arbeitgeber und Arbeitnehmer eher individualistisch organisiert ist. Die deutsche Arbeitsteilung zwischen Flächen- oder Branchentarifvertrag und betrieblicher Mitbestimmung hat gegenseitige Entlastungsfunktion, weil sie eine funktionale Trennung begründet: Von der Betriebsebene wird der Konflikt um die Kernfragen des Verkaufs der Arbeitskraft (insbesondere die Entwicklung von Arbeitszeit und Arbeitsentgelt) fern gehalten; die konkrete Umsetzung des Tarifvertrags

---

40 Zusätzlich können noch die Kriterien der „Zentralität" und der „Verrechtlichung" genannt werden. Ausdruck der Zentralität ist die hohe Bedeutung der Flächen- bzw. Branchentarifverträge und der Umstand, dass diese durch wenige Kollektivakteure mit hoher Verbindlichkeit für alle Mitglieder abgeschlossen werden. Verrechtlichung beschreibt die detaillierte Rahmung des Systems durch Rechtsprechung und Rechtsetzung, wobei die konkrete Regelung der Arbeitsverhältnisse aber den Kollektivakteuren im Rahmen der Tarifautonomie überlassen bleibt (vgl. Schmierl 2001; mit weiteren Kriterien Müller-Jentsch 1995)

41 Diese Unterteilung ist idealtypisch und in der Realität nicht vollkommen korrekt, da auch der einzelne Arbeitgeber tariffähig ist. Allerdings kann er keinen Flächen-, sondern nur einen Firmentarifvertrag mit den Gewerkschaften aushandeln. Mit dem Betriebsrat geht das nicht, weil der Betriebsrat im Unterschied zu den Gewerkschaften nicht tariffähig ist.

im Betrieb sowie die Regelung nicht tarifvertraglich geregelter betriebsspezifischer Fragen hingegen bleibt der Tarifebene weitgehend erspart (vgl. Schmierl 2001; Müller-Jentsch 1995).

Die im Grundgesetz verankerte Tarifautonomie schützt die Aushandlungen zwischen Arbeitgeberverbänden und Gewerkschaften vor dem staatlichen Eingriff. Zwar setzt der Staat die arbeits- und sozialgesetzlichen Rahmenbedingungen des Arbeitsvertrages, in Fragen der Lohnhöhe, der Arbeitszeiten, Arbeitsbedingungen und Arbeitsinhalte entscheiden die Arbeitsmarktparteien darüber hinausgehend aber eigenständig. Das geschieht nur bei jenen Arbeitsverträgen, die nicht durch Tarifverträge erfasst sind, in gesonderten Aushandlungen zwischen dem einzelnen Arbeitgeber und Arbeitnehmer.

In weiten Bereichen jedoch regelt der Tarifvertrag die Grundlage des einzelnen Arbeitsvertrags. Der wird zwar auch dort jeweils einzeln zwischen Arbeitgeber und Arbeitnehmer abgeschlossen. Aber die in den Tarifvertrag eingebundenen Unternehmen und Arbeitskräfte sind aufgrund des Günstigkeitsprinzips nur noch frei, über die im Tarifvertrag getroffenen Regelungen in dem Sinne nach oben hinaus abzuweichen, dass mehr Lohn gezahlt wird, weniger lange gearbeitet werden muss usf. Der Tarifvertrag normiert dadurch die einzelnen Arbeitsverträge und ebnet Unterschiede zwischen ihnen ein. Tarifverträge passen damit zum einen ideal zum beschriebenen Normalarbeitsverhältnis wie sie zum anderen dessen Verbreitung wesentlich befördert haben. Während die Arbeitsverträge in den nicht tarifvertraglich erfassten Bereichen allein auf den gesetzlichen Grundlagen beruhen, gründen die in den Tarifvertrag eingebundenen Arbeitsverträge auf gesetzlichen *und* tarifvertraglichen Regelungen. Welche Auswirkungen hat diese Form der kollektiven Interessenorganisation außerdem? Wir gehen die zentralen Vor- und Nachteile für Kapital und Arbeit im folgenden kurz durch.

Die Vorteile für die Arbeitgeber bestehen vor allem darin, dass sie nicht gezwungen sind, jeden einzelnen Arbeitsvertrag im Detail neu auszuhandeln. Vielmehr steht ein normiertes Grundmodell für die Einzelarbeitsverträge zur Verfügung. Dieses Grundmodell ist außer Streit gestellt. Da die Tarifverträge in der Regel mindestens ein Jahr lang Gültigkeit besitzen und immer wieder aufeinander aufbauen, ist der Konflikt zwischen Arbeit und Kapital zudem zeitlich begrenzt und erstreckt sich auch nicht immer neu auf alle Bereiche der Arbeitsbeziehungen. Konflikte entstehen – unter der Voraussetzung, dass sich beide Seiten auch an die Tarifverträge halten – erst bei der Aushandlung des neuen Tarifvertrags, sie sind nach Abschluss der Aushandlung beendet und beziehen sich im großen Teil der Fälle auf einen oder zwei Hauptpunkte: insbesondere die Lohnentwicklung und die Länge wie Lage der Arbeitszeiten.

Auch aufgrund dieser Struktur und der hohen Anerkennung, die Tarifverträge bei den Gewerkschaften genießen, existiert in der Bundesrepublik ein hohes Maß sozialen Friedens, der sich positiv auf die Produktivität der Beschäftigten und die arbeitskampfbedingten Ausfallzeiten auswirkt. Tarifverträge schaffen Vertrauen und Langfristigkeit. Ferner schalten die Unternehmen, die sich organisiert haben, einen Teil der Konkurrenz untereinander aus. Arbeitskräfte für bestimmte Aufgaben einzustellen, kostet für alle das gleiche. Zumindest auf diese Weise lässt sich *zwischen ihnen* kein Kostenvorteil realisieren. Und schließlich werden arbeitsrechtliche Konflikte minimiert, da ein vorgegebener Vertragsrahmen die Arbeitszeiten, die Entlohnung und grundsätzliche Rechte und Pflichten von Arbeitgebern und Arbeitnehmern festlegt. Es kann kaum Veranlassung und Möglichkeit geben, gegen den tariftreuen Vertragspartner zu klagen.

Nachteile ergeben sich für die Arbeitgeber dadurch, dass sie sich unbesehen ihrer betrieblichen Situation an die Tarifverträge halten müssen und ihre ökonomische Machtposition gegenüber dem Arbeitnehmer geschwächt wird. Die Funktion des Schutzes der Arbeitnehmer vor dem strukturell mächtigeren Arbeitgeber ist ja einer der historischen Gründe für die kollektive Interessenvertretung und den kollektiven Vertragsschluss.[42] Die Arbeitgeber haben nach unten keinen Spielraum und können die Arbeitnehmer beispielsweise nicht dadurch gegeneinander ausspielen, dass sie ihnen Arbeitsplätze oder Arbeitsplatzsicherheit versprechen, wenn die Arbeitnehmer bereit sind, für weniger Lohn zu arbeiten als die Konkurrenten. Selbst wenn einzelne Arbeitnehmer bereit wären, zu schlechteren als den tarifvertraglichen Konditionen zu arbeiten, können die im tariflich gebundenen Arbeitgeberverband organisierten Arbeitgeber sie nicht zu diesen Konditionen beschäftigten.

Das gilt – abgesehen von den neueren Ausnahmen, auf die wir noch eingehen werden – im Prinzip auch dann, wenn es die ökonomische Lage des Unternehmens nicht zulässt, die tariflich vereinbarten Löhne zu bezahlen und die Belegschaft im Interesse am Erhalt ihrer Arbeitsplätze willig wäre, zu verschlechterten Konditionen zu arbeiten.[43] Hier wird von den Arbeitgebern regelmäßig der Vorwurf der mangelhaften Flexibilität des Tarifvertrags erhoben. Das betrifft auch die Arbeitszeiten, die von Arbeitgeberseite oft ebenfalls als zu unelastisch bezüglich der betrieblichen Anforderungen beschrieben werden. Bei größerem

---

42 Zum Machtungleichgewicht zwischen Kapital und Arbeit s. Kap. 2.
43 Insbesondere bei größeren Unternehmen zeigen sich die Gewerkschaften in Krisensituationen bezüglich der Regelungen des Tarifvertrags allerdings häufig kompromissbereit, um das Unternehmen und damit die Arbeitsplätze zu retten. Diese Kompromisse dürfen allerdings nicht zu weit gehen und nicht zur Regel werden, um den Tarifvertrag nicht auszuhöhlen.

Arbeitsanfall lässt sich das Arbeitsvolumen mit der vorhandenen Belegschaft nicht ausreichend steigern; bei geringerem Arbeitsanfall lässt es sich vielleicht nicht hinlänglich genug senken, um den Betrieb von Kosten zu entlasten. Hinzu kommt, dass die organisierten Betriebe zwar untereinander einen Teil der Konkurrenz ausschalten können, nicht aber zu den nicht organisierten und nicht in den Tarifvertrag einbezogenen Betrieben und vor allem auch nicht zu Unternehmen im Ausland. Hier wird von Arbeitgeberseite regelmäßig und im Zuge der gegenwärtigen ökonomischen Globalisierung verstärkt der Vorwurf erhoben, aufgrund der tarifvertraglichen Regelungen nicht mehr konkurrenzfähig zu sein. Da aufgrund des hohen tarifvertraglichen Deckungsgrades ein großer Teil der deutschen Unternehmen davon betroffen sei, wird dieser Vorwurf gewöhnlich als ökonomischer Standortnachteil der Bundesrepublik insgesamt gegenüber dem konkurrierenden Ausland bezeichnet. Insgesamt werden die Vorteile des Tarifvertrags zwar weiterhin gesehen. Verlangt wird aber ein größeres Maß an Flexibilität vor allem bei den Löhnen und den Arbeitszeiten, um die Nachteile des Tarifvertrags auszugleichen (SVR 1998: 238ff.).

Für die Arbeitnehmer lesen sich die Vor- und die Nachteile der kollektivvertraglichen Organisation der industriellen Beziehungen in vielen Punkten spiegelbildlich zu jenen der Arbeitgeber. Hauptvorteil ist für sie, dass der Unterbietungskonkurrenz auf der Angebotsseite des Arbeitsmarktes Einhalt geboten wird. Ohne diesen Einhalt könnten insbesondere in wirtschaftlichen Krisenzeiten aufgrund der strukturell mächtigeren Arbeitgeberseite Abstiegsspiralen einsetzen, was die Lohnhöhe, die Arbeitszeiten und die Arbeitsbedingungen betrifft. Die Arbeitnehmer müssten ihre Arbeitskraft zu einem diktierten Preis verkaufen. Würden sie sich verweigern, stünde dem Arbeitgeber ausreichend alternatives und bereitwilliges Angebot zur Verfügung. Die Organisation der Arbeitnehmer schafft hingegen eine kollektive Verhandlungsmacht, die sich gegenüber der Arbeitgeberseite besser behaupten kann als isolierte und miteinander in Konkurrenz liegende Arbeitnehmer.

Der Tarifvertrag kann für sehr konkurrenzfähige Arbeitnehmer[44] u.U. ein nur suboptimales Ergebnis und damit kurzfristig Einbußen bedeuten, weil sie ihre Arbeitskraft ohne Tarifvertrag zu besseren Konditionen hätten verkaufen können. Dafür ist das Ergebnis aber auf Dauer und auch dann verlässlich, wenn die eigene Konkurrenzfähigkeit nachlässt. Tarifverträge stellen damit für die Arbeitnehmerseite ein Instrument der Solidarität der Stärkeren mit den Schwäche-

---

44   Die individuelle Konkurrenzfähigkeit setzt sich aus verschiedenen Komponenten zusammen. Von hoher Bedeutung ist die individuelle Qualifikation sowie die Entsprechung von angebotener und nachgefragter Qualifikation.

ren dar. Zudem führt der Tarifvertrag auf Arbeitnehmerseite durch die Normierung von Beschäftigungsverhältnissen zur Vereinheitlichung ansonsten differierender Interessen, die sich aus der Unterschiedlichkeit der Beschäftigungsverhältnisse ergeben würden. Diese Einheitlichkeit erhöht die Konfliktfähigkeit der Arbeitnehmer, da es nicht immer wieder um die Aufhebung der Interessengegensätze zwischen ihnen gehen muss. Schließlich ist der einzelne Arbeitnehmer – wie oben angesprochen – durch den Tarifvertrag sehr viel besser geschützt als der nicht tarifvertraglich eingebundene Arbeitnehmer. Er kann sich nicht nur auf gesetzliche Mindeststandards, sondern auch auf den Tarifvertrag berufen.

Der Hauptnachteil der Tarifverträge für die Arbeitnehmer ergibt sich paradoxer Weise aus ihrem Hauptvorteil: der weitgehenden Ausschaltung der Unterbietungskonkurrenz auf Arbeitnehmerseite. Denn was der Tarifvertrag überhaupt nicht leistet und nicht leisten kann, ist die Solidarität der Beschäftigten mit den Beschäftigungssuchenden bzw. der Interessenausgleich zwischen beiden Gruppen.[45] Im Gegenteil: Der Tarifvertrag ist eine interne Veranstaltung der (stabil) Beschäftigten, die sich Vorteile auf Kosten der Beschäftigungschancen der Beschäftigungssuchenden aushandeln können. Hohes Interesse am Tarifvertrag haben deshalb nur die Beschäftigten. Die Beschäftigungssuchenden werden den Tarifvertrag zumindest dann als Barriere empfinden, wenn er ihre Beschäftigung deshalb verhindert, weil sie sich nicht zu schlechteren Konditionen als den tarifvertraglichen einstellen lassen können. Sie haben erst dann wieder ein Interesse am Tarifvertrag, wenn sie die Barriere zu dauerhafter Beschäftigung überwinden können.

Für Arbeitgeber wie Arbeitnehmer kann festgehalten werden, dass Tarifverträge zahlreiche Vor- wie Nachteile bieten können. Unterschiedliche Vor- und Nachteile ergeben sich in unterschiedlichen Zeithorizonten. Eine Abkehr vom Tarifvertrag kann sich in Kurzfristperspektive unter Umständen für beide Seiten des Arbeitsmarktes auszahlen, weil über eine verbesserte Konkurrenzsituation eines Unternehmens sowohl die Gewinne gesteigert als auch Arbeitsplätze gesichert und gegebenenfalls sogar neue hinzugewonnen werden können. In Langfristperspektive hingegen kann die Abkehr vom Tarifvertrag für Arbeitgeber wie Arbeitnehmer problematisch werden. Die Konkurrenzsituation wird sich nicht dauerhaft verbessern lassen, wenn zahlreiche Unternehmen aus dem Tarifvertrag aussteigen. Die Aushandlungsposition der Arbeitnehmer gegenüber dem Arbeitgeber verschlechtert sich indessen dauerhaft. Auch ihr Beschäftigungsverhältnis wird dauerhaft nicht sicherer sein als ohne Tarifvertrag. Besonders

---

45 Auch auf die Interessenunterschiede zwischen Arbeitsplatzbesitzern und Beschäftigungssuchenden werden wir weiter unten noch näher eingehen (s. Kap. 5).

nachteilig kann sich in Langfristperspektive betriebswirtschaftlich, volkswirtschaftlich und für jeden einzelnen Beschäftigten vor allem das Fehlen des durch den Tarifvertrag institutionalisierten Kooperationsverhältnisses von Arbeitgebern und Arbeitnehmern erweisen.

Die beschriebenen Nachteile des Tarifvertrages wirken sich vor allem in Zeiten verkürzter ökonomischer Krisenzyklen und damit in Verbindung stehender dauerhaft hoher Arbeitslosigkeit aus. Sie lassen auf dem Arbeitsmarkt zusammenwachsen, was zuvor nicht zusammengehörte: die Interessen von Arbeitgebern, insbesondere in stark der (internationalen) Konkurrenz ausgesetzten Wirtschaftssektoren, und jene der Beschäftigungssuchenden, die bereit wären, zu niedrigeren als den tariflichen Löhnen zu arbeiten. Die einen möchten ihre Kosten senken; die anderen möchten unbedingt einen Arbeitsplatz. Beide Interessen tragen – wenngleich nicht allein – dazu bei, dass das Modell kollektiver Interessenvertretung auf dem Arbeitsmarkt deutlich an Legitimität verliert. Es gibt immer mehr gesellschaftliche Interessen, die mit diesem Modell nicht mehr vereinbar sind. Das bekommen die Arbeitgeberverbände zu spüren, denen die Mitglieder abhanden kommen (s.u.). Das bekommen vor allem aber auch die Gewerkschaften zu spüren. Ihnen wird der vorgeworfen, auf Kosten der Beschäftigungssuchenden an zu starren Strukturen des Tarifvertrags festzuhalten.[46] Es ist daher kaum verwunderlich, dass Unternehmen zunehmend versuchen, zu-

---

46 Die Debatte um das VW-Modell „5000 mal 5000" zeigte das deutlich. VW wollte 5000 Beschäftigungssuchende einstellen und ihnen pauschal 5000 DM Lohn bezahlen. Dafür müssten die Beschäftigten ihre Arbeitszeit an den betrieblichen Anforderungen ausrichten (bis zu 48 Stunden – bei VW gilt ansonsten die 28,8-Stundenwoche; Mehrarbeit würde nicht ausgeglichen). Bei hohen Arbeitsanforderungen könnten Löhne weit unter dem bisherigen Tarifvertragsniveau die Folge sein. Das wäre möglich, weil die neuen Arbeitskräfte außerhalb des geltenden Tarifvertrags eingestellt würden, der für die bislang Beschäftigten Gültigkeit behielte. Als Bonbon hat VW zugesagt, in die Arbeitszeiten zukünftig auch Qualifizierungszeiten einzubauen (vgl. Süddeutsche Zeitung v. 12. Mai 2001: 25). Die IG-Metall hat sich diesem Anliegen nach längeren Verhandlungen zunächst verweigert, weil sie befürchten musste, dass damit ein sukzessiver Abschied vom Tarifvertrag eingeläutet würde und weil in Folge der Zweiklassenstruktur innerhalb der Beschäftigten bei VW unüberbrückbare Interessengegensätze zwischen den Beschäftigten drohten. Der öffentliche Druck, der auf die IG-Metall ausgeübt wurde, und die Drohung der Arbeitgeber, Teile der Produktion ins Ausland auszulagern, hat jedoch dazu geführt, dass die Verhandlungen neu aufgenommen wurden und tatsächlich ein Abschluss erzielt werden konnte. Der Abschluss beinhaltet einen Kompromiss zwischen den Arbeitgeber- und Gewerkschaftsinteressen. Wichtigster Punkt ist die Lockerung des Zusammenhangs zwischen Arbeitszeit und Arbeitseinkommen. Die einen neuen Unternehmen eingestellten Beschäftigten müssen sich zwar in ihrer Arbeitszeit je nach Produktionserfordernissen sehr flexibel zeigen. Allerdings sind Arbeitszeitkonten mit Obergrenzen eingeführt worden; zudem wird der ausgehandelte Basislohn durch Zusatzkomponenten ergänzt, die zu einem ähnlichen Ergebnis führen (können) wie der ‚normale' VW-Tariflohn (s. Frankfurter Allgemeine Zeitung v. 29. August 2001: 1f.).

mindest dem Flächentarifvertrag fernzubleiben, um durch dessen Fesseln nicht mehr gebunden zu sein. Besonders in den neuen Bundesländern findet der Flächentarifvertrag immer weniger Gefolgschaft (Kohaut/Schnabel 2001: 6ff.).

Weil für die Arbeitgeber die Mitgliedschaft in einem tarifgebundenen Arbeitgeberverband mit der Mitgliedschaft im Flächentarifvertrag verbunden ist, ist es folgerichtig, dass der Versuch, aus dem Flächentarifvertrag auszusteigen, zwangsläufig mit einem Verlust an Mitgliedern in den tarifgebundenen Arbeitgeberverbänden einher geht.[47] Leider ist die Datenlage bei den Arbeitgeberorganisationen sehr viel schlechter (zugänglich) als bei den Gewerkschaften, so dass keine übergreifenden Aussagen zur Veränderung der Mitgliedschaft der Arbeitgeber in ihren Verbänden gemacht werden können (Müller-Jentsch/Ittermann 2000: 144f.). Allerdings deutet die seit Jahren abnehmende Quote der Unternehmen, die einem Flächentarifvertrag angehören[48], aufgrund des geschilderten Zusammenhangs von Mitgliedschaft im tarifgebundenen Verband und Tarifbindung der Unternehmen auf einen abnehmenden Organisationsgrad der Arbeitgeber in den Arbeitgeberverbänden hin.

Auf Arbeitnehmerseite sind es – wie bereits gesagt – vor allem die Beschäftigungssuchenden und die Randbelegschaften, die sich durch die gewerkschaftliche Politik der Verteidigung des (Flächen-)Tarifvertrags nicht ausreichend repräsentiert sehen. Die Gewerkschaften handeln nicht in ihrem sondern im Interesse der Kernbelegschaften, die einen vergleichsweise sicheren Arbeitsplatz besitzen und deshalb wenig bereit sind, auf Einkommen zugunsten derer zu verzichten, die eine (stabile) Beschäftigung suchen (Vobruba 1998). Es mangelt zwar an harten Beweisen: Aber die Parallelentwicklung von steigenden Arbeitslosenzahlen und sinkenden Mitgliederzahlen bei den Gewerkschaften legt den Verdacht nahe, dass hauptsächlich jene die Gewerkschaften verlassen, die nicht zu den Kernbelegschaften zählen (Landmann 2000).[49]

In Westdeutschland waren 1984 noch 16% der Bevölkerung Gewerkschaftsmitglieder, 1998 waren es noch 12%. In Ostdeutschland ist die Entwicklung

---

47 Neuerdings versuchen einige Arbeitgeberverbände den Mitgliederverlust durch eine sogenannte OT-Mitgliedschaft zu bremsen. Es handelt sich dabei um eine eingeschränkte Mitgliedschaft ohne Tarifvertragsbindung. Damit stellen die Arbeitgeberverbände allerdings ihre eigene Position in Frage und heben den Unterschied zu den Unternehmensverbänden auf, die nicht tarifgebunden sind und lediglich eine politische Vertretung der Unternehmensinteressen anstreben.

48 Zu genauen Zahlen s. im folgenden.

49 Die Auswirkungen gewachsener Interessendivergenzen in der Arbeitnehmerschaft und ihren Konsequenzen für die Gewerkschaften wurden bereits in den 80er Jahren – insbesondere in der Analyse des damaligen Arbeitszeitkonflikts – aufgearbeitet (s. Hinrichs/Wiesenthal 1986 sowie verschiedene Beiträge in Offe 1984).

noch stärker ausgeprägt: zwischen 1993 und 1998 nahm die Zahl der Mitglieder von 25 auf 13% und damit ungefähr auf das westdeutsche Niveau ab (Statistisches Bundesamt 2001: 535).[50] Der Organisationsgrad[51] der abhängigen Erwerbspersonen[52] ergibt folgende Werte für Gesamtdeutschland: 1991 = 38,4%; 1999 = 28,1% (Müller-Jentsch/Ittermann 2000: 85). Dieser erhebliche Rückgang ist nicht nur, aber vor allem auf den Mitgliederschwund in den neuen Bundesländern zurückzuführen, in denen aufgrund der politischen Vorgeschichte direkt nach der Vereinigung ein wesentlich höherer Organisationsgrad bestand. Allein der DGB verlor zwischen 1991 (= 11,8 Mio.) und 1998 (= 8,311 Mio.) fast 3,5 Mio. Mitglieder. In den alten Bundesländern verließen den DGB in diesem Zeitraum knapp 1,2 Mio. Mitglieder, in den neuen Bundesländern waren es 2,3 Mio. (Müller-Jentsch/Ittermann 2000: 91). Der DGB besitzt jetzt in Gesamtdeutschland ungefähr noch die gleiche Mitgliederzahl, die er vor der Vereinigung allein in den alten Bundesländern besaß.

Die Tarifverträge in Deutschland weisen im internationalen Vergleich allerdings immer noch einen hohen Deckungsgrad der Beschäftigten auf. Dieser ist wesentlich größer als der gewerkschaftliche Organisationsgrad der Beschäftigten. Im Jahre 2000 waren in den alten Bundesländern 70,1% und in den neuen Bundesländern 55,4% von Branchen- oder Firmentarifverträgen erfasst (Kohaut/ Schnabel 2001: 8). Die Gründe für die Diskrepanz von gewerkschaftlichem Organisationsgrad und tarifvertraglichem Deckungsgrad sind einfach. Erstens müssen die Arbeitnehmer nicht in Gewerkschaften organisiert sein, um unter die Regelungen eines Tarifvertrages zu fallen. Zwar gelten die Tarifverträge unmittelbar nur für die gewerkschaftlich organisierten Beschäftigten, im Regelfall gewährt der tarifgebundene Arbeitgeber aber aus Gründen des Betriebsfriedens auch den nicht gewerkschaftlich organisierten Beschäftigten die tarifvertraglichen Standards.

Auch der Arbeitgeber muss nicht unbedingt Mitglied in einer Organisation sein, die dem Flächentarifvertrag angehört, damit in seinem Unternehmen ein Tarifvertrag gilt. Erstens kann er eigene Tarifverträge auf Unternehmensebene abschließen. Zweitens ist die Mitgliedschaft des Arbeitgebers auch in Folge einer möglichen Allgemeinverbindlicherklärung nicht in jedem Fall notwendig,

---

50 Neben dem DGB, der 1997 über gut 8,6 Mio. Mitglieder verfügte, bestehen als Arbeitnehmerorganisationen daneben noch die Deutsche Angestelltengewerkschaft (DAG, 1997 = 489.000 Mitglieder), der Deutsche Beamtenbund (DBB, 1997 = knapp 1,2 Mio. Mitglieder) (Statistisches Bundesamt 2001: 168) und der kleine Christliche Gewerkschaftsbund (CGB).

51 In den Organisationen DGB, DAG, DBB und CGB.

52 Bruttoorganisationsgrad, berechnet nach der Formel: Zahl der Mitglieder * 100 geteilt durch Zahl der abhängigen Erwerbspersonen.

damit die Regelungen des Flächen- bzw. Branchentarifvertrags für ein Unternehmen Gültigkeit erlangen. Eine Allgemeinverbindlicherklärung kann das Bundesministerium für Arbeit und Sozialordnung im Einvernehmen mit dem Tarifausschuss aussprechen, der aus je drei Vertretern der Spitzenorganisationen von Kapital und Arbeit besteht. Tarifverträge oder Teile von Tarifverträgen erhalten nach der Erklärung auch für jene Arbeitnehmer und Arbeitgeber in den betreffenden Wirtschaftsbereichen Gültigkeit, die nicht dem Tarifvertrag, den Arbeitgeberverbänden oder den Gewerkschaften angehören. Die Allgemeinverbindlicherklärung setzt voraus, dass die tarifgebundenen Arbeitgeber wenigstens 50% der in den Geltungsbereich des Tarifvertrags fallenden Arbeitnehmer beschäftigen. Zudem muss die Erklärung im öffentlichen Interesse geboten sein. Allerdings sollte der Wirkungsgrad der Allgemeinverbindlicherklärung nicht überschätzt werden. Durch sie entsteht nur für relativ wenige Arbeitnehmer eine Tarifbindung (Müller-Jentsch/Ittermann 2000: 154).

Der nach wie vor hohe Deckungsgrad der Tarifverträge sagt jedoch wenig darüber aus, wie lange sich dieses System der Interessenvermittlung wird halten können, wenn es immer weniger gesellschaftliche Interessen repräsentieren kann. Und er sagt auch nichts darüber aus, ob und wie sich die Inhalte der Tarifverträge sowie der Umgang der Arbeitgeber und Arbeitnehmer sowie ihrer Vertretungen mit den Tarifverträgen verändert haben. Tatsächlich haben sich die inhaltlichen Regelungen der Tarifverträge in den vergangenen Jahren angesichts der anhaltenden Kritik an ihnen sogar stark verändert. Die Rede ist vielfach sogar von einer Krise des Tarifsystems oder des Modells Deutschland.[53] Hierbei lassen sich zwei Tendenzen unterscheiden: eine „innere" und eine „äußere Erosion". Die innere Erosion beschreibt die sukzessiv sinkende Bindungswirkung und Legitimationskraft der Flächentarifverträge; die äußere Erosion meint die geringer werdende Zugehörigkeit zum Flächentarifvertrag (vgl. hierzu insbesondere Artus 2001: 111ff.).

Die innere Erosion drückt sich etwa darin aus, dass die Tarifvertragsparteien versuchen, die Flächentarifverträge durch ein Eingehen auf die zunehmenden Flexibilitätsforderungen zukunftsfähig zu halten. Die Flächentarifverträge regeln zunehmend weniger Fragen des Arbeitsverhältnisses bis ins Detail. Sie begnügen sich mehr und mehr damit, Korridore festzulegen, die dem einzelnen Betrieb im Einvernehmen mit dem Betriebsrat möglichst viel Spielraum in der Gestaltung der Arbeitsbeziehungen lassen (vgl. Ganßmann/Haas 1999: 151). Insbesondere die Frage der Lage der Arbeitszeiten ist seit Mitte der 80er Jahre

53 Vgl. z.B. Artus 2001; Schmidt 2001; Schmierl 2001; Oppolzer/Zachert 2000; Schroeder 2000; Blanke/Schmidt (Hg.) 1995, darin vor allem Mückenberger 1995; Müller-Jentsch 1995.

sehr stark flexibilisiert worden, um die angemessene Lösung für den jeweiligen Betrieb zu finden. Des Weiteren sind in den Flächentarifverträgen in der Vergangenheit immer mehr Öffnungs- bzw. Härtefallklauseln etabliert worden, die Unternehmen in wirtschaftlich schwieriger Lage Spielräume bei der Arbeitszeit und dem Arbeitsentgelt gestatten können. Diese Klauseln unterliegen allerdings der Kontrolle der Tarifvertragsparteien und können – zumindest dann, wenn der Tarifvertrag nicht gebrochen wird – durch das Unternehmen nicht beliebig beansprucht werden. Das Argument des ansonsten drohenden Arbeitsplatzverlustes ist allerdings eines, dem sich Tarifvertragsparteien immer schlechter widersetzen können. Insgesamt führt die innere Erosion zu einer Gewichtsverschiebung auch innerhalb des Flächentarifvertrags von der überbetrieblichen Ebene zum Unternehmen.

Die äußere Erosion ist an den Zahlen zu den Deckungsgraden der Tarifverträge abzulesen. Im Unterschied zu den hohen Deckungsgraden, die Tarifverträge trotz ihres relativen Rückganges immer noch aufweisen, zeigen differenzierte Analysen Probleme an. So ist der Flächentarifvertrag in der Privatwirtschaft mittlerweile erkennbar auf dem Rückzug. Im Jahre 2000 unterlagen in Westdeutschland 45,2% (1995 = 52%) der Betriebe einem Branchentarifvertrag, in Ostdeutschland waren es lediglich 23,2%. Firmentarifverträge besaßen im gleichen Jahr im Westen 2,7% der Betriebe, im Osten 4,3%. Dabei zeigen sich große Unterschiede aufgrund des Alters, der Branche und der Größe des Unternehmens. Je jünger ein Unternehmen, desto seltener die Zugehörigkeit zum Flächentarifvertrag. Geringere Zugehörigkeiten weisen etwa die Unternehmen in den Kategorien ‚Dienste für Unternehmen‘, ‚Landwirtschaft‘ und ‚sonstige Dienstleistungen‘ auf, hohe in den Kategorien ‚Kredit/Versicherungen‘, ‚Bergbau/Energie und ‚Baugewerbe‘. Bei der Unternehmensgröße haben eher die größeren Unternehmen Tarifverträge. Das führt dazu, dass ein wesentlich größerer Anteil der Beschäftigten als der Unternehmen unter die verschiedenen Tarifverträge fällt. Wiederum im Jahre 2000 unterlagen 62,8% (West) bzw. 45,5% (Ost) der Beschäftigten einem Branchentarifvertrag; einem Firmentarifvertrag immerhin 7,3% (West) bzw. 9,9% (Ost) (Kohaut/Schnabel 2001, 1998).

Es ist fraglich, ob der Gedanke der Kollektivregelung von Arbeitnehmer- und Arbeitgeberinteressen erhalten bleiben kann. Die sogenannte Verbetrieblichung der Arbeitsbeziehungen zeigt jedenfalls an, dass die Unternehmen sich davon abwenden. Auf Arbeitnehmerseite ist die Situation weniger eindeutig. Denn immerhin gibt es auch auf Unternehmens- bzw. Betriebsebene durch die Möglichkeit von Firmentarifverträgen und Betriebsvereinbarungen im Rahmen der Mitbestimmung kollektive Vertretungen unterhalb des Flächentarifvertrags. Dennoch bleibt der Trend von Makroebene hin zur Meso- und Mikroebene des

Unternehmens bzw. Betriebs für die Beschäftigten und die Gewerkschaften höchst problematisch. War zuvor die überbetriebliche Interessengleichheit der Arbeitnehmer durch die Flächentarifverträge gesichert, verlagert sich diese nun in zunehmendem Maße auf die Betriebs- bzw. Unternehmensebene und eröffnet Spielräume für Interessendivergenzen auf der überbetrieblichen Ebene. Selbst wenn die Leitidee der kollektiven Interessenorganisation des deutschen Modells der Arbeitsbeziehungen wenigstens für die Beschäftigten erhalten bliebe, verändert es sich aber dennoch beachtlich und mit noch nicht absehbaren Folgen für die gewerkschaftliche Machtposition. Denn durch die Stärkung der Betriebsebene gewinnen die Betriebsräte auf Kosten der Gewerkschaften an Gewicht. Wenngleich eine hohe Überschneidung zwischen Betriebsrats- und Gewerkschaftsmitgliedschaft besteht, zeigt dennoch die Erfahrung (z.B. Holzmann), dass den Betriebsräten in Zeiten der Krise die innerbetrieblichen Interessen wichtiger sind als die Solidarität auf überbetrieblicher Ebene.

Trotzdem wird den Gewerkschaften kaum ein anderer Weg als die sukzessive, begrenzte Übertragung von Regelungszuständigkeiten von der überbetrieblichen auf die betriebliche Ebene übrig bleiben, wollen sie den Flächentarifvertrag als Institution erhalten. Erneut droht ein Dilemma: Beteiligen sich die Gewerkschaften an der Öffnung des Flächentarifvertrags, höhlen sie ihn immer weiter aus und nehmen damit dessen innere Erosion in Kauf, um der äußeren Erosion durch ein weiteres Ausscheren der Arbeitgeber aus dem Flächentarifvertrag vorzubeugen. Lehnen sie Politik der inneren Erosion ab, wird die äußere Erosion zunehmen.

3.2 Sozialer Wandel der traditionellen Vollbeschäftigungsgesellschaft: Abschied von der Normalfamilie?

Die deutsche Gesellschaft hat sich in den vergangenen Jahrzehnten in vielerlei Hinsicht gewandelt. Uns erscheinen die Veränderungen der Rollenbilder der Geschlechter, insbesondere der Frauen, und die damit in Verbindung stehenden Veränderungen der familialen Lebensformen besonders wichtig zu sein. Sie sind für den Abschied von der traditionellen Vollbeschäftigungsgesellschaft von ebenso hoher Bedeutung wie die beschriebenen Veränderungen des Arbeitsmarktes. Denn die traditionelle Vollbeschäftigungsgesellschaft in Deutschland wurde nicht nur durch Normierungen gekennzeichnet, welche insbesondere die Teilnahme am Arbeitsmarkt betreffen: z.B. das beschriebene Normalarbeitsverhältnis oder auch den Normallebenslauf. Mindestens ebenso kennzeichnend war die sogenannte „Normalfamilie" (Herlth et al. 1994). Man könnte sagen, dass die Normalfamilie eine funktionale Ergänzung zum Normalarbeitsverhältnis bildete. Und das aus zwei Gründen: Erstens vermittelten die beiden parallelen Normalitätskonstrukte die Geschlechterrollen; zweitens machte das eine das andere erst in großem Umfang lebensfähig. Bevor wir auf die Veränderungen eingehen, wollen wir das Modell kurz beschreiben.[54]

Personen, die ein Normalarbeitsverhältnis innehaben, müssen sich dem Arbeitsmarkt vollzeitig und kontinuierlich zur Verfügung stellen. Diese scheinbar einfache Anforderung ist tatsächlich hoch voraussetzungsvoll. Denn sie bedeutet, dass die „Normalarbeiter" (Krätke 1991) sich um andere Dinge als ihre Erwerbsarbeit nicht oder doch nur in sehr beschränktem Umfang kümmern können. Hierbei handelt es sich im wesentlichen um die sogenannten Reproduktionstätigkeiten. Gemeint sind vor allem Aufgaben der Versorgung der Familie, die Erziehung von Kindern sowie die Pflege von Angehörigen. Normalarbeiter müssen darauf bauen können, dass diese Aufgaben von anderen Personen für sie erledigt werden. Sie können diese Aufgaben entweder externalisieren, indem sie Dienstleistungen auf dem Markt käuflich erwerben. Das geht immer dann, wenn man sich das leisten kann und wenn die entsprechenden Dienstleistungen auch tatsächlich angeboten werden. Oder sie können diese Aufgaben innerhalb einer Versorgungsgemeinschaft an andere Personen abgeben, die nicht (in vollem Umfang) erwerbstätig sind. Diese Personen sind dann wiederum darauf angewiesen, dass sie von den Erwerbstätigen mit Unterhalt versorgt werden.

In der Bundesrepublik wurde – im Unterschied zu den skandinavischen Ländern – in den Nachkriegsjahren vor allem der zweite Weg beschritten, wobei sich zwischen den Geschlechtern eine klare Rollenteilung durchsetzte. Das Normalarbeitsverhältnis war eine männliche Domäne; die Versorgungs-, Pflege- und Erziehungsaufgaben in der Normalfamilie, die aus den verheirateten[55] Eltern und zwei bis drei Kindern bestand, waren den Frauen zugedacht. Idealtypisch kann gelten: Waren Frauen erwerbstätig, dann waren sie es vor der Ehe oder vor der Geburt des ersten Kindes. Während der Kindererziehung waren sie vollzeitig mit Aufgaben der Reproduktion befasst. Erst wenn das erwachsene Kind den elterlichen Haushalt verließ, war eine erneute Erwerbstätigkeit möglich, wenngleich sie meist nicht oder in nur bescheidenem Umfang ausgeübt

---

54 Vgl. hierzu Bleses/Rose 1998; Hinrichs 1996; Lessenich/Ostner 1995.
55 Die Heirat ist von entscheidender Bedeutung für die Absicherung der nicht erwerbstätigen Frau. Nur über die Heirat ist die Normalfamilie rechtlich anerkannt und institutionell gerahmt. Die privaten und sozialrechtlichen Unterhaltsansprüche setzen in den meisten Fällen die Ehe voraus.

wurde. Daher lag die weibliche Erwerbsquote 1960 auch lediglich bei 33,6%, die der Männer hingegen bei 63,6% (BMA 2000, Tab. 2.3).[56]

Das Modell der Normalfamilie mit männlichem Alleinernährer und weiblicher Reproduktionsarbeit besaß hohe gesellschaftliche Legitimität und wurde insbesondere durch das Steuer- und Sozialrecht institutionell gerahmt (Bleses 2001). Zentrale Regulierungen, die auf die Normalfamilie mit ihrer etablierten geschlechtlichen Rollenverteilung abstellten, waren (und sind) das sogenannte steuerliche Ehegattensplitting, die kostenfreie Mitversicherung nicht erwerbstätiger Ehegatten und Kinder in der Krankenversicherung sowie die Hinterbliebenensicherungen für Witwen (erst seit 1986 in gleichem Umfange auch für Witwer) und Halb- bzw. Vollwaisen in der gesetzlichen Rentenversicherung und anderen berufsständischen Sicherungssystemen. Diese Regelungen haben die Normalfamilie mit ihrer Rollenteilung nicht geschaffen, aber sie haben sie durch ihre institutionelle Absicherung gefördert. Gesellschaftliche Lebensentwürfe und rechtliche Rahmenbedingungen entsprachen einander (Fröhner et al. 1956).

Dieses Modell hat sich in den vergangenen Jahrzehnten deutlich verändert. Zwar wäre es übertrieben zu behaupten, dass es die Normalfamilie nicht mehr gäbe. Doch ist seit einiger Zeit ein Prozess der Deinstitutionalisierung (Tyrell 1988) zu beobachten. Die Normalfamilie und insbesondere die mit ihr verbundenen Rollenzuweisungen bekommen zunehmend Konkurrenz durch andere Lebensentwürfe. Die Normalfamilie wird dadurch zwar nicht (sofort) verdrängt. Die alternativen Lebensentwürfe kommen aber zunehmend vor und können mittlerweile gesellschaftlich ein vergleichbares Maß an Legitimität beanspruchen. Hervorstechend sind die gestiegenen Zahlen der Alleinlebenden, der nichtehelichen Lebensgemeinschaften, der Alleinerziehenden und der Scheidungen; zudem sinken die Kinderzahlen. Die Normalfamilie ist offensichtlich für viele nicht mehr das alternativenlose Lebensziel, zumindest nicht mehr immer oder nicht sofort (vgl. Hettlage 1998; Huinink 1995; Kaufmann 1995). Aber nicht nur von dieser Seite gerät die Normalfamilie unter Druck. Wie oben ausführlich beschrieben, bestand während der vergangenen mehr als zweieinhalb Jahrzehnte kontinuierlich Massenarbeitslosigkeit, zudem befindet sich das Normalarbeitsverhältnis auf dem Rückzug. Beides bringt Diskontinuität und in der Regel auch Einkommenseinbußen in die Erwerbsverläufe. Der männliche Alleinernährer ist immer weniger in der Lage, seine Familie auch tatsächlich kontinuierlich mit Unterhalt zu versorgen. Insbesondere wird auch die auf sein Einkommen gestützte soziale Sicherung der Familie zu niedrig. Sich auf die traditionelle Rollenteilung in der Normalfamilie zu verlassen, birgt für die Familie

---

56   Anteil der Erwerbstätigen an der Gesamtbevölkerung.

in Zeiten von Arbeitslosigkeit und der sinkenden Chance, dauerhaft in ein Normalarbeitsverhältnis gelangen zu können, ein hohes finanzielles Risiko.

Zudem bekommt der männliche Alleinernährer zunehmend Konkurrenz auch aufgrund veränderter weiblicher Rollenvorstellungen. Das zeigt ein Blick auf die Veränderung der Erwerbsquoten. Während sie bei Männern seit 1960 von 63,6 auf 57,1% im Jahre 1999 sank, stieg sie bei Frauen von 33,6 auf 41,9% (BMA 2000, Tab. 2.3). Wenngleich die männliche Erwerbsquote, die insbesondere aufgrund eines Rückgangs der Erwerbstätigkeit Älterer gesunken ist, damit noch immer um gut 15% über jener der Frauen liegt, ist die Erwerbstätigkeit insgesamt weiblicher geworden. Die klassische geschlechtliche Rollenteilung in männliche Erwerbstätigkeit und weibliche Reproduktionstätigkeit, auf der die traditionelle Vollbeschäftigungsgesellschaft in Deutschland aufruhte, ist damit zumindest im Rückgang begriffen. Unklar bleibt, ob sie sich demnächst vollkommen aufheben wird (vgl. Bonß/Ludwig-Mayerhofer 2000: 118ff.). Die weitere Entwicklung der Frauenerwerbstätigkeit wird jedenfalls von großer Bedeutung für das zukünftige Angebot auf dem Arbeitsmarkt sein. Wie oben bereits dargestellt, hat die gestiegene Frauenerwerbstätigkeit ja bereits in der Vergangenheit mit zu dem erhöhten Arbeitsangebot beigetragen.

3.3 Veränderungen des deutschen Wohlfahrtsstaates

Die tradierte Vollbeschäftigungsgesellschaft ruhte auf einem bestimmten wohlfahrtsstaatlichen Modell auf. Dieses ist mit dem Begriff „lohnarbeitszentrierter" (Vobruba 1990) Sozialversicherungsstaat (Riedmüller/Olk 1994) treffend bezeichnet und war für die tradierte Vollbeschäftigungsgesellschaft von konstitutiver Bedeutung. Die Veränderung des Modells trifft die Vollbeschäftigungsgesellschaft deshalb ins Mark. Wir werden wieder erst kurz beschreiben, wie das Modell beschaffen war, und anschließend schildern, wie es sich verändert hat und wie die traditionelle Vollbeschäftigungsgesellschaft davon betroffen ist.[57]

Im Sozialversicherungsstaat erfolgt die soziale Absicherung im Regelfall gemäß des Sozialversicherungsprinzips. Andere Sicherungen und Sicherungsprinzipien sollen die Ausnahme bilden. Sozialversicherungsprinzip bedeutet, dass die Absicherung an versicherungsrechtliche Vorbedingungen geknüpft ist. Diese ergeben sich aus einer politisch definierten Äquivalenz von individuellem Beitrag und institutioneller Gegenleistung. Daraus ergibt sich, dass es neben

---

57 Die folgenden Ausführungen beruhen insbesondere auf Bleses/Vobruba (2000) sowie Bleses/
Seeleib-Kaiser (1999).

dem Regelfall auch die Abweichung gibt. Das sind jene Fälle, welche die versicherungsrechtlichen Vorbedingungen nicht erfüllen. Zudem treten die Sozialversicherungen, dem Kausalitätsprinzip folgend, nur beim Eintritt der versicherten Risikofälle ein, dann – bei den Einkommensleistungen – jedoch unabhängig davon, ob Bedürftigkeit besteht.

Die Lohnarbeitszentriertheit des Sozialversicherungsstaates bedeutet, dass die Sozialversicherungen nicht jede Art von individueller Leistung und auch nicht jede Bevölkerungsgruppe als versicherte Mitglieder anerkennen. Es muss vielmehr Leistung in Lohnarbeit bzw. sozialversicherungspflichtiger Beschäftigung sein. Lohnarbeitszentriertheit meint darüber hinaus, dass die Leistungsbezieher durch die Art der Leistungsvergabe auf Lohnarbeit hin zentriert werden. Das wiederum drückt sich in drei Vorbehalten der Sozialversicherungen aus, die bei den Einkommensleistungen idealtypisch umgesetzt sind: a) man muss zuerst gearbeitet und Beiträge gezahlt haben; b) die Leistung hängt von der Beitragshöhe ab, die sich an der Einkommenshöhe auf dem Arbeitsmarkt bemisst; c) insbesondere Arbeitslose müssen während des Leistungsbezugs Lohnarbeitsbereitschaft zeigen, um ihren Leistungsanspruch nicht zu verlieren (Vobruba 1990: 28f.).

Mit den Gestaltungsprinzipien der lohnarbeitsbezogenen Sozialversicherungen scheinen die Mitversicherungen von Familienangehörigen in der Krankenversicherung und die Hinterbliebenenversorgungen in der Rentenversicherung zu brechen. Diese und andere sogenannte versicherungsfremde Leistungen – z.B. die Rente nach Mindesteinkommen – sind Elemente des sozialen Ausgleichs zwischen den (Mit-)Versicherten, die neben weiteren Komponenten den Unterschied zwischen einer streng nach Äquivalenzkriterien gestalteten Privatversicherung und einer *Sozial*versicherung ausmachen. Diese Komponenten sollten allerdings nicht übersehen lassen, dass es sich dennoch um eine selektive Institution und *nicht* um eine *Volks*versicherung handelt.[58] Die Einbeziehung der Familienangehörigen und hier insbesondere der Ehefrauen beruht jedoch auf dem oben bereits ausführlicher angesprochenen Rollenverständnis, das dem deutschen Sozialstaat in seiner gesamten Gestaltung zugrunde liegt: derjenigen des männlichen Alleinernährers und der in der Hauptsache für Familientätigkeiten zuständigen Ehefrau. Für nichterwerbstätige Ehefrauen erfolgt die Einkommenssicherung in diesem Modell immer von ihrem Ehemann abgeleitet: zuerst über sein Erwerbseinkommen, dann – nach seinem Tode – über die von sei-

---

58 Die Pflegeversicherung nähert sich allerdings dem Gedanken der Volksversicherung weit an, da die Versicherungspflicht (private oder gesetzliche Versicherung) für alle Krankenversicherten besteht.

nem Sicherungsanspruch abgeleitete, niedrigere Hinterbliebenensicherung. Es handelt sich also um ein Geschäft auf Gegenseitigkeit: Partizipation am männlichen Einkommen gegen weibliche Dienstleistungen im Reproduktionsbereich. Das wird in den Sozialversicherungen fortgesetzt.

Der abgeleitete Sicherungsanspruch vieler Frauen reicht allerdings oft nicht aus, dass Existenzminimum abzusichern. In diesen Fällen bedarf es dann der Absicherung durch die Sozialhilfe. Das betrifft im übrigen auch alle anderen Personen, die keinen (ausreichenden) Sozialversicherungsanspruch erworben haben. Die Sozialhilfe funktioniert allerdings nach völlig anderen Mechanismen als die Sozialversicherungen. Sie folgt allein dem Bedürftigkeitsprinzip. Für sie ist deshalb eine Vorleistung unerheblich; einzige Leistungsvoraussetzung ist eine Bedürftigkeit, die institutionell geprüft wird. Dabei ist die Sozialhilfe (fast) allen anderen Einkommensquellen und insbesondere der Selbsthilfe durch eigene Erwerbstätigkeit gegenüber nachrangig. Die Sozialhilfe soll – anders als die Sozialversicherungen – nicht den Lebensstandard absichern. Vielmehr richtet sie sich auf ein politisch definiertes Existenzminimum, das sogenannte soziokulturelle Minimum. Alles, was darüber hinausgeht, muss selbst *verdient* sein.

Bis zur Mitte der 70er Jahre war es das Ziel bundesdeutscher Sozialpolitik, immer mehr Menschen in die Sozialversicherungen zu integrieren, um die Sozialhilfe so weit wie möglich überflüssig zu machen. Dieses Vorhaben hatte eine ausreichende Zahl qualitativ hochwertiger und damit ausreichend entlohnter sozialversicherungspflichtiger Beschäftigungsverhältnisse zur Voraussetzung; diese waren wiederum nur dann zu erwarten, wenn es wirtschaftliches Wachstum gab, das die notwendige Vollbeschäftigung aller männlichen Familienernährer auch ermöglichte. Bis zu Beginn der 70er Jahre schien das auch tatsächlich zu gelingen: Es gab kontinuierlich hohes wirtschaftliches Wachstum und anhaltende Vollbeschäftigung, eine funktionierende gesellschaftliche Rollenverteilung zwischen Männern und Frauen und eine sozialpolitische Entwicklung, die das geschilderte Modell des lohnarbeitszentrierten Sozialversicherungsstaates durch Inklusion von Gruppen und Risiken in die Sozialversicherungen sowie eine Erhöhung des Leistungsniveaus unterstützte. Das auf ökonomischer Prosperität basierende sozialstaatliche Arrangement war erfolgreich. Es ermöglichte eine einigermaßen ausgeglichene Verteilung des allgemein wachsenden gesellschaftlichen Wohlstandes über die verschiedenen biographischen Lebensphasen und über verschiedene gesellschaftliche Gruppen hinweg.

Seit Mitte der 70er Jahre ist das meiste davon allerdings Vergangenheit. Es kam in Folge der wirtschaftlichen Krisen, der oben beschriebenen Entwicklungen auf dem Arbeitsmarkt und in den gesellschaftlichen Lebensentwürfen erstens zu zunehmenden Funktionsdefiziten der lohnarbeitszentrierten Sozialpolitik. Zweitens verlor das tradierte Modell des deutschen Wohlfahrtsstaates ebenso an gesellschaftlicher Legitimation wie an finanziellen Ressourcen. Wie hat der deutsche Wohlfahrtsstaat darauf reagiert?

Auf den ersten Blick blieb die Grundstruktur des Sozialleistungssystems weitgehend unverändert. Wagt man jedoch einen zweiten, eingehenderen Blick, fällt auf, dass auf der einen Seite der vormalige Trend der Inklusion von sozialen Gruppen und Risiken in die Lohnersatzleistungen der Sozialleistungen bis auf wenige Ausnahmen gestoppt wurde und statt dessen Exklusionstendenzen unübersehbar geworden sind. Auf der anderen Seite weisen dagegen neue Sicherungen, die anderen institutionellen Normen folgen, Inklusionstendenzen auf. Der deutsche Sozialstaat verändert auf diese Weise sukzessive seine Gestalt.

Schon kurz nach Ausbruch der wirtschaftlichen Krisen und anhaltenden Arbeitsmarktprobleme schwenkte die deutsche Sozialpolitik auf einen Kurs finanzieller Konsolidierung ein. Aufgrund anhaltender Arbeitslosigkeit klaffte schnell die Schere von sinkenden Beitragseinnahmen einerseits und steigenden Ausgaben für die Arbeitslosen andererseits auseinander und ließ den Eindruck unkontrollierbarer Finanzierungsrisiken aufkommen. Der Gesetzgeber reagierte insbesondere in der Arbeitslosenversicherung alsbald mit Einschränkungen im Kreis der Leistungsberechtigten.[59] Neben Eingriffen in der aktiven Arbeitsmarktpolitik (Qualifizierung, Arbeitsbeschaffung usf.) waren auch und gerade die Lohnersatzleistungen betroffen. Insbesondere war eine Verschiebung des Leistungsbezugs weg vom Arbeitslosengeld, der eigentlichen Versicherungsleistung, hin zur Arbeitslosenhilfe und zum völligen Ausschluss aus dem Leistungskatalog der Arbeitslosenunterstützung zu beobachten. Schon der Bezug von Arbeitslosenhilfe im Vergleich zu jenem von Arbeitslosengeld stellt dabei eine zumindest teilweise Exklusion aus der Arbeitslosenversicherung dar. Das hat erstens mit der geringeren Höhe der Leistung zu tun; zweitens ist die Arbeitslosenhilfe als steuer- und nicht beitragsfinanzierte Leistung des Bundes keine Sozialversicherungsleistung, sondern eine Mischform von Sozialversicherung und Sozialhilfe. Einerseits ist sie zwar an Vorleistungen gebunden, andererseits steht sie aber nicht allen zu, deren Arbeitslosengeldanspruch ausgelaufen ist bzw. welche die höheren Anspruchskriterien für das Arbeitslosengeld nicht erfüllen können. Vielmehr kommt das Kriterium der Bedürftigkeit hinzu.[60] Durch die Leistungskürzungen bei der Arbeitslosenunterstützung ergaben sich erhebliche Folgewirkungen in den dem Sozialversicherungssystem nachge-

---

59 Zur Entwicklung der Arbeitsmarktpolitik vgl. Bleses/Rose 1998; Heinelt/Weck 1998; Neyer/ Seeleib-Kaiser 1996; Bach 1994; Kühl 1993; Janoski 1990; Lampert 1989; Webber 1987.
60 Vgl. zur ‚Zwittergestalt‘ der Arbeitslosenhilfe Bleses 1994: 80ff., A9ff.

ordneten Systemen sozialer Sicherung. Vor allem stieg die Zahl der Sozialhilfe-bedürftigen (Hilfe zum Lebensunterhalt (HLU)) stark an. Im gesamten Bundes-gebiet bezogen am Ende des Jahres 1997 knapp 2,9 Mio. Menschen Hilfe zum Lebensunterhalt. Die Empfängerzahlen stiegen im Zeitverlauf beinahe kontinu-ierlich an. Allein in den letzten Jahren ist eine leichte Abnahme zu verzeich-nen.[61] Die Sozialhilfe wurde auf diese Weise eine Art zweiter ‚Regelsicherung‘ bei Arbeitslosigkeit.

Aber auch in das Sozialhilferecht wurde im Laufe der Zeit vielfältig einge-griffen, um den Anreiz zur Erwerbstätigkeit zu erhöhen. Analysen der Arbeits-markt- und Sozialhilfepolitik (vgl. etwa Neyer/Seeleib-Kaiser 1996) haben ge-zeigt, dass im Verlauf der vergangenen Jahrzehnte die sozialstaatlich geschaffe-nen Existenzmöglichkeiten außerhalb der Arbeitsmarktteilnahme zurückge-nommen und die Arbeitskräfte zur Sicherung des Lebensunterhalts stärker auf den Arbeitsmarkt verwiesen wurden. Beispiele sind die zahlreichen Verschär-fungen der Leistungsvoraussetzungen in den Systemen sozialer Sicherungen; die in den 80er Jahren gewachsenen Möglichkeiten der Leistungssperren im AFG (§§ 119, 119a); die verschärften Zumutbarkeitsregelungen im AFRG 1997, die von den Arbeitsuchenden starke Lohneinbußen im Vergleich zur vorheri-gen Beschäftigung verlangen und keinen Qualifikationsschutz mehr beinhalten; die stärkere Betonung der Arbeitspflicht im Bundessozialhilfegesetz (insbeson-dere §§ 18, 25); die Betonung des sogenannten ‚Lohnabstandsgebotes‘ der So-zialhilfeleistungen (§ 22 Abs. 3 S. 2); die unten noch zu schildernden Niveauab-senkungen vieler Sozialleistungen.

Allerdings können diese Entwicklungen in der Arbeitsmarkt- und Sozialhil-fepolitik allein nicht die gesamte Bandbreite der Veränderungen in der Sozial-politik widerspiegeln. Tatsächlich waren in den vergangenen 25 Jahren nicht nur Exklusionstendenzen zu erkennen; vielmehr gab es immer wieder auch Aus-weitungen sozialer Sicherungen und sogar völlig neue sozialpolitische Maß-nahmen. Selbst in der Arbeitslosenversicherung wurde mit der gestaffelten Ver-längerung der Bezugsdauer für ältere Arbeitslose (ab dem 42. Lebensjahr) in der zweiten Hälfte der 80er Jahre die vorherige Tendenz der Exklusion von Ar-beitslosen aus dem Arbeitslosengeldbezug beendet und eine gewisse Umkehr eingeleitet. Allerdings wurde das alte Niveau des Anteils der Arbeitslosen, die Arbeitslosengeld beziehen, nicht wieder erreicht. Und es ist zu berücksichtigen,

---

61 Statistisches Bundesamt 1999: 33. Die HLU-Bezieherquote stieg von 0,9% im Jahre 1971 über 1,4% im Jahre 1980 und 2,8% im Jahre 1990 auf 3,5% im Jahre 1997 (ebd.). Hier inte-ressiert nur die ‚Laufende Hilfe zum Lebensunterhalt‘, die für den Einkommensersatz zustän-dig ist, und nicht der Bereich der ‚Hilfe in besonderen Lebenslagen‘, die im Falle von beson-deren Lebensumständen (Pflegebedürftigkeit usf.) Unterstützung leistet.

dass diese Maßnahme nur sehr selektiv wirkte, da sie nicht den Arbeitslosen insgesamt, sondern vor allem den Älteren zugute kam. Im SGB III, das seit 1997/98 das AFG ersetzt, sind die Altersgrenzen gegenüber den AFG-Regelungen angehoben worden. Jetzt verlängert sich die mögliche Bezugsdauer erst vom 45. Lebensjahr an sukzessive mit dem steigenden Lebensalter. Die Selektivität der Maßnahme wurde dadurch weiter gesteigert.

Des weiteren wurde das Sozialversicherungssystem in den Jahren 1994/95 durch einen fünften Zweig ergänzt: durch die gesetzliche Pflegeversicherung. Besonders erwähnenswert aber sind die Ausweitungen sozialer Sicherungen, die im familienpolitischen Bereich stattgefunden haben und auch die Sozialversicherungen im Bereich der Rentenversicherung betreffen. Bei den familienpolitischen Leistungen geht es im Unterschied zu jenen Leistungen, die durch die Sozialversicherungen oder auch die Sozialhilfe vor allem bei Arbeitslosigkeit als Lohnersatz gewährt werden, augenscheinlich nicht um eine Exklusion von Leistungsberechtigten; vielmehr scheint sich hier der genau umgekehrte Trend zu zeigen: eine Inklusion von Gruppen und Risiken in schon bestehende soziale Sicherungsprogramme, die zu diesem Zwecke ausgeweitet werden, und in neu geschaffene sozialpolitische Institutionen.[62] Dieser Gegentrend zur Exklusion von Gruppen und Risiken aus den lohnarbeitszentrierten Leistungen zeigt sich vor allem in der Einrichtung des Erziehungsgeldes, des Erziehungsurlaubs sowie der Anerkennung von Erziehungszeiten in der gesetzlichen Rentenversicherung (jeweils 1986). Hinzu kommt der Ausbau des Kinderlastenausgleichs. Ferner ist die Einführung eines Rechtsanspruchs auf einen Kindergartenplatz für Kinder zwischen 3 und 6 Jahren seit 1996 zu nennen. Der Anspruch entsteht nach der Höchstdauer des Erziehungsurlaubs und endet mit der Einschulung des Kindes. Wird die Beschäftigungsgarantie mit berücksichtigt, die für vorher Beschäftigte nach dem Erziehungsurlaub besteht, ist somit zwar vielleicht noch keine Lösung des Problems der Vereinbarkeit von Familienphasen und Berufstätigkeit erreicht, dennoch können die erst im vergangenen sowie laufenden Jahrzehnt eingerichteten Maßnahmen als erste Schritte in diese Richtung gewertet werden. Die den Erziehungsurlaub seit dem Jahre 2001 ersetzende ‚Elternzeit' geht diesen Weg weiter und fördert zudem auch das Nebeneinander von Arbeit und Erziehung beider Elternteile.

Durch diese Entwicklungen haben sich die Gewichte innerhalb der Sozialpolitik deutlich in Richtung familienorientierter Leistungen verschoben. Das geschieht trotz der hohen finanziellen Aufwendungen mit Zustimmung aller politischen Parteien. Diese Beobachtungen lassen die These plausibel erscheinen,

---

62 S. hierzu ausführlicher Bleses 2001; Bleses/Seeleib-Kaiser 1999; Bleses/Rose 1998.

dass es sich bei der Entwicklung des deutschen Wohlfahrtsstaates nicht allein um einen sukzessiven Abbau der Sozialpolitik handelt. Vielmehr ist zumindest auch ein Umsteuern zu beobachten. Auf der einen Seite stehen rigidere Regeln für lohnarbeitszentrierte Leistungen. Auf der anderen stehen neue Leistungen, die sich aus Tätigkeiten in familialen Gemeinschaften, insbesondere aus Erziehungstätigkeiten ableiten. Zwar werden diese zum Teil in die lohnarbeitszentrierten Sozialversicherungen einbezogen. Doch zeigen sie sich dort eher als Fremdkörper im System, da sie explizit nicht aus Lohnarbeit abgeleitet sind.

Neben dem reinen Bestand von Leistungen und Sicherungsinstitutionen ist es natürlich von hoher Bedeutung, wie sich die Ausgaben und die Leistungsniveaus entwickelt haben. Zwar sind die Ausgaben im Bereich der Arbeitsförderung sowie der Sozialhilfe langfristig – mit Schwankungen – beständig angewachsen, doch ist dies auf einen stark vergrößerten Bezieherkreis zurückzuführen (BMA 1998: 25, 88), nicht aber darauf, dass Leistungen erhöht worden wären. Im Gegenteil: Die Einkommen der Bezieher von Arbeitslosenunterstützung und Sozialhilfe blieben aufgrund zahlreicher Leistungskürzungen in den vergangenen Jahrzehnten hinter der Entwicklung der allgemeinen Einkommen zurück.

Auch in diesem Punkt ist die Entwicklung im Bereich der Familienpolitik anders verlaufen. Zwar überwiegt in der Forschung die Ansicht, dass Familientätigkeiten gegenwärtige wie zukünftige Einkommenseinbußen erzeugen, die vom Wohlfahrtsstaat bei weitem nicht ausreichend aufgefangen werden (statt vieler: Wingen 1997; Kaufmann 1995). Allerdings wird oft übersehen, dass sich in dieser Hinsicht in den vergangenen zwei Jahrzehnten einiges verändert hat.[63] Zu nennen ist erstens die schon angesprochene Absicherung von Erziehenden mit Erziehungsgeld im Jahre 1986. Das Erziehungsgeld beträgt zwar seit seiner Einführung vor dreizehn Jahren 600 DM. Allerdings sind die Bezugszeiten von anfangs zehn Monaten auf maximal zwei Jahre ausgedehnt worden; außerdem wird die Leistung in der Sozialhilfe nicht angerechnet. Es kann also ein kumulativer Bezug von laufender Hilfe zum Lebensunterhalt und Erziehungsgeld stattfinden. Entscheiden sich Eltern dafür, nur ein Jahr Erziehungsgeld zu beziehen, beläuft sich das Erziehungsgeld seit dem Jahre 2001 auf 900 DM. Zweitens wurden die Leistungen für Kinder in mehreren Schritten in den 80er und 90er Jahren deutlich angehoben. Die Erreichung des Zieles, die Unterhalts- und Betreuungskosten der Kinder demnächst wenigstens näherungsweise zu sozialisieren, könnte in absehbarer Zeit erreicht werden. Drittens sind die durch Kin-

---

63 Zur Entwicklung der Familienpolitik s. etwa Bleses/Rose 1998; Gerlach 1996; Kaufmann 1995; Textor 1991; Münch 1990.

dererziehungszeiten erwerbbaren Ansprüche in der Rentenversicherung stark ausgebaut worden.

Wird die Gesamtheit der Leistungen betrachtet, ergibt sich ein wenig eindeutiges Bild. Die Sozialleistungsquote zeigte insgesamt einen wechselhaften Verlauf. Sie stieg von 1970 bis 1975 beinahe sprunghaft von 26 auf 33,7% an. Trotz eines anschließenden leichten Rückgangs lag sie aber im Jahr des Regierungswechsels 1982 mit 33,3% fast wieder auf dem Niveau von 1975. Bis 1990 sank sie zwar erneut auf 29,3% ab, erreichte 1996 dann aber mit 34,9% einen neuen Höchststand. Ein Jahr später war sie wieder leicht auf 34,4% gesunken.[64] Während die Sozialausgaben – gemessen am Bruttoinlandsprodukt – nur mäßig stiegen, müssen sich doch sehr viel Sozialleistungsempfänger als zuvor diese Ration teilen. Ohne die Konsolidierungsmaßnahmen in unterschiedlichen sozialpolitischen Bereichen, vor allem im Bereich lohnarbeitszentrierter Sozialpolitik, läge die Sozialleistungsquote heute um knapp 3 Prozentpunkte höher (Schmidt 1998: 137). Die sozialpolitische Verteilungsmasse hat trotz beständig gestiegener absoluter Aufwendungen deshalb kaum mit der quantitativen Entwicklung der sozialen Anforderungen mitgehalten. Gemessen an diesem Kriterium dürfte es sich in den letzten beiden Jahrzehnten trotz interner Verschiebungen zwischen Sozialpolitikbereichen insgesamt um einen finanziellen Rückbau der Sozialpolitik gehandelt haben.

Was bedeutet das alles für die traditionelle Vollbeschäftigungsgesellschaft? Pointiert lässt sich sagen, dass der traditionellen Vollbeschäftigungsgesellschaft der ihr idealtypisch zugehörige Wohlfahrtsstaat abhanden gekommen *ist*. Damit fehlt ihr einer ihrer unverzichtbaren Grundpfeiler. Und das liegt nicht daran, dass es in Deutschland keinen seiner Zeit angemessenen Wohlfahrtsstaat gibt. Ganz im Gegenteil ist festzustellen, dass sich der deutsche Wohlfahrtsstaat in den vergangenen Jahrzehnten den gewandelten ökonomischen und gesellschaftlichen Verhältnissen fortwährend anzupassen suchte. Ergebnis dieser Anpassungsbemühungen ist folgerichtig kein Wohlfahrtsstaat, der die traditionelle Vollbeschäftigungsgesellschaft stützen würde. Der ‚neue' deutsche Wohlfahrtsstaat ist weniger als zuvor auf Lohnarbeitsleistung allein zentriert, sondern anerkennt auch andere Formen von Leistung, er kanalisiert auch die Geschlechter weniger als zuvor in ihre tradierten Rollen in die bzw. außerhalb der Erwerbsarbeit, und schließlich ist er – was die quantitative Seite betrifft – auch nicht mehr Willens, in gleicher Weise (Lebensstandardsicherung) wie bis in die beginnenden 70er Jahre hinein Ausfallbürgschaften für Marktdefizite zu übernehmen. Es ist klar, dass die skizzierten Veränderungen des deutschen Wohlfahrtsstaates

---

64 Alle Zahlenangaben aus Homeyer 1998: 348, 353.

nicht nur aus dem ökonomischen und gesellschaftlichen Wandel folgen, sondern diesen Wandel ebenso mit antreiben. Ruft man sich in Erinnerung, dass das tradierte Modell des deutschen Wohlfahrtsstaates sowohl Folge wie Ursache der tradierten Vollbeschäftigungsgesellschaft gewesen ist, haben sich die Wirkkräfte damit umgekehrt: Die Entwicklung des deutschen Wohlfahrtsstaates ist nun Folge wie Ursache des Endes der tradierten Vollbeschäftigungsgesellschaft.

3.4 Und die Gewerkschaften?

Diese Feststellung leitet bereits über zur Frage, wie die Gewerkschaften von den geschilderten Entwicklungen betroffen sind. Wir fassen zuvor kurz zusammen: In den vorangegangenen Abschnitten wurde gezeigt, dass die traditionelle Vollbeschäftigungsgesellschaft auf bestimmbaren Grundlagen beruhte, die sämtlich entweder der Vergangenheit angehören oder zumindest im Schwinden begriffen sind. Das betrifft zunächst das seit bald drei Jahrzehnten bestehende gravierende Überangebot an Arbeitskraft. Bei weitem können seither nicht alle beschäftigt werden, die Beschäftigung suchen. In der Nachkriegsgeschichte Deutschlands ist mittlerweile massenhafte Arbeitslosigkeit und nicht Vollbeschäftigung der gesellschaftliche Normalzustand. Eigentlich muss es sogar verwundern, dass sich das Ideal der Vollbeschäftigung trotz diskrepanter Realität politisch und gesellschaftlich so lange halten konnte. Aber die Arbeitslosigkeit ist bei weitem nicht alles. Sie ist vielleicht noch nicht einmal das Wichtigste. Hätte sich in ihrem Zuge nichts verändert, könnte die Hoffnung gehegt werden, dass es nur des Abbaus der Arbeitslosigkeit bedürfe, um die wirtschaftlichen, politischen und sozialen Verhältnisse wieder ins Lot, sprich in den Status quo ante 1973 zu bringen, als die traditionelle Vollbeschäftigungsgesellschaft ihre Blütezeit erlebte.

Diese Hoffnung ist jedoch vergeblich. Denn neben und in Begleitung der kontinuierlich hohen Arbeitslosigkeit hat sich in den vergangenen Jahrzehnten in der Bundesrepublik beinahe alles verändert, was die traditionelle Vollbeschäftigungsgesellschaft kennzeichnete und was sie benötigt, um in ihrer bekannten Form überhaupt existieren zu können. Da wir die Einzelheiten oben geschildert haben, beschränken wir uns jetzt im wesentlichen auf die Aufzählung der wichtigsten Veränderungen.

– Erstens das unstete und für den Abbau der Arbeitslosigkeit oder gar für eine Vollbeschäftigung regelmäßig oft zu geringe Wirtschaftswachstum der vergangenen drei Jahrzehnte und der wirtschaftliche Strukturwandel, der hohe Anforderungen an die Qualifikation und Mobilität der Arbeitsuchenden stellt: Die Erfahrung lässt erwarten, dass sich daran bis auf weiteres nichts ändern wird; auch die aktuellen Wachstumsquoten deuten eher in die entgegen gesetzte Richtung. Erschwerend kommt hier die große Angebotssteigerung auf dem Arbeitsmarkt der letzten Jahrzehnte hinzu.

- Zweitens die Veränderung der Beschäftigungsstrukturen: War das ‚Normalarbeitsverhältnis' früher politisch und bei den Arbeitsmarktparteien handlungsleitend, nehmen seit geraumer Zeit die atypischen Elemente in den Arbeitsverhältnissen zu. Noch immer arbeiten viele Leute in Arbeitsverhältnissen, die dem Normalarbeitsverhältnis nahe kommen. Doch ist der Trend weg vom Normalarbeitsverhältnis bis hin zur Aufgabe des Beschäftigtenstatus und der Aufnahme einer Scheinselbständigkeit unverkennbar. Die zunehmende Atypik bereitet den von ihr betroffenen Erwerbstätigen vor allem Probleme hinsichtlich ihrer arbeits- und sozialrechtlichen Absicherung.

- Drittens die veränderten industriellen Beziehungen: Hier ist vor allem eine abnehmende Bedeutung der Flächentarifverträge festzustellen. Zum einen werden selbst in jenen Tarifverträgen, die auf überbetrieblicher Ebene abgeschlossen werden, zunehmend Handlungsspielräume für die betriebliche Ebene eröffnet; zum anderen gehören immer weniger Unternehmen dem Flächentarifvertrag an und gehen zu betrieblichen Regelungen über.[65] Diese Verbetrieblichung der Tarifpolitik beraubt die Gewerkschaften eines wichtigen Teils ihrer kollektiven Verhandlungsmacht. Die Gewerkschaften sehen sich einer größeren Bedeutung der Betriebsräte und damit einer wachsenden Zahl von divergierenden Interessen gegenüber. Ihre Möglichkeiten der Vereinheitlichung divergierender Interessen sinken entsprechend. Zudem zeigen sich Legitimitätsprobleme der Gewerkschaften auch in den drastisch gesunkenen Mitgliederzahlen.

- Viertens haben sich in den vergangenen Jahrzehnten die gesellschaftlichen Grundlagen der traditionellen Vollbeschäftigungsgesellschaft verändert. Vor allem greift die klassische geschlechtliche Rollenteilung in den männlichen Alleinernährer auf der einen und die weibliche Reproduktionstätige auf der anderen Seite immer weniger. Hervorstechend sind das veränderte Arbeitsmarktverhalten der Frauen und der damit verbundene Rückzug aus der Reproduktionssphäre. Zusätzlich und damit zusammenhängend – ist eine Abkehr von der tradierten Normalfamilie zu erkennen.

- Fünftens sind die Veränderungen des deutschen Wohlfahrtsstaates zu nennen. Sie sind knapp so zu kennzeichnen, dass zum einen seine lohnarbeits-

---

65 Nicht besprochen haben wir die schlecht erfasste vollständige Abkehr von kollektiven Verträgen. Die drückt sich darin aus, dass überhaupt keine Tarifverträge mehr abgeschlossen werden. Statt dessen wird der individuelle Arbeitsvertrag mit jedem einzelnen Beschäftigten neu ausgehandelt.

zentrierte Ausrichtung abnimmt und dafür die Unterstützung von Familienaufgaben zunimmt; zum anderen hat das finanzielle Volumen des deutschen Wohlfahrtsstaates gemessen an den gewachsenen sozialen Anforderungen relativ abgenommen. Die sozialpolitische Verteilungsmasse ist also insgesamt rückläufig. Der traditionellen Vollbeschäftigungsgesellschaft ist der zu ihr passende Wohlfahrtsstaat abhanden gekommen.

Werden die Veränderungen in ihrer Summe und ihren Wechselwirkungen betrachtet, muss festgestellt werden, dass die traditionelle Vollbeschäftigungsgesellschaft in ihren Grundfesten erschüttert ist. In keinem der genannten Punkte lässt sich eine Umkehr der eingesetzten Entwicklungen erwarten. Warum und mit welcher politischen Unterstützung sollten die Arbeitsverhältnisse wieder ‚normalisiert‘ werden? Warum sollten die Arbeitgeber von ihrer gewonnen Macht gegenüber der sich differenzierenden Arbeitnehmerschaft abgeben? Warum sollten Frauen dem Arbeitsmarkt wieder den Rücken kehren? Warum sollte der deutsche Wohlfahrtsstaat sich wieder stärker auf die vollzeitig lohnarbeitenden Männer und die Normalfamilie konzentrieren und die Umbauten, die in den vergangenen Jahrzehnten begonnen wurden, wieder zurücknehmen? Im Zuge der geschilderten Veränderungen haben sich in den vergangenen drei Jahrzehnten die gesellschaftlichen, wirtschaftlichen und politischen Verhältnisse und Machtstrukturen soweit gewandelt, dass ein zurück in die traditionelle Vollbeschäftigungsgesellschaft unmöglich erscheint (vgl. Vobruba 2000).

Die Gewerkschaften haben sich lange gegen viele der geschilderten Entwicklungen gestemmt. Das war rational nachvollziehbar. Jede der geschilderten Veränderungen hat die Lage der Gewerkschaften und ihrer Klientel nachhaltig beeinflusst, in den meisten Fällen negativ. Dauerhafte Massenarbeitslosigkeit schwächt die Position der Anbieterseite auf dem Arbeitsmarkt ebenso wie die Differenzierung von Beschäftigungsverhältnissen, der abnehmende Organisationsgrad der Arbeitnehmer, die Verbetrieblichung der Arbeitsbeziehungen und die abnehmende Möglichkeit, in Krisen des Beschäftigungsverhältnisses auf gut ausgestattete wohlfahrtsstaatliche Ausfallbürgschaften zurückzugreifen.

Sinnvoll konnte eine völlige Ablehnung aber nur solange sein, wie für die Gewerkschaften die Hoffnung bestand, wenigstens in wichtigen Punkten zu den früheren Verhältnissen zurückkehren zu können. Mit der Zeit musste aber die Hoffnung auf ein Zurückdrehen der Zeit erlöschen. Das musste den Gewerkschaften spätestens seit der politischen ‚Wende‘ von der sozial-liberalen zur christlich-liberalen Koalition und dem sich dadurch drehenden politischen Wind, der den Gewerkschaften nun auf Dauer ins Gesicht blies, bewusst werden. Zudem wurden die Gewerkschaften aus Politik und Wissenschaft beständig mit Forderungen konfrontiert, sich den neuen Gegebenheiten anzupassen, um ihre politische Machtposition nicht vollständig zu verlieren (vgl. z.B. Heinze et al. 1984; Vobruba 1983b). Immer mehr schienen die Positionen der Gewerkschaft, die aus der Zeit der traditionellen Vollbeschäftigung stammten, zu einem offensichtlichen Anachronismus zu verkommen. Alternative politische Handlungskonzepte mussten entwickelt werden, sollten die Gewerkschaften nicht zur politischen Bedeutungslosigkeit verkommen. Allerdings bedeutete jeder Schritt der Gewerkschaften, der in Richtung Anpassung an die veränderten Verhältnisse wies, den Widerstand in der Organisation selbst zu wecken. Denn nicht bei allen Mitgliedergruppen konnte sich (schnell) die Einsicht durchsetzen, dass eine Anpassung der Gewerkschaften an die gewandelten Bedingungen erstens notwendig und zweitens langfristig gewinnbringend sein konnte. Vor allem jenen Mitgliedern, die nach wie vor zu den ‚Normalarbeitern' zählten, waren die Gefahren, kurzfristig zu verlieren, zu groß, und die Aussichten, langfristig zu gewinnen, zu vage. Erst als sich mit der Wirtschaftskrise zu Beginn der 90er Jahre die Krisenerfahrung bis in alle Beschäftigtengruppen ausweitete, begann sich in den Gewerkschaften endgültig die Suche nach neuen politischen Konzepten durchzusetzen.

Einer der wichtigsten Meilensteine im Prozess der Suche nach alternativen Konzepten gewerkschaftlicher Politik stellt das Grundsatzprogramm des DGB dar. Hier vollzieht – wie wir weiter unten zeigen werden – der DGB den Abschied von der traditionellen Vollbeschäftigungsgesellschaft als Zielgröße und wendet sich einem in vielerlei Hinsicht ‚neuen Typ der Vollbeschäftigung' zu. Neben diesem Wandel, der die Gewerkschaften programmatisch auf ein neues Leitbild festlegte, suchten sie im Bereich der Beschäftigungspolitik die politische Meinungsführerschaft zurückzugewinnen. Mit dem Vorschlag, ein Bündnis für Arbeit ins Leben zu rufen, erregte der Vorsitzende der IG-Metall, Klaus Zwickel (IGM o.J.), weites Aufsehen.

Wie auch immer der konkrete Arbeitsmarkterfolg der mittlerweile verschiedenen Bündnisse für Arbeit, mittels derer die Arbeitslosigkeit spürbar gesenkt werden sollte, zukünftig bewertet werden mag, politisch-strategisch war das Konzept jedenfalls ein gewerkschaftlicher Erfolg. Binnen kurzem wandelte sich das politische Meinungsklima in der Bundesrepublik. Waren die Gewerkschaften – insbesondere von Arbeitgeberseite, unterstützt von der christlich-liberalen Koalition – bis dahin als rückwärtsgewandte Blockierer in Verruf geraten, konnten sie nun den Spieß umdrehen: Jede Bündnisinitiative, welche die Unternehmerverbände und die damalige Regierungskoalition nicht mittragen wollten, ließ die Gewerkschaften als innovativ und die Unternehmen und die christlich-liberale Bundesregierung als strukturkonservativ erscheinen. Dabei kam den Gewerkschaften die sich bis 1997 immer weiter verschlechternde Arbeitsmarktlage zu Hilfe. Der arbeitsmarkt- und beschäftigungspolitische Handlungsbedarf war unabweisbar. Wir würden sogar soweit gehen zu behaupten, dass die Gewerkschaften mit ihrer neuen Politik wesentlich daran beteiligt waren, den Regierungswechsel im Jahre 1998 vorzubereiten. Die vorherigen Oppositions- und späteren Regierungsparteien, SPD und Bündnis 90/Die Grünen, schwenkten jedenfalls auf die gewerkschaftliche Linie ein und führten das Bündnis für Arbeit als programmatischen Schwerpunkt im Wahlkampf und in den Koalitionsvereinbarungen mit (SPD 1998; B'90/Die Grünen 1998; Koalitionsvertrag 1998).

Ob nun ein neuer Typ von Vollbeschäftigung oder ein Bündnis für Arbeit angestrebt werden: im Mittelpunkt steht immer ein möglichst weitgehender Abbau der Arbeitslosigkeit. Beide Strategieelemente hängen von einem Erfolg in diesem Punkt ab. Aber das wird nicht reichen. Sie müssen auch Antworten geben auf die weiteren Veränderungen, die wir oben geschildert haben. Das wollen wir im folgenden näher betrachten.

4 Ein ‚neuer Typ' von Vollbeschäftigung? Die Position der Gewerkschaften

Der Befund ist eindeutig: Der politische Diskurs in der Bundesrepublik Deutschland hat sich in den vergangenen Jahrzehnten vom Vollbeschäftigungsziel verabschiedet (Lantzsch 1999; Bleses/Rose 1998: 228f.; Vobruba 1998: 33). Zumindest auf den ersten Blick haben die Gewerkschaften diesem (nicht nur begrifflichen) Trend widerstanden. Insbesondere das Grundsatzprogramm des DGB aus dem Jahre 1996 zeigt klar: Die Gewerkschaften wollen *Voll*beschäftigung (DGB 1996a: 9, 16, 17). Und das hat seinen Grund. Denn Vollbeschäftigung kann als *das* soziale Leitbild der Gewerkschaften gelten. Erwerbsarbeit fungiert als die zentrale Instanz der gesellschaftlichen Teilhabe für Männer und Frauen. Über sie vermittelt sich nicht nur Einkommen, sondern auch soziale Sicherheit auf gehobenem Niveau, Lebenssinn und soziale Beziehungen (DGB 1996a, z.B. 8f.). Arbeitslosigkeit, insbesondere Dauer- und Massenarbeitslosigkeit, stellt deshalb aufgrund der damit verbundenen zeitweisen oder auch dauerhaften Ausschließung gesellschaftlicher Gruppen aus der Integrationsinstanz ‚Erwerbsarbeit' den Inbegriff des ‚Unsozialen' dar (vgl. auch DGB 1996c: 2). In diesem Sinne hat sich die Gewerkschaftsposition auch nach über einem Vierteljahrhundert andauernder Massenarbeitslosigkeit nicht verändert (vgl. etwa DGB 1994, 1977). Natürlich soll die Erwerbsarbeit nach Ansicht der Gewerkschaften möglichst noch weitere Kriterien erfüllen: Die Arbeit soll selbstbestimmt sein; man soll im Betrieb mitbestimmen können; die Arbeit soll arbeitsrechtlich erfasst und sozialversicherungspflichtig sein. Nur dann kann die Erwerbsarbeit ihre volle soziale Integrationsfähigkeit entfalten. Wichtiger als diese Kriterien erscheint jedoch zunächst die Grundforderung nach Erwerbsarbeit in ausreichender Menge. Arbeit ist nicht alles, doch ohne Arbeit ist alles nichts.

Ein zweiter Blick in das Grundsatzprogramm des DGB zeigt jedoch, dass bei den Gewerkschaften im Vergleich zu den 70er Jahren heute etwas anderes unter Vollbeschäftigung verstanden wird. Damals stand der Begriff insbesondere für die lebenslange Vollzeiterwerbstätigkeit aller (Männer) in standardisierten Beschäftigungsverhältnissen (s.u. 4.1.1). Heute scheint Vollbeschäftigung nicht mehr zu implizieren, *wie lange* und *wie kontinuierlich* gearbeitet wird; auch sagt

der Begriff nichts mehr darüber aus, um *welche Art* von Beschäftigungsverhältnissen es sich handelt. Tatsächlich verbergen sich hinter dem Begriff der Vollbeschäftigung im Grundsatzprogramm erstens eine Vielzahl möglicher Arbeitsformen innerhalb und außerhalb der Erwerbsarbeit, zweitens unterschiedliche
Lebensentwürfe und Beschäftigungsbiographien sowie drittens eine Gleichstel-
lung der Geschlechter.

Ein dritter Blick, der über die offizielle Beschlusslage des Grundsatzprogramms hinausgeht, in weitere Dokumente des DGB und einiger Einzelgewerkschaften zeigt des weiteren, dass der Vollbeschäftigungsbegriff nicht ‚nur' modifiziert wird. In vielen Dokumenten, die kurz- und mittelfristige Zielformulierungen enthalten, taucht er gar nicht mehr auf. Hier wird – wie in anderen politischen Diskursen auch – statt dessen beispielsweise von ‚mehr Beschäftigung'
oder von ‚Halbierung der Arbeitslosenzahlen' gesprochen (DGB 1998b, 1997;
Schulte 1998b; IGM o. J.). Ähnliche Entwicklungen spiegeln auch die Debatten
wider, die – insbesondere in den Gewerkschaftlichen Monatsheften in den Jahren 1995/96 – um die sozialen Positionen geführt wurden und werden.

Es ist deshalb trotz der ernstzunehmenden und unmissverständlichen Ziel-
vorgabe im Grundsatzprogramm des DGB zu fragen, wie unangefochten die
Vollbeschäftigung noch als übergeordnetes Leitbild der Gewerkschaften fungiert bzw. in welchen Punkten sich das Vollbeschäftigungsideal und die an dieses Bild gekoppelten Konzeptionen (etwa hinsichtlich Einkommen, Arbeitszeit
und sozialer Sicherung) verändert haben. Es wäre erstens natürlich eine arge
Vereinfachung, das soziale Leitbild der Gewerkschaften lediglich im Begriff der
Vollbeschäftigung zu suchen. Vielmehr verfolgten die Gewerkschaften immer
auch weitere (z.B. arbeits- und sozialrechtliche) Zielstellungen, die mehr oder
weniger direkt an eine bestimmte Vorstellung von Vollbeschäftigung gekoppelt
waren. Inwieweit haben sich diese abgeleiteten Zielstellungen verändert? Zweitens wäre es ebenso zu einfach, die Suche nach den sozialen Leitbildern der
Gewerkschaften *und* dessen Veränderungen auf das Grundsatzprogramm zu beschränken. Zwar handelt es sich hier um ein besonders wichtiges Dokument.
Aber darüber, inwieweit die dort verankerten, eher langfristigen sozialen Zielsetzungen innerhalb der Gewerkschaften, der gewerkschaftlichen und gewerkschaftsnahen Debatte noch unbestritten sind, kann das Grundsatzprogramm des
DGB selbst wenig Auskunft geben.

Wir werden deshalb zunächst ein wenig umfassender nach den sozialen Leitbildern der Gewerkschaften forschen (4.1). An herausgehobener Stelle steht das
Grundsatzprogramm des DGB (1996a); zur ergänzenden Verdeutlichung ebenso
wie zum Herausarbeiten von Differenzen in den sozialen Leitbildern werden er-

gänzend aber auch weitere Dokumente herangezogen.[66] An die Darstellung des sozialen Leitbildes der DGB-Gewerkschaften schließt sich dessen Interpretation an (4.2). Hier sollen vor allem einige zentrale immanente Widersprüche heraus gearbeitet werden. Die Veränderungen des sozialen Leitbildes ebenso wie dessen innere Widersprüchlichkeiten sind aber nicht nur in den Dokumenten nachweisbar. Sie sind ebenso Gegenstand der gewerkschaftlichen und gewerkschaftsnahen Debatte sowie wissenschaftlicher Analysen der Gewerkschaftspositionen. Ein Überblick über diese Diskussionen wird in Abschnitt 3 gegeben. Auf Basis der vorangegangenen Schritte werden wir im letzten Abschnitt (4.4) schließlich ein Resümee der Positionen in Dokumenten und Debatten vornehmen sowie abschließend einige Überlegungen über die gegenwärtig – wieder einmal oder immer noch – dilemmatische Situation der Gewerkschaften zwischen Mitgliederinteressen und Gemeinwohlorientierung anfügen.

4.1 Das soziale Leitbild in der DGB-Programmatik und gewerkschaftlichen Dokumenten

Das soziale Leitbild der Gewerkschaften spiegelt sich in vielen Aspekten wider. Von besonderer Bedeutung sind die Themen: Beschäftigung, Einkommen, Qualität der Arbeit und Aufgaben des Staates. Auf diese Themen werden wir im folgenden näher eingehen. Die thematische Trennung ist selbstredend analytischer Natur; sowohl in den gewerkschaftlichen Dokumenten wie auch in der Darstellung des sozialen Leitbildes zeigen sich zahlreiche Verbindungslinien.

---

66 Neben zahlreichen weiteren Quellen z.B. die „Sozialstaatscharta", die der DGB mit den Wohlfahrtsverbänden und im Einvernehmen mit den beiden Kirchen veröffentlicht hat (DGB 1996b), das DGB-Aktionsprogramm „Für Arbeit und soziale Gerechtigkeit" (DGB 1997), die Kampagne des DGB zum Wahljahr 1998: „Was geht's mich an? Deine Stimme für Arbeit und soziale Gerechtigkeit" (DGB 1998a), das Positionspapier des DGB: „Ein neues Bündnis für Arbeit, Bildung und soziale Gerechtigkeit" (DGB 1998b) sowie der Vorschlag eines Bündnisses für Arbeit der IG Metall bzw. ihres Vorsitzenden Zwickel aus dem Jahre 1995 (IGM o. J.) und Statements des DGB-Vorsitzenden Schulte (1998a, b). Bei diesen wie den weiteren genutzten Quellen sind die Belege im Text jeweils angefügt.

4.1.1 Beschäftigung: Revisionen des Normalarbeitsverhältnisses

Zwischen 'Vollbeschäftigung' und 'mehr Beschäftigung'

Der *Sozialstaat* hat das 'Recht auf Arbeit' zu verwirklichen (DGB 1996a: 7). So lautet die unmissverständliche Forderung im Grundsatzprogramm des DGB. *Voll*beschäftigung stellt im Grundsatzprogramm des DGB (1996a: 9, 16, 17) eine zentrale Zielgröße dar. Der DGB bleibt damit seiner Geschichte sowohl in der Begriffswahl wie auch im Grundanliegen treu (vgl. auch DGB 1994). In anderen Dokumenten ist das Wort Vollbeschäftigung allerdings nicht mehr enthalten. Es fehlte bereits beim ursprünglichen Vorschlag des IG Metallvorsitzenden Zwickel im Jahre 1995, ein Bündnis für Arbeit zu schaffen (IGM o. J.). Statt dessen sind Formulierungen wie „Verringerung der Massenarbeitslosigkeit", „Schaffung von Arbeitsplätzen" usf. zu finden.[67] Ähnlich ist es auch in der „Sozialstaatscharta" des DGB (1996b) formuliert, die gemeinsam mit Wohlfahrtsverbänden und in weitgehender Übereinstimmung mit den beiden Kirchen abgefasst wurde. Auch hier geht es zunächst einmal darum, „mehr Beschäftigung" zu erreichen. Selbst im Aktionsprogramm des DGB „Für Arbeit und soziale Gerechtigkeit" (1997) finden sich nur noch Ziele wie „Halbierung der erfassten Arbeitslosigkeit bis zur Jahrtausendwende". Das war zwar an sich schon äußerst ehrgeizig. Der langfristige Zielpunkt *Voll*beschäftigung wird aber nicht mehr explizit mitgeführt. Auch der Aufruf des DGB-Vorsitzenden Schulte zur DGB-Kampagne im Wahljahr 1998 „Deine Stimme für Arbeit und soziale Gerechtigkeit" (Schulte 1998a) richtet sich zunächst einmal auf „mehr Jobs" und nicht auf Vollbeschäftigung. Und schließlich sei auch das Positionspapier des Bundesvorstandes des DGB vom Oktober 1998 „Ein neues Bündnis für Arbeit, Bildung und soziale Gerechtigkeit" (DGB 1998b) angeführt: „die Massenarbeitslosigkeit rasch und deutlich zu senken" bzw. deren „zügige Verminderung", lautet jetzt die eher auf morgen als auf die fernere Zukunft gerichtete Vision.

Es lässt sich also festhalten: Abgesehen von den langfristigen Orientierungen des DGB-Grundsatzprogramms steht nicht das ferne Ziel Vollbeschäftigung im Mittelpunkt des gewerkschaftlichen Interesses; sehr viel pragmatischer werden nun einzelne Maßnahmen gefordert, die zwar bald wirksam werden sollen und mit denen die Arbeitslosigkeit gesenkt werden könnte, die den ferneren Bezugspunkt *Voll*beschäftigung aber nicht mehr (immer) explizit enthalten. Deshalb *kann* er natürlich dennoch – implizit – im Hintergrund stehen. Das lässt sich

---

67 Anders allerdings z.B. Zwickel 1995a: 17.

aber oft nur mutmaßen. Selten wird der Bezug zwischen der beschäftigungspolitischen Gegenwart und der Zukunft so explizit gemacht: „Die Aufgabe bleibt aus Sicht des DGB, langfristig wieder Vollbeschäftigung herzustellen. Der DGB hat mittelfristig das Ziel, bis zum Ende des Jahrhunderts die Zahl der registrierten Arbeitslosen zu halbieren und jedem Jugendlichen einen Ausbildungsplatz zur Verfügung zu stellen" (DGB 1996c: 4).

Was heißt (Voll-)Beschäftigung heute?

Ob nun Vollbeschäftigung oder erst einmal mehr Beschäftigung: Jedenfalls wollen die Gewerkschaften eine deutliche Ausweitung des Beschäftigungsvolumens zum Abbau der Arbeitslosigkeit erreichen. Inhaltlich interessanter als der Wandel vom Expliziten ins Implizite ist deshalb die Frage, was die Gewerkschaften heute unter (Voll-)Beschäftigung verstehen bzw. gutheißen. Dabei erweist sich: Beschäftigt zu sein bedeutet auch seitens der Gewerkschaften nicht mehr, auch nur noch näherungsweise die Kriterien des (ursprünglichen) „Normalarbeitsverhältnisses" zu erfüllen, das Mückenberger (1985) als zwar nur teilweise realisierte, dennoch ehemals rechtlich und politisch handlungsleitende Fiktion eines idealen Beschäftigungsverhältnisses analysierte. Um ein Höchstmaß an arbeits- und sozialrechtlichem Schutz und damit Sicherheit zu erreichen, musste das Beschäftigungsverhältnis u.a. vollzeitig, dauerhaft, kontinuierlich, sozial- und arbeitsrechtlich erfasst sein sowie möglichst im Sozialzusammenhang eines großen Betriebes bestehen. Zumindest implizite Voraussetzung der Funktionsfähigkeit des Normalarbeitsverhältnisses ist, dass es nur ein Teil der Bevölkerung ausübte (Männer), während der andere unentgeltlich für die Reproduktion der Arbeitskräfte und ihrer Familien sorgt (Frauen). Daher fußt das Modell des Normalarbeitsverhältnisses auf einer weiteren Normalitätsunterstellung, der „Normalfamilie": Diese besteht aus dem männlichen Familienernährer und der nicht oder kaum erwerbstätigen Ehefrau, die sich um den Haushalt, die Erziehung der ein bis zwei Kinder sowie ggf. um die Pflege Angehöriger kümmert (vgl. z.B. Bleses/Rose 1998; Hinrichs 1996; Lessenich 1996; in vergleichender Perspektive: Ostner 1995; ausführlicher s. Kap. 3).

Die Gewerkschaften haben sich heute in wesentlichen Teilen von diesem beschäftigungspolitischen wie gesellschaftlichen Leitbild verabschiedet. Das betrifft schon den Arbeitsbegriff. Denn als Arbeit wird nicht nur die Erwerbsarbeit anerkannt. Auch die nicht bezahlte Familienarbeit und das ehrenamtliche Engagement sollen als Arbeit gelten. Der gesellschaftliche Wohlstand werde durch alle diese Arbeitsformen erbracht (DGB 1996a: 8). Erwerbsarbeit und Familienarbeit sollen zudem gerecht zwischen den Geschlechtern verteilt werden. Weil Frauen im Erwerbsleben nach wie vor benachteiligt sind, sollen sie hier besonders gefördert und Quotenregelungen eingeführt werden (z.B. DGB 1996a: 10, 30). Neben dieser Abwendung vom Modell des männlichen, nicht in Familientätigkeiten engagierten „Normal-Arbeitnehmers" (DGB 1996a: 8), wird die Abkehr von den Kriterien des Normalarbeitsverhältnisses auch bei der Arbeitszeit (a), der Dauerhaftigkeit und Kontinuität der Beschäftigung (b) sowie den Beschäftigungsformen und Beschäftigungsverhältnissen (c) deutlich.

a) Arbeitszeit: Innerhalb der gewerkschaftlichen Programmatik und weiterer Dokumente ist der „Streit um die Zeit" (Hinrichs et al. 1983) wohl weitgehend beendet. Weil von einem „tendenziell sinkenden Arbeitsvolumen" ausgegangen wird, ist „eine Verkürzung der individuellen wie kollektiven Arbeitszeit unumgänglich" (DGB 1998b: 4), um auf diese Weise mehr Menschen in den Arbeitsmarkt integrieren zu können (grundlegend zum Thema Arbeitszeit: DGB 1996c). Die Verkürzung der Arbeitszeit soll dabei aber nicht nur als Mittel zur gerechteren Verteilung der weniger werdenden Erwerbsarbeit auf mehr Anbieter von Arbeitskraft verstanden werden, sondern ebenso auch als Vorteil: „Wohlstandsgewinn kann nicht nur in Einkommenszuwächsen, sondern muss auch im Zuwachs an erwerbsarbeitsfreier Zeit gesehen werden" (DGB 1996a: 9). Mehr Zeit außerhalb der Erwerbsarbeit deutet damit auch auf eine Steigerung der Lebensqualität hin.

Statt sich auf eine bestimmte Form der Arbeitszeitverkürzung festzulegen, spricht sich der DGB für eine „Politik zur Arbeitszeitverkürzung in ihrer ganzen Vielfalt" (DGB 1996a: 9) aus. Die ‚ganze Vielfalt' meint sämtliche Strategien zur Verkürzung der Wochen-, Jahres- und Lebensarbeitszeit sowie zum Abbau von Überstunden und deren Ausgleich durch Freizeit statt durch Bezahlung (DGB 1994: 11f.; vgl. auch DGB 1997: 5). Die Rede ist auch von „Arbeitszeitkonten" (DGB 1996b: 75) und – um die Zahl der erlaubten Überstunden zu begrenzen – einer Änderung des Arbeitszeitrahmengesetzes (DGB 1998a: 30).

Gefördert werden soll außerdem die sozialversicherungspflichtige Teilzeitarbeit. Hier habe Deutschland – etwa im Vergleich zu den Niederlanden – einen großen Nachholbedarf (DGB 1996c: 21). Generelle Teilzeitvereinbarungen sollen allerdings nur mit Zustimmung der Gewerkschaften zu treffen sein (DGB 1997: 5). Das Thema Teilzeitarbeit ist für die Gewerkschaften nicht mehr neu (vgl. schon DGB 1977: 24). Dennoch scheint die Vollzeitarbeit eher normal zu sein als die Teilzeitbeschäftigung. So wird zwar einerseits sogar das „Recht auf Teilzeitarbeit" gefordert, zum Teil generell (DGB 1996c: 22), zum Teil für bestimmte Tätigkeiten bzw. Lebensphasen (z.B. bei Kindererziehung). Andererseits müsse es dann aber auch eine „Rückkehrgarantie in die Vollzeitbeschäftigung" geben (DGB 1998b: 31; vgl. auch DGB 1996a: 26). Ausgangspunkt ist hier eher die vorherige Vollzeitarbeit, die zeitweise Reduktion und das nachfolgende Wiederaufstocken der Arbeitszeit, weniger aber das von vornherein auf Teilzeitbasis abgeschlossene Arbeitsverhältnis (abweichend: Schulte 1998a, b; DGB 1996b: 75). Als weitere Zielgruppe, die für Teilzeitarbeitsplätze in Frage kommt, werden ältere Arbeitnehmerinnen und Arbeitnehmer bezeichnet. Damit könnte u.a. eine höhere Erwerbsquote der Älteren ebenso wie ein flexiblerer Übergang in den Ruhestand erreicht werden (DGB 1996a: 28).

Auf diese Weise kann die Arbeitszeit freier gestaltet werden. Überhaupt plädiert der DGB dafür, „die Arbeitszeiten stärker an persönliche Lebensrhythmen anzupassen. Phasen der Erwerbsarbeit können sich mit Phasen der Bildung und Weiterbildung, der Erziehungs-, Pflege- und Hausarbeit ablösen. Der Wechsel von Teilzeit zur Vollzeit und umgekehrt ist leichter möglich und damit eine bessere Vereinbarkeit von Familie und Beruf" (DGB 1998b: 4). Bei der flexiblen Arbeitszeit sollen aber nicht nur die Bedürfnisse der Beschäftigten berücksichtigt werden. Der Einbau von geregelten Wahlmöglichkeiten für Betriebe in die Flächentarifverträge (DGB 1996a: 14; 1997: 12), mit dem Arbeitsplätze geschaffen und gesichert werden sollen, kann auch die Arbeitszeit betreffen: „Die Flexibilisierung muss mehr Zeitsouveränität der Arbeitnehmer und Arbeitnehmerinnen ermöglichen und *kann* mehr Raum für betriebliche Optionen eröffnen" (DGB 1996c: 5; Hervorhebung von uns, P.B./A.V.). Es wird darauf verwiesen, dass schon in den 80er Jahren im Gegenzug für kürzere Wochenarbeitszeiten verschiedene flexible Arbeitszeitmodelle (Arbeitszeitkonten und -korridore) vereinbart wurden, die den Betrieben je nach Auftragslage die Möglichkeiten der Ausweitung wie Verkürzung der Arbeitszeit boten (1996c: 19).

Ein weiteres Schwergewicht der Arbeitszeitverkürzung liegt in jüngster Zeit auf der Verkürzung der Lebensarbeitszeit. Der vorzeitige „Ausstieg mit 60" soll vor allem dazu dienen, Arbeitsplätze für jüngere Beschäftigungssuchende frei zu machen. Er soll dabei nicht mit der Altersteilzeit konkurrieren, sondern sie ergänzen, um den Arbeitsmarkteffekt zu vergrößern (DGB 2000: 3f.).

Die Vielzahl der Strategien beruht auf der Einsicht, dass eine bestimmte Strategie der Arbeitszeitverkürzung allein, etwa die Verkürzung der tariflichen Wochenarbeitszeit, hinsichtlich der Reduktion der Arbeitslosenzahlen zwar Fortschritte bringen kann und auch erbracht hat (DGB 1996c: 10/11; DGB 1998a: 30; vgl. auch Zwickel 1998b: 18), aber zur weiteren Verminderung der Arbeitslosenzahlen und nicht nur zur Sicherung von Beschäftigung die Kombination vieler Ansätze vonnöten ist.

b) Dauerhaftigkeit und Kontinuität: Mehr noch als bei der Arbeitszeit, bei der sich die Abkehr von Normalitätsstandards vor allem im Nebeneinander von

Teilzeit und Vollzeit sowie in der Flexibilisierung der Arbeitszeit ausdrückt, haben sich die Gewerkschaften bezüglich der Dauerhaftigkeit und Kontinuität der Beschäftigung und der Beschäftigungsverhältnisse von den Kriterien des Normalarbeitsverhältnisses entfernt. Die Vorstellung, dass Erwerbstätigkeit oder gar eine Beschäftigung in einem Betrieb ein Erwerbsleben lang ununterbrochen ausgeübt wird, gehört der Vergangenheit an (DGB 1996a: 10f.; 1997: 5).

Das wird nicht nur auf den technischen Wandel und Verluste von Beschäftigungsfeldern in Folge des wirtschaftlichen Wettbewerbs mit Niedriglohnländern zurückgeführt. Vielmehr ist die Kontinuität der Erwerbsbiographien auch dadurch begrenzt, dass Phasen der legitimen Nichterwerbsarbeit z.b. wegen Kindererziehung oder Qualifizierung als Bestandteil der Erwerbsbiographien einzuplanen sind. Zielpunkt ist zum einen die bessere Vereinbarkeit von Erwerbsarbeit und Familientätigkeiten (s.o.). Zum anderen sollen die Beschäftigten mittels Qualifizierung die Möglichkeit erhalten, sich an den technologischen Wandel und die daraus resultierenden Anforderungen anzupassen (s.u. 4.1.3).

c) Beschäftigungsformen und Beschäftigungsverhältnisse: Auch hier orientieren sich die Gewerkschaften nicht mehr allein am dauerhaft in einen Großbetrieb eingebundenen Normalarbeiter. „Vollbeschäftigung wird aus vielen – gesellschaftlichen und individuellen – Gründen in einer Vielfalt von neuen Beschäftigungsverhältnissen, unterschiedlichen Beschäftigungsformen und Arbeitszeitregelungen verwirklicht werden müssen (...)" (DGB 1996a: 9f.). Neue Beschäftigungsformen sind etwa ökonomisch abhängige Selbständigkeit und Tele-Heimarbeit. Beides stellt die Rolle des Betriebes als Beschäftigungsort und Sozialzusammenhang einschließlich kollektiver Interessenvertretung in Frage. Den grundsätzlichen Widerstand gegen diese Beschäftigungsformen hat der DGB aufgegeben; infolgedessen geht es jetzt um deren wirksame Gestaltung.

Dementsprechend strebt der DGB an, die neue Flexibilität nicht nur der Beschäftigungsformen, sondern auch der Arbeitszeitstrukturen, Erwerbsbiographien usf. rechtlich zu untermauern. Vor allem sollen alle Formen von Beschäftigungsverhältnissen in das Arbeits- und Sozialrecht integriert werden;[68] zudem soll der Geltungsbereich kollektivvertraglicher Regelungen ausgeweitet werden, etwa dadurch, dass bislang ungeschützt Beschäftigte und ökonomisch abhängig Selbständige in den Geltungsbereich des Betriebs- und Personalvertretungsrechts fallen (DGB 1996a: 12f.).

---

68   Für das Sozialrecht gilt sogar ein noch weitergehendes Ziel: die Einbeziehung aller Formen von Erwerbsarbeit in die Versicherungspflicht und in den Versicherungsschutz (DGB 1996a: 27).

Als Zwischenresümee kann festgehalten werden, dass die Gewerkschaften sich in wesentlichen Punkten von den Kriterien des Normalarbeitsverhältnisses und auch von jenen der Normalfamilie entfernt haben. Als Ersatz wollen sie aber die arbeits-, sozial- und kollektivvertragsrechtliche Basis in der Weise verändern, dass eine sozial verträgliche Regulierung der neuen Flexibilität möglich wird. Die folgenden Zielpunkte gewerkschaftlicher Aktivitäten setzen deshalb einen jeweils angepassten rechtlichen Rahmen voraus:

– mehr Beschäftigung in unterschiedlichen Beschäftigungsformen und -verhältnissen,
– bedürfnisgerechtere Erwerbs- und Berufsbiographien bei Männern und Frauen,
– unterschiedliche und möglichst frei gestaltbare Arbeitszeiten und Arbeitszeitstrukturen,
– die Förderung der besseren Vereinbarkeit von Familie und Beruf, Zeiten der Erwerbs- und Nichterwerbstätigkeit sowie die gleichberechtigte Verteilung von Erwerbsarbeit und Familienarbeit zwischen Männern und Frauen, wozu insbesondere der gleichberechtigte Zugang von Frauen zum Arbeitsmarkt gehört.

Neue Beschäftigungsfelder?

Der DGB möchte industrielle Arbeitsplätze – vor allem in den neuen Bundesländern – sichern und möglichst auch neue schaffen (DGB 1996a: 20, 17). Die Beschäftigungschancen und -risiken des expandierenden Dienstleistungssektors werden im Grundsatzprogramm ebenso wenig explizit angesprochen wie die empirisch feststellbaren Tertiarisierungstrends.[69] Zwar kann davon ausgegangen werden, dass unter ‚industriellen Arbeitsplätzen‘ nicht nur die verarbeitenden Tätigkeiten, sondern auch die industrienahen Dienstleistungen verstanden werden, doch sind die industriefernen Dienstleistungen damit nicht angesprochen. Demgegenüber zeigt der vollzogene Zusammenschluss von Einzelgewerkschaften im Dienstleistungsbereich zur ‚Vereinigten Dienstleistungsgewerkschaft‘ (Ver.di), dass die Gewerkschaften die zunehmende Bedeutung der Dienstleistungen auch in industriefern(er)en Bereichen erkannt haben. Dahinter steht die Auffassung, dass sie auf die zukünftigen Regelungsbedarfe in diesem Sektor nur dann wirksam Einfluss nehmen können, wenn sie sich zu einer Organisation zusammenschließen und ihre Interessen gemeinsam und einheitlich vertreten.

---

69   Zur Tertiarisierung vgl. beispielsweise Statistisches Bundesamt 1997: 82f.

Im Grundsatzprogramm wird fast exklusiv der Spezialfall des *Öffentlichen Dienstes* angesprochen, der auch und gerade zur gesellschaftlichen Versorgung mit sozialen Dienstleistungen sowie aufgrund seiner regulativen Vorbildfunktion zu sichern sei[70] (DGB 1996a: 24f.); und es wird eingeräumt, *dass* ein wirtschaftlicher Strukturwandel stattfindet (DGB 1996a, z.b. 10f.). Jenseits allgemeiner Regulierungs- und Beteiligungswünsche fehlen jedoch weitgehend Erörterungen darüber, ob ein solcher langfristiger Strukturwandel des Arbeitsmarktes mit all seinen Chancen und Risiken seitens der Gewerkschaften erwünscht ist und wie er sozial gestaltet werden kann.

Anders liest sich demgegenüber das Statement des DGB-Vorsitzenden zum Start der DGB-Kampagne 1998 „Deine Stimme für Arbeit und soziale Gerechtigkeit". Dort lautet eine Möglichkeit, zu mehr Arbeit kommen zu können: „Durch neue Beschäftigungsmöglichkeiten im Dienstleistungssektor. Das heißt: mehr Serviceagenturen, mehr qualifizierte Dienstleistungen, mehr Kulturangebote, mehr soziale Dienste. Dabei wollen wir keinen Niedriglohnsektor, sondern die soziale Absicherung ungeschützter Beschäftigungsverhältnisse" (Schulte 1998b: 2).

4.1.2 Erwerbs- und Sozialeinkommen

Erwerbseinkommen

Für die Einkommen gilt das gleiche Ziel wie für die Erwerbsarbeit selbst: Sie sollen ‚gerecht' verteilt werden. Für die Gegenwart stellt der DGB aber fest: „Einkommen und Vermögen sind ungerecht verteilt. (...) Tarifpolitik bleibt deshalb auch Verteilungspolitik. Unser Ziel ist es, mit Hilfe von Steuern sowie tarif-, vermögens- und gesellschaftspolitischen Maßnahmen mehr Verteilungsgerechtigkeit durchzusetzen" (DGB 1996a: 19).[71] Unter gerechter Verteilung der Einkommen wird vor allem folgendes verstanden:
– Überwindung der Statusdifferenzierung zwischen Arbeitern, Angestellten und Beamten durch gemeinsame Entgelttarifverträge;
– Abbau der Gehaltsdiskriminierung von Frauen;

---

70 Ein ‚fairer' Wettbewerb zwischen öffentlichen und privaten Diensten wird allerdings nicht abgelehnt; es müssten jedoch Mindeststandards (wie Gemeinwohlorientierung, Rechtsstaatlichkeit) festgelegt werden, die nicht näher erläutert werden (DGB 1996a: 25).
71 Zur wieder auseinandergefallenen Entwicklung von Löhnen im Vergleich zu Gewinnen und Kapitalrenditen vgl. DGB 1998c.

- die wirksame Besteuerung von großen Erbschaften, Einkommen, Spekulationsgewinnen usf.;
- die Begrenzung der Vorteile aus dem steuerlichen Ehegattensplitting und dessen Umbau zu einem Familienlastenausgleich;
- die Beteiligung der Beschäftigten am Produktivkapital;
- die Ablehnung von Lohndumping zur Erhöhung der internationalen Wettbewerbsfähigkeit (DGB 1996a: 14, 19f.).

An anderer Stelle plädiert der DGB (1998b: 3) jedoch auch für die Ausweitung leistungsbezogener Entgeltbestandteile.

Die oben bereits angesprochene Verkürzung der tariflichen Wochenarbeitszeit soll – wie es außerhalb des Grundsatzprogrammes heißt – ohne Verminderung der Monatseinkommen stattfinden (DGB 1998b: 4). Und auch beim ersten Vorschlag eines Bündnisses für Arbeit seitens der IG Metall bzw. ihres Vorsitzenden Zwickel bezogen sich die Konzessionen bei der Entlohnung nur darauf, Einkommenszuwächse gemäß der Preissteigerung zu akzeptieren, also allein auf Reallohn*zuwachs* zu verzichten sowie Einarbeitungsabschläge für Langzeitarbeitslose zu ermöglichen (IGM o.J.: 3). Der DGB bietet in der Sozialstaatscharta im Sinne des Bündnisses für Arbeit an: „Wenn betriebsbedingte Kündigungen ausgeschlossen und Beschäftigungsaufbau vereinbart werden, kann auf einen realen Anstieg der Erwerbseinkommen verzichtet werden" (DGB 1996b: 76).

Das Grundsatzprogramm selbst äußert sich kaum zu den Zielen der Tarifpolitik beim Thema Einkommensentwicklung. Die IG Metall strebt bei der weiteren Entwicklung der Löhne und Gehälter zumindest eine Orientierung an drei zentralen Größen an (IGM 1996: 45):
- an den zu erwartenden Preissteigerungen;
- am gesamtwirtschaftlichen Produktivitätszuwachs;
- am Ziel einer Umverteilung.

Bei der IG Metall – und ähnlich wohl bei den anderen Einzelgewerkschaften – herrscht heute die Ansicht vor, dass eine ungleiche Entwicklung von Löhnen und Gewinnen stattgefunden hat, die sich nicht einmal günstig auf die Beschäftigungsentwicklung ausgewirkt hat. Aufgrund des ausgebliebenen positiven Beschäftigungseffektes wird die Forderung nach weiterer Senkung des Lohnniveaus zur Schaffung oder Sicherung von Arbeitsplätzen abgelehnt.[72] Deshalb strebt die IG Metall in der Tarifpolitik wieder eine möglichst kräftige Erhöhung der Löhne an. Nach Aussagen des Vorsitzenden der IG Metall, Zwickel, hat die ungleiche Entwicklung von Gewinnen und Löhnen einen „riesigen Nachholbe-

---

72 Vgl. hierzu den instruktiven internationalen Vergleich der Entwicklung von Arbeitsplätzen und Einkommensverteilung in IGM 1999.

darf" bei den Arbeitnehmern verursacht, weshalb eine „Wende in der Tarifpolitik" angestrebt wird (zit. nach IGM 1998b).[73]

Sozialeinkommen

Wichtig sind nicht nur die Leistungen des Systems sozialer Sicherung allein, sondern auch die Anpassung des Leistungssystems an die veränderten ökonomischen und gesellschaftlichen Rahmenbedingungen, um die soziale Sicherung funktionsfähig zu halten.

Armut und Not zu verhindern, wird *nicht zuerst* als Aufgabe des Systems sozialer Sicherung selbst gesehen. Dazu sei vielmehr der Abbau der Arbeitslosigkeit besonders geeignet. Deshalb werden besonders Investitionen in die aktive Arbeitsmarkt- und Beschäftigungspolitik für erforderlich gehalten (DGB 1996a: 26, 28). Auch auf europäischer Ebene soll die Beschäftigungsförderung in den Mittelpunkt gerückt werden (vgl. DGB 1996a: 17; 1998b: 7).

Um Lücken im sozialen Netz zu schließen, werden die Versicherungspflicht und der Versicherungsschutz für alle Formen der Erwerbsarbeit gefordert. Der DGB wendet sich gegen die Umgestaltung des Sozialstaates zu einem Minimalstaat (DGB 1996a: 24). Die Voraussetzung für Individualität und Selbstentfaltung könne sich nur auf der Basis kollektiver Sicherungssysteme entfalten (DGB 1996a: 7). Konkret gefordert wird u.a. „die weitgehende Sicherung des Lebensstandards, den sich die Erwerbstätigen erarbeitet haben, wenn eine Erwerbstätigkeit aufgrund des Alters, von Arbeitslosigkeit, von Erwerbsunfähigkeit und Erkrankung oder wegen der Betreuung von Kindern und Pflegebedürftigen nicht möglich ist", sowie der Ausbau der eigenständigen Sicherung von Frauen im Alter (DGB 1996a: 26). In der Sozialstaatscharta heißt es entsprechend: „Wir treten für die Lohn- und Beitragsbezogenheit der sozialen Sicherungssysteme ein" (DGB 1996b: 76). Ferner soll das vor allem durch die Arbeitsmarktsituation verursachte Anwachsen der Armut verhindert werden. Viele Menschen seien nur deshalb sozialhilfebedürftig, weil ihr Sozialversicherungsschutz – z.B. wegen Beitragsfreiheit der Beschäftigung – nicht ausreiche. „Die Gewerkschaften fordern deshalb, eine bedarfsorientierte, nicht diskriminierende Mindestsicherung in das jeweils zuständige Sozialversicherungssystem einzubauen. Dies gilt vordringlich bei Arbeitslosigkeit, aber auch für niedrige Renten.

---

73 Zur Entwicklung der Tarifpolitik im Jahre 2000, die im Vergleich zum Jahre 1999 von etwas moderateren Forderungen gekennzeichnet war: WSI 2001.

Sie muss aus Steuermitteln finanziert werden" (DGB 1996a: 27; vgl. auch DGB 1996b: 76).[74]

An der paritätischen Finanzierung der Beiträge zur Sozialversicherung durch die Beschäftigten und die Arbeitgeber soll festgehalten werden, weil sie sich bewährt habe. Allerdings sollen die Beiträge und damit die Lohnnebenkosten dadurch entlastet werden, dass gesamtgesellschaftliche Aufgaben, die in der Renten- und Arbeitslosenversicherung bislang aus Beitragsmitteln bestritten wurden, zukünftig aus dem allgemeinen Steueraufkommen finanziert werden (DGB 1996a: 27).

Hinweise darauf, dass die Altersvorsorge infolge der zukünftig unsicherer werdenden Leistungsfähigkeit der gesetzlichen Rentenversicherung (demographische Entwicklung) auf verschiedene Säulen verteilt werden soll, finden sich im Grundsatzprogramm des DGB nicht explizit. Das DGB-Positionspapier geht da weiter, wenngleich auch erst als Zukunftsprojekt: „Mittelfristig müssen die gesetzliche Sozialversicherung, betriebliche und tarifvertragliche Zusatzversorgung und private Eigenvorsorge in ein neues Gleichgewicht gebracht werden" (DGB 1998b: 6).

Es ist festzuhalten: Das soziale Leitbild der Gewerkschaften bleibt hier insgesamt der Äquivalenz von Leistung in Erwerbsarbeit und Einkommen verhaftet, und zwar bei Erwerbs- wie Sozialeinkommen. Grundsätzlich soll an der erwerbsbezogenen sozialen Lebensstandardsicherung festgehalten werden – auch wenn weitere, außerhalb der Erwerbssphäre liegende Risiken zum Leistungsanspruch berechtigen sollen. Einkommensreduktionen zum Zwecke der Beschäftigungssicherung und -schaffung sind, abgesehen vom Verzicht auf Reallohnzuwächse, nicht vorgesehen. Angestrebt wird aber eine Verteilung der Einkommen und Vermögen von ‚oben nach unten': zum einen durch ein verstärktes Heranziehen der hohen Einkommen und Vermögen zur Steuer- und Beitragszahlung; zum anderen durch die Einrichtung einer Mindestsicherung in den Sozialversicherungen.

---

74 Die heutige Forderung einer Grundsicherung in der Arbeitslosen- und Rentenversicherung ist dabei als eine Ausweitung anzusehen; begonnen hat der DGB in seinem sozialpolitischen Programm mit der Forderung nach einer steuerfinanzierten und bedarfsorientierten Mindestsicherung für Arbeitslose (DGB 1990: 9). Für Rentner und Rentnerinnen war damals vorgesehen, dass die Rentenversicherung einen möglichen Anspruch auf Sozialhilfe prüft und diese im Auftrag der Sozialämter ausbezahlt, wobei die Kosten aus dem Bundeshaushalt zu erstatten seien (DGB 1990: 27).

4.1.3 Qualität der Arbeit

Die verschiedenen Dimensionen der Arbeitsqualität stellen einen besonderen Schwerpunkt im Grundsatzprogramm des DGB dar. Hervorzuheben sind die Themen Qualifizierung und Bildung (a) sowie Mitbestimmung und selbstbestimmtes Arbeiten (b); das Thema Gesundheitsschutz besitzt hingegen im Grundsatzprogramm keine besondere Bedeutung (c).

a) Qualifizierung und Bildung: Dieser Themenblock steht nicht nur im Grundsatzprogramm an zentraler Stelle (aktueller DGB 2000: 5ff.). Auch das ursprünglich auf Arbeit beschränkte Bündnis zwischen Politik, Gewerkschaften und Wirtschaft wurde von den Gewerkschaften erweitert: nicht mehr nur um soziale Gerechtigkeit (schon DGB 1997), sondern jetzt auch um *Bildung* (DGB 1998b).[75] Schon im Grundsatzprogramm wird gefordert: „Der soziale und demokratische Rechtsstaat ist zur Verwirklichung des Rechts auf Bildung verpflichtet. Die Gewerkschaften setzen sich dafür ein, dass die Bildung als Schlüsselfaktor für die Zukunft in Politik und Gesellschaft hohe Priorität gewinnt" (DGB 1996a: 37). Mehr Qualifizierung und Bildung sollen zu vielem gleichzeitig positive Beiträge leisten:

- zur Chancengleichheit für soziale Schichten, Männer und Frauen,
- zur Selbständigkeit,
- zur Fähigkeit, sich im Arbeitsleben auf neue Anforderungsprofile im Beruf oder bei Berufswechseln einzustellen (DGB 1996a: 34); umfassende und dauerhafte Aus- und Weiterbildung stellten damit auch eine Voraussetzung für die infolge des technischen und ökonomischen Wandels zukünftig höhere berufliche Mobilität dar,[76]
- zur internationalen Wettbewerbsfähigkeit: „Bildung, Forschung und Technologie sind Schlüsselfaktoren im weltweiten Wettbewerb und damit im Kampf um Vollbeschäftigung. Die Gewerkschaften setzen sich deshalb für eine langfristige, staatlich geförderte Innovationsoffensive ein" (DGB 1996a: 17).

Weil Bildung als Schlüssel zur vollwertigen Teilnahme in allen gesellschaftlichen Bereichen angesehen wird und hohen gesellschaftlichen Nutzen erbringt,

---

75 Die Gewerkschaft Erziehung und Wissenschaft hat bereits kurz nach der Bundestagswahl 1998 dargelegt, was sie von der neuen Bundesregierung in der Bildungspolitik an sofort wirksamen Maßnahmen erwartet. Hierzu gehören u.a. die Schaffung der finanziellen Voraussetzungen für ein qualitativ hochwertiges Bildungssystem, eine Bildungsplanung, ein ausreichendes Angebot qualifizierter Ausbildungsplätze, das Verbot von Studiengebühren in der 5. Novelle des Hochschulrahmengesetzes (Gewerkschaft Erziehung und Wissenschaft 1998).

76 Höhere berufliche Mobilität wird aufgrund von Betriebswechseln usf. wohl zwangsläufig auch eine höhere räumliche Mobilität nach sich ziehen.

werden neben dem schon angesprochenen Recht auf Bildung weitere Rechtsansprüche formuliert: Ein individueller „Rechtsanspruch auf berufliche Bildung" und auf „Weiterbildung", der neben der beruflichen auch die allgemeine und politische Weiterbildung umfasst (DGB 1996a: 35f.).[77]

b) *Mitbestimmung und selbstbestimmtes Arbeiten:* Grundlage sind die bereits umgesetzten Mitbestimmungsrechte sowie die „gewachsenen Strukturen betrieblicher und tarifvertraglicher Interessenpolitik"; allerdings „reichen (diese) nicht aus, die neuen, oftmals außerhalb betrieblicher Zusammenhänge angesiedelten Beschäftigungsverhältnisse zu regulieren und zu gestalten" (DGB 1996a: 11). Deshalb müssen die Mitbestimmungsrechte – am Maßstab der Montanmitbestimmung orientiert – ausgebaut werden (DGB 1996a: 15). Die Internationalisierung des Kapitals erfordere allerdings auch eine international agierende Interessenvertretung der Gewerkschaften. Vor allem auf europäischer Ebene müssen sie an unternehmenspolitischen Entscheidungen beteiligt werden (DGB 1996a: 16). Bereits oben (4.1.1) wurde angesprochen, dass die Einbeziehung außerbetrieblicher Beschäftigungsverhältnisse in den Bereich der kollektiven Interessenvertretung die Mitbestimmungsmöglichkeiten auch hier verbessern soll.

Zu einer humanen Gestaltung der Erwerbsarbeit gehören für den DGB auch verbesserte Chancen zu selbstbestimmtem Arbeiten. Einerseits werden die neuen Organisations-, Produktions- und Dienstleistungskonzepte, die auf die Ausschöpfung aller Produktivitätsreserven sowie die Qualifikationen, Kompetenzen und Motivation der Beschäftigten setzen, zwar als Auslöser von Auswahlprozessen angesehen. Andererseits eröffnen sich dadurch aber auch „Chancen, die Arbeit vielfältiger, kooperativer und unter Beteiligung der Betroffenen zu gestalten" (DGB 1996a: 10). Hierzu müssen in der Betriebsverfassung und im Personalvertretungsrecht Reklamations- und Beteiligungsrechte eingebaut werden (DGB 1996a: 15).

c) *Gesundheitsschutz:* Das Thema Gesundheit wird im Vergleich zur früheren Bedeutung des Themenfeldes sehr knapp und allgemein verhandelt.[78] Ziel

---

77 Der hohe Stellenwert, welcher (Weiter-)Bildung und Qualifikation bei den Gewerkschaften genießt, zeigt sich etwa am „Sachverständigenrat Bildung bei der Hans-Böckler-Stiftung", der im Sommer 1997 als unabhängiges Expertengremium auf Initiative und mit Förderung einiger Einzelgewerkschaften (IG Metall; IG Bergbau, Chemie, Energie; Gewerkschaft Erziehung und Wissenschaft) sowie der Hans-Böckler-Stiftung gegründet wurde und Empfehlungen zur Veränderung der Bildung vorgelegt hat (Hans-Böckler-Stiftung 1999, 1998a, 1998b). Entsprechend der Unabhängigkeit des Gremiums stellen die Ergebnisse keine Gewerkschaftsmeinung dar. Ziel des Sachverständigenrates ist es u.a., einen Anstoß für die Neugründung des 1975 aufgelösten Deutschen Bildungsrates zu geben (Hans-Böckler-Stiftung 1998a: 3).

78 Im Sozialpolitischen Programm des DGB aus dem Jahre 1990 wurde dem Thema ‚Gesundheit' ein eigener Abschnitt gewidmet (DGB 1990: 10-17).

ist eine „vorbeugende Gesundheitssicherung" durch Investitionen in den betrieblichen Gesundheitsschutz. Prävention solle vor nachträglichem Heilen von Krankheiten stehen. Außerdem soll ein hoher Standard der medizinischen und pflegerischen Betreuung seitens der Kranken- und Pflegeversicherung unabhängig vom jeweiligen Einkommen und Vermögen gewährleistet werden (DGB 1996a: 27). Und auch die Verkürzung der Arbeitszeit sollte nicht nur unter dem Blickwinkel der Reduktion der Arbeitslosigkeit, sondern – seit langem – auch unter jenem der Humanisierung der Arbeitsbedingungen sowie unter jenem des Schutzes vor gesundheitsbeeinträchtigenden Folgen wachsender Arbeitsbelastung betrachtet werden (so bereits DGB 1982: 10; vgl. auch DGB 1977: 27).

Es ist zu resümieren: Mit- wie selbstbestimmtes Arbeiten auf hohem qualifikatorischem Niveau und mit dauerhafter Weiterbildung ist als soziales Leitbild der Gewerkschaften in diesem Bereich anzusehen. Nur auf diese Weise ist ihrer Ansicht nach Vollbeschäftigung zu erreichen sowie der internationale Wettbewerb zu bestehen.

4.1.4 Aufgaben des Staates

Oben wurde bereits angesprochen, dass der Sozialstaat das Recht auf Arbeit umzusetzen habe. Außerdem wurde bereits genannt, dass sich der DGB gegen einen Sozialstaat ausspricht, der lediglich noch eine minimale Absicherung der Bürger und Bürgerinnen gewährleistet. Umfassende soziale Absicherungen gehören für den DGB unmittelbar zu den Aufgaben des Staates. Wir werden darauf jetzt nicht mehr erneut eingehen. Statt dessen sollen die weiteren Aufgaben des Staates aus Gewerkschaftssicht benannt werden.

Zu den herausgestellten Zielen des DGB zählt der ökologische Umbau von Wirtschaft und Gesellschaft, d.h. der Übergang von einem nachsorgenden zu einem vorsorgenden Umweltschutz (DGB 1996a: 17). Ökologisch umsteuern „erfordert zugleich eine nachhaltige Veränderung unserer Konsum- und Lebensgewohnheiten. Wir wollen erreichen, daß der Wohlstand der Bevölkerung steigt, indem sich die Lebensqualität der Menschen verbessert. Langlebige Produkte, eine verbesserte Infrastruktur, ökologischer Städtebau, stärker regionalisierte Märkte und eine gesunde Umwelt erlauben ein gutes Leben" (DGB 1996a: 18). Bei allen Veränderungen sollen die sozialen Folgen berücksichtigt werden (DGB 1996a: 18). Es soll sich also um sozial-ökologische Reformen handeln, zu denen alle gemäß ihrer Leistungsfähigkeit beitragen sollen. Nur wenn auch Menschen mit hohem Einkommen und Vermögen herangezogen werden und wenn mehr Lebensqualität und gesellschaftliche Dienstleistungen an die Stelle individueller Ausgaben treten, hält der DGB auch einen finanziellen Beitrag der durchschnittlich Verdienenden für vertretbar (DGB 1996a: 20).

Soziale und ökologische Aspekte greifen gerade auch bei der Versorgung der Bürger und Bürgerinnen mit öffentlichen Dienstleitungen immer mehr ineinander: „Es gehört für uns zum Sozialstaat, dass Erhalt und Ausbau der Infrastruktur, die Raumplanung, die Weiterentwicklung des öffentlichen Nah- und Fernverkehrs, die Gewährleistung der inneren Sicherheit, der Kommunikation, der Ver- und Entsorgung in parlamentarischer Verantwortung sozial- und umweltverträglich garantiert bleiben" (DGB 1996a: 25). Zwar soll es einen Wettbewerb zwischen öffentlichen und privaten Diensten geben; doch ist das an Vorbedingungen geknüpft. Der öffentliche Dienst müsse regulativen Vorbildcharakter behalten (s.o., 4.1.1), und es müssen Qualitätsstandards festgelegt sowie die Rechtsstaatlichkeit, Sozial- und Umweltverträglichkeit und die dauerhafte Gewährleistung in öffentlicher Kontrolle gesichert sein (DGB 1996a: 24f.).

Zu den öffentlichen Diensten und Gütern gehört auch die Sicherstellung bezahlbaren Wohnraums für untere und mittlere Einkommen, Familien mit Kindern und ältere Menschen. Deshalb soll es weiterhin den sozialen Wohnungsbau, eine soziale Mietpolitik und die Förderung von Wohneigentum für die genannten Bevölkerungsgruppen geben (DGB 1996a: 25).

4.2 Interpretationen der sozialen Positionen

In mancher Hinsicht ist das soziale Leitbild der Gewerkschaften bemerkenswert konsistent. Das betrifft z.B. weite Bereiche des Themas Arbeitsqualität, insbesondere die Vorstellungen zur Qualifikation und Bildung. Im folgenden sollen allerdings einige Punkte herausgegriffen werden, an denen sich mögliche Risiken, Widersprüche oder Spannungsverhältnisse zwischen programmatischen Forderungen oder Aussagen in unterschiedlichen Dokumenten zeigen oder ergeben könnten. Neben der Relativierung des Vollbeschäftigungsziels als kurz- oder mittelfristiges Konzept (4.2.1) wird es auch um die Regulierung der (neuen) Beschäftigungsverhältnisse (4.2.2), das Verhältnis von Industriearbeit und Dienstleistungen (4.2.3) sowie insbesondere die Leistungsbezogenheit der sozialen Sicherung im Zusammenhang mit der sozial(politisch)en sowie der Beschäftigungsrealität gehen (4.2.4).

4.2.1 Mehr Beschäftigung sofort – Vollbeschäftigung später

Es wurde gezeigt, dass sich in den gewerkschaftlichen Äußerungen zur Beschäftigungspolitik und ihren Zielsetzungen Unterschiede zwischen den langfristigen Zielen einerseits sowie den kurz- und mittelfristigen andererseits ergeben. Während vor allem im Grundsatzprogramm an der Forderung nach Vollbeschäftigung als langfristiger Zielsetzung festgehalten wird, sind in vielen anderen Dokumenten die Forderungen sehr viel pragmatischer und weniger anspruchsvoll geworden. Zudem hat sich der Vollbeschäftigungsbegriff im Grundsatzprogramm gegenüber dem ursprünglichen Verständnis stark verändert. Es handelt sich um eine Vollbeschäftigung ‚neuen Typs‘, die sowohl den Geschlechtern als auch unterschiedlichen Beschäftigungsformen und Tätigkeiten (Erwerbs- und Nichterwerbsarbeit) Gleichberechtigung bieten soll. Zudem sollen die Übergänge zwischen verschiedenen Tätigkeiten erleichtert werden.

Allerdings lässt sich kaum abstreiten, dass die Gewerkschaften nach wie vor eine hohe Priorität auf die Erwerbsarbeit legen. Dabei scheint es ihnen immer weniger darum zu gehen, wie und wo Erwerbsarbeit geschaffen wird. Zunächst einmal soll sie *überhaupt* geschaffen werden. Damit droht nicht nur die Beschäftigungsqualität, die ja auch einen hohen Stellenwert besitzen soll, zunehmend in den Hintergrund zu rücken. Das hat auch mit der Abkehr vom emphatischen Vollbeschäftigungsbegriff zu tun. Im ‚alten‘ Vollbeschäftigungsbegriff waren an die Art und Weise der Beschäftigung bestimmte – wenngleich hinsichtlich Gleichberechtigung der Geschlechter und Gleichbehandlung unterschiedlicher Beschäftigungen äußerst problematische – Erwartungen gerichtet. Die Vollbeschäftigungserwartung hatte somit nicht nur eine quantitative Dimension, sondern drückte auch eine Qualitätserwartung aus. Das hat sich nun dadurch verändert, dass gewerkschaftlich Vielfalt zugelassen und erwünscht ist. Hauptsache die Arbeit kommt wieder, und sei es nur in der Form von ‚mehr Jobs‘ und nicht in der ausreichend arbeits- und sozialrechtlich erfasster Beschäftigung. Es kann kein Zweifel daran bestehen, dass die Gewerkschaften ebenfalls einen hohen Anspruch an die gleichberechtigte Regulierung der Beschäftigung anlegen (s.u.). Doch verschieben sich hier entsprechend der Verlagerung des Vollbeschäftigungsziels von der Gegenwart in die (fernere) Zukunft ebenfalls die Zeithorizonte: ‚Erst einmal Erwerbsarbeit, dann gestalten‘, könnte die Devise lauten.

Die Gewerkschaften wollen mit dieser pragmatischeren Gangart in der Beschäftigungspolitik offensichtlich Verschiedenes erreichen: Erstens wollen sie mit ihren im Vergleich zum fernen Ziel der Vollbeschäftigung sehr viel konkreteren Forderungen, die in der Regel von konkreten Vorschlägen darüber begleitet werden, welche Schritte zu tun sind, die Diskussion um die Arbeitslosigkeit wieder neu beleben (was ihnen ja übrigens auch gut gelungen ist); zweitens wollen sie sich in dieser Diskussion auch selbst wieder in die Rolle der innovativen gesellschaftlichen Kraft bringen, die sie als ‚konservative Wahrer von Besitzständen' in den 80er Jahren eingebüßt hatten;[79] drittens wollen sie das Thema (neues) Bündnis für Arbeit nicht mit zumindest auf absehbare Zeit unrealistischen Forderungen überfrachten.[80]

4.2.2 Normalität ‚neuen Typs'

Die Gewerkschaften wollen trotz der Anerkenntnis, dass sich das ursprüngliche Normalarbeitsverhältnis immer weniger umsetzen lässt, nicht auf jede Normalität und Rahmung der neuen Beschäftigungsformen verzichten. Deshalb soll der Rahmen des Normalen so weit gefasst werden, dass möglichst sämtliche Varianten von Beschäftigungsformen (sprich: vormals atypische Beschäftigungsformen) damit erfasst werden können. Auf diese Weise haben die Gewerkschaften einen interessanten Strategiewechsel vollzogen.

Gegenwärtig sind Beschäftigungsverhältnisse zulässig, die rechtlich nicht vollwertig reguliert sind. Die Gewerkschaften haben ihre ursprüngliche Strategie, den Rahmen des rechtlich Möglichen (wenigstens näherungsweise) auf das rechtlich vollwertig Normierte einzuschränken bzw. das einmal ausgeweitete Möglichkeitsspektrum wieder einzugrenzen, weitgehend aufgegeben, weil sie hier bislang wenig erreichen konnten. Deshalb schlagen sie nun den umgekehrten Weg vor. Danach soll das rechtlich wenigstens einigermaßen Normierte in Richtung des rechtlich Möglichen ausgeweitet werden.

Das stützt die obige Interpretation, nach der das vorrangige Ziel darin besteht, erst einmal Arbeitsplätze zu schaffen bzw. deren Einrichtung nicht mit Regulierungsansprüchen zu verhindern, und dann die einmal eingerichteten Beschäftigungsverhältnisse in einen möglichst einheitlichen Regulierungsrahmen zu integrieren. Diese Strategie beinhaltet allerdings ein hohes Risiko: Schaffen die Gewerkschaften die nachträgliche Regulierung nicht, etablieren sich Beschäftigungsbereiche, die in ihrer rechtlichen Gestaltung und Absicherung qualitativ unterschiedlich sein werden. Das wiederum könnte neben der eigentlichen, sicher unbeabsichtigten Spaltung des Arbeitsmarktes auch eine (negative)

---

79 Vgl. DGB 1999: 67; Hank 1996: 33ff.

80 Zu den unterschiedlichen Interessenspositionen der an den Bündnisverhandlungen beteiligten (Kollektiv-)Akteure, s. Urban 1998 und Kap. 2.

Sogwirkung auf den Bereich arbeits- und sozialrechtlich regulierter Beschäftigung entfalten.

4.2.3 Zum Verhältnis von Industriearbeit und Dienstleistungen

Die ‚offizielle' DGB-Position im Grundsatzprogramm hinkt derzeit der Beschäftigungsentwicklung in doppelter Hinsicht nach: Weder werden die empirisch feststellbaren Tertiarisierungstrends in ihren Konsequenzen für das gewerkschaftliche Handeln erkennbar nachvollzogen, noch wird die Debatte um die Beschäftigungschancen aufgegriffen, die eine forcierte Tertiarisierung des Arbeitsmarktes – etwa dem Vorbild der USA folgend – zukünftig angeblich oder tatsächlich bietet.[81]

Durch die angestrebte Sicherung industrieller Kerne würde zwar neben der verarbeitenden Tätigkeit selbst auch jene geschützt, die in industrienahen Dienstleistungen ausgeübt wird – das ist nicht unbedeutend, denn immerhin zählt die Industrie mittlerweile zu den bedeutendsten Dienstleistungsbereichen in der Gesamtwirtschaft; tatsächlich hat sich die traditionelle Abgrenzung zwischen Industrie und Dienstleistung infolge der gegenseitigen Durchdringung beider Bereiche als überholt erwiesen (Wagner/Schild 1999: 87f.) –, dennoch sind andere Dienstleistungsbereiche (z.B. personenbezogene Dienstleistungen) davon zunächst einmal wenig berührt.

Der DGB scheint hier den betroffenen Einzelgewerkschaften das Feld weitgehend zu überlassen. Zu fragen ist, ob es nicht Aufgabe des DGB sein müsste, Brücken zwischen den verschiedenen Beschäftigungsfeldern und Beschäftigtengruppen zu schlagen. Es wird sich zeigen, wie wirkungsvoll die neue Dienstleistungsgewerkschaft (Ver.di) Antworten auf die Verschiebung von den alten industriellen Tätigkeiten hin zu den industrienahen und -fernen Dienstleistungen

---

81 Zur Diskussion um Tertiarisierungstrends im öffentlichen und/oder privaten Sektor vgl. etwa Scharpf 1998, 1990; Weinkopf 1998; Häußermann/Siebel 1995; Ochel/Schreyer 1988. Zur aktuellen Entwicklung der Beschäftigung im verarbeitenden Sektor und in den Dienstleistungsbereichen s. DIW-Wochenbericht 15/98. Eher pessimistisch schätzt die Arbeitsgruppe um Rainer Thome (Hg. 1997) die zukünftige Entwicklung im Dienstleistungsbereich ein. Danach fielen aufgrund der Entwicklung der modernen Informationstechnologien in Deutschland ca. 6,7 Millionen Arbeitsplätze im Dienstleistungsbereich weg. Zwar kann das Verschwinden von Arbeitsplätzen in einigen Dienstleistungsbereichen durch das Entstehen von Arbeitsplätzen (teilweise) in anderen Dienstleistungsbereichen kompensiert werden; doch ist zumindest nicht von einem geradezu automatischen ‚Jobwunder' durch die Tertiarisierung der Beschäftigung auszugehen (vgl. auch Süddeutsche Zeitung v. 14. April 1998). Das wird auch von Reinhard Büscher (1996) so gesehen, der die Beschäftigungsentwicklung durch den Übergang zur Informationsgesellschaft sehr ambivalent einschätzt.

sowie den neuen Entwicklungen im Dienstleistungssektor finden kann. Wegen des raschen Wandels ist es schwierig, die Regulierungserfordernisse wie die Beschäftigungsentwicklung im Dienstleistungsbereich zu prognostizieren. Unterschieden werden muss zumindest die einigermaßen erkennbare mittelfristige und die sehr unsichere langfristige Entwicklung. Auch die wissenschaftliche Diskussion ist unklar und arbeitet vielfach mit Mutmaßungen (s. Fußnote 81).

4.2.4 Die lohnarbeitsbezogene soziale Sicherung in Zeiten von Massenarbeitslosigkeit und Vollbeschäftigung ‚neuen Typs'

Die Gewerkschaften wollen an der lohnarbeitsbezogenen Sicherung festhalten. Zwar sind die gegenwärtigen Funktionsdefizite bekannt, doch werden diese zu einem großen Teil auf die dauerhafte Massenarbeitslosigkeit sowie die Auswietung nicht sozialrechtlich erfasster Beschäftigung zurückgeführt. Würde die Massenarbeitslosigkeit beseitigt und alle Beschäftigungsverhältnisse in die Sozialversicherungspflicht integriert, würde auch ein großer Teil der gegenwärtigen sozialen Probleme verschwinden. Demgegenüber zeigt die Forderung nach dem Einbau einer bedarfsorientierten Grundsicherung in die Arbeitslosen- und Rentenversicherung, dass auch die Gewerkschaften den Sozialversicherungen in ihrer bisherigen Ausgestaltung nicht die Lösung aller sozialen Probleme zutrauen und vielleicht auch nicht davon überzeugt sind, dass die Arbeitslosigkeit in Kürze abgeschafft werden kann und die neuen Beschäftigungsverhältnisse ausreichend sozialrechtlich abgesichert werden könnten.

Bei der vorbehaltlosen Befürwortung der „lohnarbeitszentrierten" (Vobruba 1990) sozialen Sicherung zeigt sich der gewerkschaftliche Widerspruch zwischen dem Ruf nach (Voll-)Beschäftigung mit daran gekoppelter sozialer Sicherung einerseits und der Arbeitsmarkt- sowie Sicherungsrealität andererseits. Denn erstens bedürfen auch solche gesellschaftlichen Gruppen regelmäßiger und hinlänglicher sozialer Absicherung, die ungeachtet des Arbeitsplatzangebotes z.B. wegen Reproduktionstätigkeiten gar nicht, zeitweise nicht oder nur in geringem Umfang erwerbsarbeiten können oder wollen (1); und zweitens kann nicht davon ausgegangen, geschweige denn durch Gewerkschaften oder andere politische Akteure sichergestellt werden, dass alle, die am Arbeitsmarkt teilnehmen wollen, auch ausreichend entlohnte und gesicherte Erwerbsarbeit bekommen können (2).

1) Die Lebensstandardsicherung der Sozialversicherungen bezieht sich nicht ausschließlich, aber doch weitgehend auf den in Erwerbsarbeit erworbenen Einkommensstatus. Zwar ist diese sozialrechtliche Absicherung der nicht entlohn-

ten, aber in der Regel als gesellschaftlich wichtig bezeichneten Tätigkeiten in der Vergangenheit vergleichsweise schnell erweitert worden und wird im Unterschied zur lohnarbeitsbezogenen sozialen Sicherung wahrscheinlich auch zukünftig verstärkt ausgebaut werden, was in seiner Bedeutung für die Gestalt des deutschen Wohlfahrtsstaates bislang zu wenig beachtet wurde (vgl. eingehend Bleses/Seeleib-Kaiser 1999); dennoch kann noch nicht von einer gleichberechtigten Absicherung von entlohnten und nicht entlohnten Tätigkeiten gesprochen werden. Wer eine auskömmliche soziale Sicherung im Sinne der Absicherung eines gehobenen Lebensstandards erstrebt, sollte nach wie vor möglichst dauerhaft, möglichst kontinuierlich einer möglichst ausreichend entlohnten Beschäftigung nachgehen, wenngleich die Sicherungsdefizite insbesondere innerhalb der Arbeitsmarktpolitik in den vergangenen zwei Jahrzehnten auch für die ‚Normalarbeiter‘ erheblich zugenommen haben (vgl. Neyer/Seeleib-Kaiser 1996).

Die gewerkschaftlichen Forderungen würden nun allerdings wenig an der tradierten Bevorzugung lohnarbeitsbezogener Sicherungen mit den ihnen wiederum inhärenten Statusdifferenzierungen und Funktionsmängeln ändern. Im Gegenteil! Denn nicht nur die Absicherung der bisherigen Risiken soll gemäß dem Prinzip ‚Sicherung des Lebensstandards, den sich die Erwerbstätigen erarbeitet haben‘ erfolgen; auch die Absicherung der Risiken ‚Betreuung von Kindern und Pflegebedürftigen‘ soll nach diesem Prinzip organisiert werden. Damit würde die Lohnarbeitsbezogenheit der sozialen Sicherung mit allen daraus folgenden selektiven Wirkungen auch auf bislang nicht entlohnte Tätigkeiten erweitert. Selbst wenn die Sozialversicherungspflicht auf alle Beschäftigungsverhältnisse – oder gar auf alle Formen von Erwerbsarbeit – ausgeweitet werden könnte, werden nicht erwerbstätige Personen in eine solche Absicherung *nicht* einbezogen sein. Das war bereits bei dem im Jahre 1979 von der sozial-liberalen Koalition eingeführten und bis zur Einführung des Erziehungsgeldes (1986) gültigen Mutterschaftsurlaubsgeld so, dass als *Lohnersatzleistung* nur sozialversicherungspflichtig beschäftigten Frauen zugute kam.

Aber auch jene, die einbezogen würden, profitierten sehr unterschiedlich von einer als Lohnersatzleistung gestalteten Absicherung des ‚Erziehungsrisikos‘ – eben entsprechend der Höhe ihres vorherigen, beitragspflichtigen Einkommens. Daran würde auch die bedürftigkeitsabhängige soziale Grundsicherung, welche die Gewerkschaften in die Sozialversicherungen einziehen wollen, nur wenig und dann nur im Niedrigeinkommensbereich ändern. Programmatisch wird auch nur die soziale Grundsicherung im Alter und bei Arbeitslosigkeit für vordringlich gehalten, nicht aber die für nicht entlohnte Tätigkeiten (s.o., 4.1.2).[82]

Die Problematik der schlechten Einkommenssicherung der Reproduktionstätigkeiten wird auch nicht durch die gewerkschaftlichen Bemühungen der besseren Vereinbarkeit von Erwerbsarbeit und Nichterwerbsarbeit etwa durch generelle Arbeitszeitverkürzungen oder durch das Recht auf individuelle Arbeitszeitverkürzungen z.b. bei Kindererziehung mit späterem Rückkehrrecht in die Vollzeitbeschäftigung aus der Welt geräumt. Denn die soziale Absicherung der Betroffenen verschlechtert sich auch aufgrund des vorangehenden Einkommensverlustes erheblich, wenn sie an das Erwerbseinkommen gebunden wird.

2) Vom Bekenntnis zur Lohnarbeitszentrierung des Sozial(versicherungs)systems sind aber nicht nur diejenigen negativ betroffen, die aufgrund von Reproduktionstätigkeiten u.ä. nicht oder nicht in ausreichendem Umfang am Arbeitsmarkt teilnehmen können oder wollen. Betroffen sind auch die Arbeitslosen, die zwar arbeiten könnten und wollen, aber mehr oder weniger dauerhaft nicht in das Beschäftigungssystem integrierbar sind. Das gilt für ihre aktuelle wie für ihre zukünftige soziale Absicherung. Auch hier würde die soziale Grundsicherung keine grundsätzliche Lösung bedeuten. Denn diese setzt darauf, dass vorab alle sozialversicherungspflichtig beschäftigt gewesen sein mussten, was ja weiterhin Ziel der Gewerkschaften ist, aber derzeit als äußerst unrealistisch erscheint. Auch die Frage, welche Risiken längerfristig in den Bereich dieser neuen Mindestsicherung neben Arbeitslosigkeit und Alter fallen sollen (auch Erziehung und private Pflege?), bleibt ungeklärt. Schließlich wird auch die Problematik der Sinnhaftigkeit sowie gesellschaftlichen Legitimierung des Einbaus steuerfinanzierter Mindestleistungen in beitragsfinanzierte, vorleistungsbezogene Systeme, die zwar auf tendenziell alle Beschäftigtengruppen erweitert, nicht aber universalistisch sein sollen, nicht behandelt. Wir werden in Kapitel 6 ausführlich auf die Problematik der lohnarbeitszentrierten Sozialpolitikkonzeption der Gewerkschaften eingehen.

---

82 Das Grundsatzprogramm des DGB bleibt bei der sozialen Grundsicherung allerdings zu vage, um hier eine abschließende Einschätzung seiner Wirkungen geben zu können. Zur lohnarbeitsbezogenen Absicherung im Falle der Erziehung vgl. aber bereits DGB 1990: 20f.

4.3 Diskussionen um soziale Positionen: der gewerkschaftliche, gewerkschaftsnahe und wissenschaftliche Diskurs

Das Grundsatzprogramm des DGB vom November 1996 wurde seit 1992 konkret vorbereitet; eine breitere Diskussion begann 1995 und intensivierte sich im Jahre 1996. Ein Hauptforum der Debatte bildeten in dieser Zeit die ‚Gewerkschaftlichen Monatshefte'. Die Diskussion um die sozialen Leitbilder der Gewerkschaften lässt sich aber weder auf die Zeit vor Verabschiedung des Grundsatzprogramms noch auf jene Debattenbeiträge beschränken, die sich explizit auf diese programmatische Neuerung bezogen. Deshalb werden hier im folgenden auch Beiträge berücksichtigt, die in die Zeit nach der Verabschiedung des Grundsatzprogramms fallen und die sich nicht allein auf das Grundsatzprogramm beziehen.[83] Zudem werden im folgenden neben den gewerkschaftlichen Äußerungen auch Einschätzungen von wissenschaftlicher Seite einbezogen. Das zum einen und vor allem, wenn es um die Analyse der gewerkschaftlichen Positionen geht; zum anderen ist die gewerkschaftliche Diskussion um die eigenen zukünftigen sozialen Positionen gegenüber wissenschaftlichen Beiträgen bemerkenswert offen gestaltet. Das äußert sich erstens in gewerkschaftlichen Tagungen, die öffentlich dokumentiert sind und bei denen immer wieder zahlreiche Wissenschaftler und Wissenschaftlerinnen zu Wort kommen; und das zeigt sich zweitens in einer stark auch von Wissenschaftsseite mitgeprägten Diskussionskultur in den gewerkschaftlichen Zeitschriften, insbesondere in der ‚Mitbestimmung' und in den schon genannten ‚Gewerkschaftlichen Monatsheften'. Daher lassen sich die wissenschaftliche und gewerkschaftliche Diskussion hier kaum sinnvoll systematisch voneinander trennen.[84]

Nicht alle oben angesprochenen sozialen Leitbilder der Gewerkschaften sind und waren strittig. Besondere Aufmerksamkeit fand und findet jedoch das Thema (Voll-)Beschäftigung, verknüpft mit der Frage, ob denn wirtschaftliches

---

83 Einher ging und geht die programmatisch-inhaltliche Debatte mit einer Debatte um die Organisationsreform der Gewerkschaften. Beides: Inhalt und Organisation, sind dabei nicht immer einfach voneinander trennbar: Welche Rolle der DGB gegenüber den Einzelgewerkschaften spielt und welches seine Themenfelder sind bzw. sein sollen, das alles ist von erheblicher Bedeutung für die Gestaltung der DGB-Programmatik, ihre Umfänglichkeit wie Ausrichtung. Hier – wo es um die sozialen Leitbilder der Gewerkschaften gehen soll – ist jedoch die Organisationsreform nicht von unmittelbarem Interesse; wir sparen sie deshalb im folgenden aus.

84 Das gilt zumindest für diesen explorativen Zugang zum sich öffentlich manifestierenden sozialen Leitbild der Gewerkschaften sowie den Diskussionen um diese sozialen Positionen. In einer umfassenderen Analyse wären die Ebenen innergewerkschaftlicher (und gewerkschaftsnaher) Debatte um soziale Positionen einerseits sowie wissenschaftlicher Begleitung und Bewertung der gewerkschaftlichen Positionen in Programmen und Debatten andererseits – soweit möglich – systematischer zu unterscheiden.

Wachstum der erfolgversprechende Weg sei, zumindest wesentlich mehr Beschäftigung erreichen zu können (4.3.1).[85] Angesichts der verbreiteten Einschätzung, dass die Entwicklung von Arbeitslosigkeit und Wirtschaftswachstum immer weniger miteinander zu tun haben (werden), schließt sich die Suche nach weiteren Strategien zur Reduktion der Arbeitslosigkeit beinahe zwangsläufig an. Und diese richten sich insbesondere auf die Umverteilung der Erwerbsarbeitszeit, vor allem durch deren individuelle und kollektive Verkürzung. Strittig bleibt allerdings, wie die Erwerbsarbeit verkürzt werden soll und welche Auswirkungen das auf die Einkommenshöhe haben kann und soll (4.3.2). Von der Art der Verkürzung hängt auch ab, ob sie zu einem neuen Verhältnis von Erwerbs- und Nichterwerbsarbeit beitragen, die Lebensqualität erhöhen, die Vereinbarkeit von Familien- und Erwerbsarbeit verbessern sowie die ‚gerechtere‘ Verteilung beider Arbeitsformen auf die Geschlechter erreichen kann (4.3.3). Das wiederum – so zeigt sich in Diskussionen sehr schnell – kann die Struktur der sozialen Sicherung nicht unberührt lassen: Soll sie vornehmlich lohnarbeitsbezogen bleiben bzw. welche Modifikationen oder sogar Innovationen sind angesichts der bereits empirisch feststellbaren und noch zu erwartenden arbeitsmarktlichen und gesellschaftlichen Veränderungen vorzunehmen (4.3.4)?

4.3.1 (Voll-)Beschäftigung und Wirtschaftswachstum

Wie schon ausgeführt, ist die Verwirklichung des Vollbeschäftigungsziels zumindest aus der Gegenwart in die (fernere) Zukunft gerückt. Statt dessen werden oft weniger hochgesteckte, mehr auf morgen denn langfristig ausgerichtete Ziele genannt: z.B. ‚mehr Beschäftigung‘ oder ‚mehr Jobs‘. Hinter ‚mehr Jobs‘ mag vielleicht noch die Hoffnung auf Vollbeschäftigung stehen; aber direkt transportiert wird die Vision auf diese Weise nur noch in sehr eingeschränktem Maße. Dieser Übergang vom Expliziten ins Implizite ist bemerkenswert und wird auch organisationsintern diskutiert. So heißt es bezüglich der DGB-Kampagne im Wahljahr 1998: „.... Arbeitslosigkeit (ist) zu einem Ohnmachtsthema geworden. Wer es zu seinem Thema Nummer eins macht, ist gut beraten, sich nicht auf rasche Kommunikationserfolge einzustellen. Schon der schleichende

---

85 Ein weiteres wichtiges Thema ist das der Mitbestimmung, das vor allem in „Die Mitbestimmung" debattiert wird. Allerdings unterscheidet sich die Kontroverse um die Mitbestimmung dadurch von jener um Erwerbsarbeit in Vollbeschäftigung, dass das Ziel ‚Ausbau der Mitbestimmung‘ nicht umstritten ist; es geht vor allem um die Zielerreichung sowie um das Verhältnis von betrieblicher und überbetrieblicher Mitbestimmung (Streeck 1998 sowie weitere Beiträge im gleichen Heft der Mitbestimmung 6/98).

Wechsel der Leitmotive – von der »Wiederherstellung der Vollbeschäftigung« über die »Halbierung der Arbeitslosigkeit« bis zur Forderung nach wenigstens einer »Trendwende« – mahnt zu sorgfältiger Beobachtung" (Arlt 1998a: 148).[86]

Innerhalb der Debatten um die gewerkschaftlichen Zielformulierungen ist es strittig, ob allein auf Erwerbsarbeit bezogene Vollbeschäftigung angesichts der dramatischen ökologischen, ökonomischen und kulturellen Veränderungen in den vergangenen Jahrzehnten noch das alles dominierende soziale Leitbild der Gewerkschaften sein sollte. Auf der einen Seite gibt es die Position derjenigen, welche die auf (industrielle) Erwerbsarbeit bezogene Vollbeschäftigung zum gegenwärtigen wie zukünftigen Mittelpunkt der Gesellschaft erklären: „Im Zentrum einer künftigen Vollbeschäftigungsgesellschaft muss nach wie vor die Erwerbsarbeit stehen. Sie ist die finanzielle Grundlage der Existenzsicherung, ermöglicht Selbstverwirklichung und garantiert soziale Teilhabe; sie ist die zentrale Säule sozialer Sicherung und Risikovorsorge" (Zwickel 1998a: 67; vgl. auch Schulte 1996). Für die Gewerkschaften als Interessenvertretung der Arbeitnehmer müsse es um die „Entwicklung und Sicherung der Industriegesellschaft der Zukunft" gehen (Zwickel 1995b: 10; vgl. auch Schartau 1996). Gegründet ist dieses Modell nach wie vor auf Wachstum. Zwar solle es sich nicht nur einfach um Wachstum handeln, vielmehr wird „qualitatives" Wachstum angestrebt (Zwickel 1998a: 77); das löst die Wachstumsgebundenheit der Vollbeschäftigungsstrategie jedoch nicht auf.

Auf der anderen Seite ist Skepsis an dieser Zukunftsperspektive verbreitet, in den Gewerkschaften selbst ebenso (vgl. z.B. Arlt 1998b) wie vor allem in den Wissenschaften. Zwar wird niemand bestreiten wollen, dass Erwerbsarbeit auch zukünftig gesellschaftlich wie individuell von hoher Bedeutung bleiben wird. Die Verkündigung des ‚Endes der Arbeitsgesellschaft' (vgl. z.B. Dahrendorf 1983) Anfang der 80er Jahre gilt heute zumindest in dieser undifferenzierten Form als voreilig; wenigstens die Unterscheidung von nicht bezahlter Arbeit und Erwerbsarbeit wäre notwendig gewesen (vgl. Kurz-Scherf 1998: 391; Vobruba 1998). Aber auch wenn die Position vertreten wird, dass zumindest die industrielle *Erwerbs*arbeit weniger wird, ist das nicht prinzipiell mit Einwänden gegen einen Abbau der Arbeitslosigkeit verbunden. Dennoch ist bezüglich des seit mittlerweile drei Jahrzehnten verfehlten Vollbeschäftigungszieles ebenso wie aufgrund ökonomischer und gesellschaftlich-kultureller Entwicklungen ver-

---

86   Hans-Jürgen Arlt ist Leiter der Abteilung Öffentlichkeitsarbeit, Information, Kommunikation beim DGB-Bundesvorstand.

breitet Realismus angesagt: „Wir müssen uns endlich reinen Wein einschenken: Es gibt kein Zurück zur Vollbeschäftigung" (Beck 1998: 330).[87]

Für diese Ansicht ist vor allem die Skepsis gegenüber der Hoffnung auf Wirtschaftswachstum und dessen beschäftigungsgenerierende Folgen in Anschlag zu bringen – wobei hier von der Wünschbarkeit einer unbedingten Vollbeschäftigungsstrategie unter ökologischen und gesellschaftspolitischen Aspekten sogar völlig abgesehen wird. So sind kaum noch dauerhafte Wachstumsraten zu erwarten, die zu einer Reduzierung der Arbeitslosigkeit führen werden (Offe 1997: 240);[88] entscheidend ist hier ja nicht nur, ob die Beschäftigtenzahlen steigen, sondern dass sie in dem Maße steigen, wie das Arbeitskräfteangebot steigt. Und selbst wenn es zu Wachstum käme, wäre es wahrscheinlich kein beschäftigungswirksames Wachstum. Denn auch ein erfolgreicher internationaler Standortwettbewerb bietet keine Aussichten auf Beschäftigungszuwächse: Die deutsche Industrie „... gewinnt ihre Exportrekorde, indem sie konsequent Arbeitsplätze abbaut" (Scharpf 1998: 447; vgl. auch Schulte 1998c). Der anhaltende Produktivitätsfortschritt ermöglicht, immer mehr Waren mit immer weniger Arbeitskräften zu produzieren. Und zudem ist nicht mehr nur noch die Industrie dem unter Arbeitsmarktaspekten negativen internationalen Wettbewerb ausgesetzt; auch Landwirtschaft, Banken, Versicherungen, Telekommunikation und Verkehr müssen sich mittlerweile gegen ausländische Konkurrenz behaupten. Lediglich die *lokalen* Dienstleistungen bieten aufgrund der Erfahrungen einiger Länder Hoffnung auf einen Beschäftigungszuwachs (Scharpf 1998: 447f.; vgl. auch Fußnote 81).[89]

Auch innerhalb der Gewerkschaften ist das Wachstumsmodell umstritten. Insbesondere von den Vertretern der Einzelgewerkschaften, die vor allem Beschäftigte in Dienstleistungsberufen repräsentieren, wird Skepsis geäußert. So sieht der Vorsitzende der IG Medien, Hensche (1995: 66f.; vgl. auch Hensche 1999), die Grundlagen des alten, industriellen Wachstumsmodells als nicht mehr gegeben an. Er prophezeit allenfalls beschäftigungsloses Wachstum und ein abnehmendes Volumen der Erwerbsarbeit (vgl. auch Lauschke/West 1995: 404). Und Wunder (1996: 504), ehemaliger Vorsitzender der Gewerkschaft Erziehung und Wissenschaft, ist skeptisch, ob das programmatische Festhalten am Vollbeschäftigungsziel noch glaubwürdig wirken kann: „Das Ziel Vollbeschäftigung

---

87 Vgl. auch zahlreiche weitere Beiträge im Schwerpunktheft der Gewerkschaftlichen Monatshefte 6-7/98, 49. Jg. „Wo bleibt die Arbeit?"

88 Auch im ökologischen Bereich ist die Hoffnung auf größeres Beschäftigungswachstum wohl unangebracht (s. Hildebrandt 1998: 133ff.).

89 Zum Produktivitätsfortschritt kommt das steigende Arbeitskräfteangebot, das den – vielleicht sowieso nur geringen – Beschäftigtenzuwachs überkompensieren kann.

wird proklamiert; viele Vorschläge, die zu diesem Ziel hinführen könnten, werden formuliert, aber wer ist schon überzeugt, daß damit Vollbeschäftigung tatsächlich herstellbar ist?"

4.3.2 Arbeitszeit und Arbeitseinkommen

Da die Wachstumsstrategie allein nicht als ausreichend angesehen wird, um die Arbeitslosigkeit hinreichend und dauerhaft zu bekämpfen, werden weitere Strategieelemente zumindest als Ergänzung befürwortet. „Ohne Arbeitszeitverkürzung werden die Beschäftigungsperspektiven in der Gesamtwirtschaft und auch in der Metallverarbeitung – trotz Wachstums – bestenfalls stagnieren. In vielen Bereichen (...) sind sie eher negativ – trotz Wirtschaftswachstum. Deshalb müssen wir eine Politik der Arbeitsumverteilung durch vielfältige Formen der Arbeitszeitverkürzung durchsetzen" (Zwickel 1998a: 89).

Grundlegende Einwände gegen eine Arbeitszeitverkürzung werden von keiner Seite vorgebracht. Es überwiegen die Sichtweisen, welche die zahlreichen Vorteile thematisieren.[90] Gegenüber der ‚alten‘ gewerkschaftlichen Arbeitszeitdebatte, die vor allem in der ersten Hälfte der 80er Jahre mit dem Ziel der 35-Stunden-Woche geführt wurde und in der mehr Arbeitsplätze, mehr Menschlichkeit und mehr Freizeit im Vordergrund standen (Zwickel 1998b: 18), wird heute nicht einfach nur ein wenig umfassender argumentiert; vielmehr scheinen die anderen Zwecke der Arbeitszeitverkürzung an Bedeutung zuzunehmen. Die Arbeitszeitverkürzung soll nicht mehr nur als Mittel zur Verteilung der Erwerbsarbeit auf mehrere Schultern, also zum Abbau der Arbeitslosigkeit oder doch wenigstens der Beschäftigungssicherung, dienen – auch wenn dieses Ziel angesichts der hohen Arbeitslosigkeit Priorität genießt; hinzu kommen nun: „Die Humanisierung der Arbeitsbedingungen, mehr individuelle Zeitsouveränität, verbesserte Chancen zur Teilhabe an der sozialen Gestaltung der Gesellschaft und eine gerechtere Verteilung der Erwerbsarbeit zwischen den Geschlechtern" (Riester 1998: 4; vgl. auch Zwickel 1998b). Letzteres dürfte die

---

90 Vgl. auch schon die Beiträge in Schmid 1985. Eine ausführliche Diskussion der meisten Aspekte, die heute in der Diskussion um die Arbeitszeitverkürzung auftauchen, findet sich bereits in Offe et al. 1983. Wir kommen in Kap. 6 noch einmal ausführlich auf die Chancen und Risiken der Arbeitszeitverkürzung zurück.

bessere Vereinbarkeit von Familie und Beruf für Männer wie vor allem für die bis heute von diesem Problem besonders betroffenen Frauen einschließen.[91] Alle diese Ziele sind jedoch nicht mit jedweder Form und jedwedem Umfang sowie jedweder betrieblichen Umsetzungsstrategie der Arbeitszeitverkürzung gleichermaßen effektiv erreichbar. In puncto Verringerung der Arbeitslosigkeit muss die Arbeitszeitverkürzung verschiedenen Grundbedingungen genügen, damit ihr beschäftigungspolitischer Effekt nicht verpufft. Sie muss vor allem so groß sein, dass sie nicht völlig durch den induzierten Produktivitätsfortschritt aufgefangen wird. Die Arbeitszeitverkürzung darf nicht durch Leistungsverdichtung bzw. Intensivierung (weitgehend) neutralisiert werden, also durch eine größere Leistungs- und Aufgabenintensität während der kürzeren Arbeitszeit; sie sollte nicht mit einer unbeschränkten Flexibilisierung der Arbeitszeiten einhergehen, mit welcher dem betrieblichen Bedarf an Arbeitskräften auch mit einer geringeren Stundenzahl entsprochen werden könnte.[92]

Gerade die freiere Gestaltbarkeit der Arbeitszeiten hat aber auch für die Vereinbarkeit von Kindererziehung und Beruf hohe Bedeutung. Deshalb sind hier Unterschiede zwischen zwei Formen der freieren Gestaltbarkeit zu machen. Bedeutet sie *individuelle* Wahlfreiheit und Planung der verkürzten Arbeitszeiten nach eigenem Zeitbedarf[93] (Stichwort: Zeitsouveränität), wird Kindererziehung neben der Berufstätigkeit sehr viel leichter möglich sein. Bedeutet sie aber Flexibilisierung im Sinne einer unterordnenden Anpassung der Arbeitszeiten an die betrieblichen Belange (bis hin zu Arbeit auf Abruf usf.)[94], wird die sogenannte Vereinbarkeitsproblematik sehr viel schwieriger zu bewältigen sein.[95]

Zur besseren Vereinbarkeit von Erziehungstätigkeit und Beruf nützt etwa die Verkürzung der Lebensarbeitszeit durch frühere Verrentung oder die Verkürzung der Jahresarbeitszeit durch Verlängerung des Urlaubs nahezu nichts. Und ob die Verkürzung der Wochenarbeitszeit diesbezüglich Vorteile schafft, hängt

---

91 Angesprochen wurden diese Zwecke der Arbeitszeitverkürzung – wie oben bereits erwähnt (s. 4.1.3) – allerdings auch schon in der Debatte Ende der 70er/Anfang der 80er Jahre (vgl. DGB 1977, 1982).

92 Zu den möglichen Beschäftigungseffekten künftiger Arbeitszeitreduktionen vgl. DGB 1996c: z.B. 13. Wir werden in den folgenden beiden Kapiteln ausführlicher auf die möglichen Beschäftigungseffekte zurückkommen.

93 Zur Diskussion um eine „bedürfnisgerechtere Arbeitszeitgestaltung" vgl. verschiedene Beiträge in Seifert 1993.

94 Matthies et al. (1994: 169ff.) kommen zu dem Schluss, dass das geltende Arbeitszeitrecht die betrieblichen Belange – insbesondere die betrieblichen Flexibilisierungsbedarfe – sehr viel besser berücksichtigt als die individuellen und gesellschaftlichen Aspekte. Das neue Teilzeitgesetz hat hier allerdings Fortschritte erbracht.

95 Vgl. zu diesen und zahlreichen weiteren Aspekten der Arbeitszeitverkürzung die instruktive Dokumentation der „Arbeitszeitpolitischen Konferenz der IGM" (IGM 1998a).

von ihrer konkreten Ausgestaltung ab. Sie wird kaum Freiräume für die Kinderbetreuung erbringen, wenn statt der Fünf- die Vier-Tage-Woche eingeführt wird. „Deshalb ist es mit genereller Arbeitszeitverkürzung nicht getan. Es geht vielmehr darum, für den einzelnen Beschäftigten möglichst viel Arbeitszeitsouveränität zu erreichen, damit Menschen, die miteinander leben wollen, ihre Arbeit im Erwerbs- und Familienleben gerecht (...) und nach eigenen Wünschen untereinander aufteilen können" (Görner 1995: 158).

Eine solchermaßen ausgerichtete Politik der Arbeitszeitverkürzung findet jedoch – so wird unter dem Titel „Männerbund Gewerkschaft" (ebd.: 596) bemängelt – innerhalb der Gewerkschaften nicht statt. Vielmehr orientierten sich die Gewerkschaften nach wie vor am Leitbild des männlichen Normalarbeitsverhältnisses, sowohl was die Arbeitszeit als auch was die Höhe des Lohns betreffe: „Die Arbeitszeitdebatte wird im DGB bisher kaum unter dem Gesichtspunkt veränderter Geschlechterrollen geführt. Vier-Tage-Woche mit begrenztem Lohnausgleich, wie im VW-Modell praktiziert, können sich die Funktionäre nur als Notstrategie gegen Entlassungen vorstellen" (Gesterkamp 1996: 598). Hinzu kommt, dass die bislang durchgesetzten Arbeitszeitverkürzungen mit Zugeständnissen an betriebliche Flexibilisierungswünsche erkauft werden mussten. Es gibt wenig Hoffnung, dass sich das in Zukunft wird ändern lassen, zumal die Arbeitgeber mehr denn je auf Flexibilisierung setzen (Trinczek 1998: 44). Damit würde aber eben nicht nur ein erheblicher Teil des möglichen positiven Beschäftigungseffektes vernichtet; auch der Humanisierungsaspekt und vor allem jener der vermehrten Zeitsouveränität wäre weitgehend eingebüßt.

Im obigen Zitat wurde bereits die heikle und innerhalb der Gewerkschaften wie Wissenschaften umstrittene Frage angeschnitten, ob und wie sich Arbeitszeitverkürzungen auf die Einkommen auswirken sollen. Bei individueller Reduktion – etwa auf Teilzeitarbeit – ist der Einkommensverzicht gegenüber vollzeitiger Beschäftigung unstrittig. Allerdings soll – damit keine weiteren negativen Anreize gesetzt werden – die Entlohnung pro Stunde gleich hoch liegen, Teilzeitarbeit also nicht mit einem Heruntersetzen im Tarifgefüge verbunden sein (Bosch 1998a: 53). Aber generell dürfte gelten, dass Teilzeitarbeit ein auskömmliches Einkommen nur in den höheren Bereichen des Tarifgebäudes ermöglicht; man muss sich Teilzeitarbeit ‚leisten‘ können: „Gut dotierte Fachreferenten beim DGB reduzieren ihre Arbeitszeit, um mehr Zeit für die Familie zu haben. Finanzielle Einbußen werden durch niedrigere Besteuerung teilweise ausgeglichen. Ihre Schreibkräfte dagegen haben diese Möglichkeit nicht" (Görner 1995: 162).

Bei kollektiven Arbeitszeitverkürzungen lassen die ‚offiziellen‘ Äußerungen der Gewerkschaften bislang nur den Willen zu einem Verzicht auf reale Einkommenszuwächse erkennen, die gegenwärtige Einkommenshöhe soll aber durch vollen Lohnausgleich gesichert bleiben. Nur der *reale* Zuwachs würde also zur Umverteilung für neue Arbeitsplätze zur Verfügung stehen (vgl. auch Zwickel 1998a: 92f.; Zwickel 1998b: 20). Erwähnt werden muss jedoch, dass selbst dann bei den Beschäftigten Verschlechterungen in der realen Einkommensposition entstehen bzw. bereits entstanden sind, weil „Arbeitszeitverkürzung natürlich stets, also auch schon immer in der Vergangenheit und trotz des sogenannten ‚vollen Lohnausgleichs', in den Verteilungsspielraum eingerechnet wurde" (Trinczek 1998: 45). Dennoch wird auch innerhalb der Gewerkschaften angezweifelt, ob der Verzicht auf Zuwächse ausreicht, um deutlich mehr Beschäftigung zu schaffen. Zumindest obere Einkommensgruppen müssten – beispielsweise nach Ansicht von Hensche (1995: 68) – bei einer radikalen Arbeitszeitverkürzung, die zur Beschäftigungswende notwendig sei, Opfer bringen.

Es ist jedoch Skepsis angebracht, ob solche Vorstellungen wiederum in der eigenen Organisation und vor allem bei den Beschäftigten durchsetzbar sein werden. So lässt eine Untersuchung über die Präferenzen auf der betrieblichen Ebene kaum hohen Zuspruch bei den Beschäftigten für weitere Arbeitszeitverkürzungen *anstelle* von Lohnerhöhungen erwarten. Das bringt die Gewerkschaften in eine unglückliche Situation, da die Strategie der weiteren Arbeitszeitverkürzung – neben jener des teilweisen Lohnverzichts – der einzige Weg ist, aus eigenen Kräften zum Abbau der Arbeitslosigkeit beitragen zu können (Trinczek 1998; Herrmann et al. 1998). Die Präferenz für steigende Einkommen anstatt weniger Erwerbsarbeitszeit hat zudem mit der Einkommens*verteilung* zu tun. Und auch das bringt die Gewerkschaften in der Arbeitszeitdebatte tendenziell in eine problematische Situation: „Wenn die Einkommensungleichheit zunimmt und die mittleren und unteren Einkommensgruppen Einkommen einbüßen oder fühlbar geringere Zuwächse als der Rest der Gesellschaft haben, werden sie versuchen, ihr Einkommen durch mehr Arbeitsstunden aufzubessern. Gerade diese Beschäftigtengruppen sind aber in den Gewerkschaften organisiert, so daß den Gewerkschaften in der Arbeitszeitfrage die Mitglieder weglaufen können" (Bosch 1998b: 73). Selbst die Reduzierung der Überstunden oder ihre Umwandlung in Freizeitausgleich statt in Bezahlung, immer wieder als schnell wirkende und einfache Strategie der Arbeitsumverteilung gefordert, stoße bei den Beschäftigten, die mit diesem zusätzlichen Einkommen planen, auf wenig Gegenliebe (Gesterkamp 1996: 599; etwas optimistischer: IGM-direkt 15/99).[96]

---

96 Wir werden in Kap. 6 detailliert auf die Arbeitszeit- und Einkommenspräferenzen der Beschäftigten aus analytischer Perspektive eingehen.

4.3.3 Erwerbs- und Nichterwerbsarbeit

Die Begriffe ‚Zeitsouveränität' (individuelle Entscheidungen über Arbeitszeitverteilung) und ‚Zeitwohlstand' (weniger Arbeitszeit) weisen bereits über die Arbeitsmarktteilnahme und Einkommen aus Erwerbsarbeit hinaus. Diese Begriffe ergeben nur dann Sinn, wenn es Tätigkeiten außerhalb der Erwerbssphäre gibt, für die Zeit aufgewendet werden muss oder freiwillig zur Verfügung gestellt wird. Unmittelbar notwendig zur gesellschaftlichen wie individuellen oder gemeinschaftlichen Reproduktion ist Zeit außerhalb der Erwerbsarbeit für die (bislang) nicht oder nur geringfügig bezahlten Reproduktionstätigkeiten. Darüber hinaus kann Zeit aber auch für Hobbys, Eigenarbeit, ehrenamtliche Tätigkeiten usf. verwendet werden. Das Grundsatzprogramm des DGB will die Vielfalt der entlohnten wie gleichermaßen der nicht entlohnten Tätigkeiten als *Arbeit* anerkennen. Auch außerhalb des Programms wird das in der gewerkschaftlichen Debatte regelmäßig gefordert (z.B. Zwickel 1998a: 94f.). Von der Notwendigkeit einer Ausweitung des Arbeitsbegriffs über die Erwerbsarbeit hinaus ist die Rede (Leminsky 1995: 23f.).

Da die individuelle Kombination beider Tätigkeitssphären bis heute problematisch ist, sollen ebenso die alltägliche Vereinbarkeit von Erwerbs- und Nichterwerbsarbeit wie die phasenweisen Übergänge von einer Sphäre in die andere gefördert werden. Für den ersten Fall ist vor allem die Arbeitszeitverkürzung, für den anderen die Möglichkeit des zeitweisen Ausstiegs aus Erwerbsarbeit mit anschließender Rückkehrgarantie vorgesehen.

Hinsichtlich der Arbeitszeitverkürzung ist es sehr fraglich, in wieweit die für die Vereinbarkeit so wichtige Berücksichtigung individueller Zeitpräferenzen (s.o.) in der gewerkschaftlichen Politik tatsächlich ausreichend Eingang finden wird; denn angestrebt wird nach wie vor die wöchentliche ‚Regelarbeitszeit', welche die individuelle Gestaltbarkeit einschränken wird, z.B. die 32-Stunden-Woche statt das 1.400-Stunden-Jahr (Zwickel 1998b: 20). Andererseits kann aber auch gelten: „Auf jeden Fall dürfte es den Beschäftigten schwer fallen, ihre Arbeitszeit individuell durchzusetzen, solange entsprechende tariflich oder betrieblich geregelte Ansprüche und gesetzliche soziale Absicherungen fehlen" (Seifert 1998a: 33). Es kann sich hier also ein Widerspruch auftun: Auf der einen Seite wird es ohne kollektivvertragliche Regelungen oft nicht gelingen, die individuelle Arbeitszeit bedürfnisgerecht zu reduzieren; auf der anderen Seite kann die kollektivvertragliche Regulierung aber die individuelle Wahlfreiheit entscheidend einschränken.

Zwar sollen auch gesellschaftliche Tätigkeiten außerhalb der Erwerbsarbeit besser sozial abgesichert und – wie die Erwerbsarbeit auch – gerechter zwischen den Geschlechtern verteilt werden. Allerdings bleiben sowohl Programm wie auch zahlreiche Debattenbeiträge uneindeutig im Hinblick auf die Maßnahmen, die zur Beseitigung der bisherigen Ungleichbehandlung von Erwerbsarbeit und nicht bezahlter Arbeit (und damit meist der Geschlechter) zu ergreifen wären. Denn sowohl individuelle Verkürzung der Arbeitszeit wie auch zeitweiser Ausstieg aus der Erwerbsarbeit sind in einer lohnarbeitszentrierten Gesellschaft, welche die Bundesrepublik ja bleiben *soll* (s.o.), für die Betroffenen mit erheblichen aktuellen wie perspektivischen finanziellen Einbußen sowie oft auch verminderten beruflichen Aufstiegschancen usf. verbunden.

Einen finanziellen Ausgleich für nicht entlohnte Tätigkeiten kann in Marktwirtschaften nur der Sozialstaat schaffen. Ob der in einer stark lohnarbeitszentrierten Form für solche Arten von Reformen geeignet wäre, ist auch innerhalb der Gewerkschaften zunehmend umstritten.

4.3.4 Lohnarbeitszentrierte soziale Sicherung

Hinsichtlich der Frage, wie (neue) soziale Risiken adäquat im System sozialer Sicherung bearbeitet werden könnten und wie die Systeme sozialer Sicherung auf den Strukturwandel der Arbeit sowie die mehr als 25 Jahre bestehende Massenarbeitslosigkeit reagieren könnten, ist die innergewerkschaftliche Auseinandersetzung noch nicht breit entwickelt. Die Grundsatzabteilung beim DGB-Bundesvorstand gibt allerdings Anstöße, die für die weitere Ausrichtung des DGB in der sozialen Sicherung relevant werden könnten: Sie regt an, das soziale Ziel des Schutzes stärker mit jenem der Aktivierung zu verbinden. Aktivierung bedeutet u.a., dass jede Chance genutzt wird, sich von staatlichen Transfers unabhängig zu machen, dass Partizipation ermöglicht und dass die Effektivität und Effizienz sozialstaatlicher Institutionen verbessert wird (Grundsatzabteilung 1998: 81).[97]

Die ansonsten aber wenig entwickelte Diskussion um grundsätzliche Veränderungen des Verhältnisses von Lohnarbeit und sozialer Sicherung wird auch innerhalb der Gewerkschaften als höchst problematisch angesehen: „Der glückliche Umstand, daß mit immer weniger menschlicher Arbeitskraft immer größerer gesellschaftlicher Wohlstand erzeugt werden kann, stürzt die einzelnen in

---

97 Die Grundsatzabteilung greift damit auch eine Diskussion um die Rückführung staatlicher Aufgaben zugunsten der (Wieder-)Belebung von Eigeninitiative und gesellschaftlichen Engagements auf, die derzeit vor allem in den Sozialwissenschaften vielstimmig geführt wird und in der es (meist) um mehr als um die Verschlankung des Sozialstaats geht (z.B. Evers/Olk 1996: 35ff.; Dettling 1995a: 107ff.; 1995b: 72ff.).

den unglücklichen Zustand der Arbeitslosigkeit. Die Befreiung von (Er-werbs-)Arbeit führt zu Ausgrenzung und Verarmung – weil und solange Ein-kommen und Erwerbsarbeit strikt gekoppelt sind. (...) Die Gewerkschaft reagiert darauf nun nicht mit der Forderung nach stärkerer Entkoppelung, sondern nach mehr Arbeit, als ob es Sinn einer vernünftigen Gesellschaft wäre, jedem und je-der ein Arbeitsleben, nicht ein gutes Leben möglich zu machen" (Arlt 1998b: 21; vgl. auch Arlt 1999). Und wie ein ‚gutes Leben‘ auch für jene organisierbar wäre, die nicht erwerbsarbeiten können (oder wollen), ist prinzipiell auch kein Geheimnis mehr: „Den Kampf für eine gerechtere Verteilung der Erwerbsarbeit, für die Sicherung und Schaffung von Arbeitsplätzen kann künftig nur erfolg-reich und glaubwürdig führen, wer sich gleichzeitig für die Möglichkeit eines anerkannten und abgesicherten Lebens jenseits der Erwerbsarbeit einsetzt. Zu-gespitzt: Das Recht auf Arbeit muss neu definiert werden als Recht auf eine würdige soziale Existenz mit und ohne Erwerbsarbeit" (ders. 1998b: 22). Auch Detlef Hensche (1999: 40) ist dieser Ansicht, indem er Konsequenzen aus der Entwicklung der Vergangenheit zieht: „Richtig ist: Das herkömmliche Bild des Normalarbeitsverhältnisses verliert je länger, je mehr seine Normalität. Das bis-her Untypische wird typisch. Das muss für Tarifverträge, Arbeitsrecht und nicht zuletzt auch für die soziale Sicherung Konsequenzen haben. (...) Insofern wer-den alternative Einkommenselemente oder -phasen wie Bürgergeld und Grund-einkommen unausweichlich sein bzw. entwickelt werden müssen."

Solche Gedanken können jedoch in den Gewerkschaften noch nicht Fuß fas-sen. Aber eine universelle Absicherung des Armutsrisikos scheint auch gar nicht beabsichtigt; sogar die vom DGB geforderte soziale Grundsicherung hat weni-ger einen eigenständigen Wert denn das Ziel, Innovationen in der sozialen Si-cherung abzuwehren: „Wenn nicht die Gewerkschaften eine solche Weiterent-wicklung unserer gesetzlichen Sozialversicherung bestimmen, dann werden die liberalen oder grünen Vorstellungen eines allgemeinen Bürgergeldes zu Lasten der bisherigen Versicherungssysteme mehr Unterstützung finden" (Schulte 1996: 15).

Das prinzipielle Festhalten an den Sozialversicherungen als erster und ‚nor-maler‘ Sicherung der Menschen verstellt den Gewerkschaften jedenfalls den Blick auf Wirkungen, die eine universelle Mindestsicherung – in welcher Reali-sierungsform auch immer – auf den Arbeitsmarkt haben könnte. Es könnte – um nur ein Beispiel anzuführen – beispielsweise den Angebotsdruck der Ware Ar-beitskraft relativieren (vgl. Offe 1995, 1994). Es verstellt zudem den Blick auf die möglichen Wirkungen für eine bessere Vereinbarkeit von Erwerbsarbeit und Nichterwerbsarbeit sowie die Unterstützung von Übergängen zwischen diesen beiden Sphären.[98] Aber auch Qualifizierungsphasen könnten auf diese Weise unterstützt werden.

4.4 Resümee

Das soziale Leitbild der Gewerkschaften hat derzeit den Charakter von *work in progress*. Zu erkennen ist eine intensive, den öffentlichen Diskurs nicht scheuende Suche nach einem sozialen Leitbild, das den sich weiter verändernden sozialen und ökonomischen Verhältnissen der Gegenwart und Zukunft angepasst ist. Auch von Teilen der Gewerkschaften wird nach Jahrzehnten der Massenarbeitslosigkeit nicht mehr darüber hinweggesehen, dass man auf den Fall der Fälle vorbereitet sein muss: darauf, dass der zwar nicht erwünschte, aber doch alles andere als unmögliche Fall eintritt, dass die Vollbeschäftigung nicht wieder erreicht wird oder die sozialen Kosten der Zielerreichung unerträglich hoch werden. Dass es sich indessen kaum wieder um den alten Typus von Vollbeschäftigung in herkömmlichen Normalarbeitsverhältnissen handeln könnte, ist mittlerweile auch in den Gewerkschaften unumstritten. Und es ist auch klar, dass die gewerkschaftlichen Strategien in der Arbeitspolitik daran anzupassen sind. Hier wird das ursprüngliche Bild des Normalarbeitnehmers dementsprechend ersetzt durch eine Normalität ‚neuen Typs‘, die vielfältige Variationen zulassen soll. In der Sozial(leistungs)politik und im gleichberechtigten Nebeneinander von Erwerbs- und Nichterwerbsarbeit ist man hingegen noch nicht so weit. Die gewerkschaftliche bzw. gewerkschaftsnahe Debatte lässt – obwohl noch nicht breit entwickelt – allerdings erahnen, dass auch hier noch nicht das letzte Wort gesprochen ist.

Noch ist *das* soziale Leitbild der Gewerkschaften deshalb kaum festzulegen. Jedenfalls sind die unterschiedlichen Vorstellungen oft noch nicht einfach miteinander kompatibel. Das soziale Leitbild bewegt sich irgendwo zwischen Vorstellungen der Wiederherstellbarkeit von Vollbeschäftigung (in welcher Form auch immer – so das Grundsatzprogramm) einerseits und erst in Konturen erkennbaren Vorstellungen von sozialer Integration (auch) jenseits der unbedingten und kontinuierlichen Arbeitsmarktteilnahme andererseits (so manche Teile des Grundsatzprogrammes, vor allem aber einige Debattenbeiträge).

---

98   Damit soll nicht gesagt werden, dass auf diesem Wege allein die Lösung der Vereinbarkeitsproblematik oder der gleichberechtigten Arbeitsmarktteilnahme von Frauen erreichbar wäre; sicherlich könnten hieraus sogar erneute Gefahren resultieren, insbesondere weil Frauen der Ausstieg aus dem Arbeitsmarkt nahegelegt würde (Schreyer 1987).

Trotz aller Öffnung für neue Entwicklungen bleibt aber auch festzuhalten, dass die Gewerkschaften manche ‚neuere' Themen der Arbeitsmarkt- und Sozialpolitikforschung bislang noch nicht oder – zumindest in ihren Konsequenzen – noch nicht hinlänglich aufgenommen haben. Ohne Anspruch auf Vollständigkeit sind das folgende:

– die Zunahme der sogenannten „income mixes" (Vobruba 2000, 1997), also unterschiedlicher Kombinationen verschiedener Einkommensquellen (verschiedene Sozialleistungen, Erwerbseinkommen, Vermögenserträge usf.; vgl. Bleses/Vobruba 2000: 287ff.), die den Charakter der Existenzsicherung zunehmend verändern;

– erste Realisierungen im Bereich längerfristiger sozialrechtlich subventionierter Beschäftigung im Rahmen der vergangenen Reformen der Arbeitsförderung, deren Konsequenzen für das Verhältnis von erstem und zweitem Arbeitsmarkt sowie die gewerkschaftliche Position zu diesen ‚neuen' Arbeitsverhältnissen (zur neueren Entwicklung in der Arbeitsförderung s. Heinelt/Weck 1998; Bieback 1997);[99]

– die abnehmende Bedeutung der Lohnarbeitszentrierung der deutschen Sozialpolitik und ihre in Ansätzen bereits vollzogene Hinwendung zu nicht arbeitsmarktvermittelten Anspruchsgründen (vor allem Familientätigkeiten; vgl. Bleses/Seeleib-Kaiser 1999).

Vielleicht – so kann spekuliert werden – liegen die angesprochenen Entwicklungen zum Teil einfach noch zu weit außerhalb des gewerkschaftlich Wünschenswerten: zu weit weg vom Ideal, dass der Mensch sich seinen gerechten Lohn durch *Erwerbs*arbeit verdienen kann und verdienen soll, dass der Staat dabei nicht zu stark in das autonome Verhältnis der Arbeitsmarktparteien eingreifen darf und dass ein Einkommen ausreichen soll, sich – und den Seinen – die Existenz und mehr zu sichern.

Alles in allem: Jenseits des Grundsatzprogramms des DGB ist erkennbar, dass das Ziel ‚Vollbeschäftigung' in den Gewerkschaften zumindest für die Gegenwart und die nähere Zukunft relativiert wird. Daraus ergibt sich allerdings tendenziell ein Problem für die Gewerkschaften, die nach wie vor an der auf Erwerbsarbeit zentrierten Gesellschaft festhalten. Was geschieht mit den Menschen, die von der gesellschaftlichen Teilhabe via Lohnarbeit erst einmal ausgeschlossen bleiben? Wie funktioniert die soziale Integration, wenn nicht (mehr) alle lohnarbeiten können, die wollen und müssen? Und was haben die Gewerk-

---

99 Zu einem Konzept steuerrechtlich geförderter Beschäftigung (Niedriglohnsektor) s. Scharpf 1995. Zur kritischen Diskussion der beschäftigungspolitischen Wirksamkeit von Konzepten der Subventionierung von Niedriglöhnen s. Sitte 1998.

schaften Menschen zu bieten, die (aktuell) nicht in den Arbeitsmarkt können oder wollen? Einer sich aus vielen Gründen (weiter) pluralisierenden Gesellschaft kann aber wohl nur ein sozialer Zukunftsentwurf genügen, der möglichst vieles zulässt und die Zukunft nicht von einer einzigen Option abhängig macht.

Sicher können die Gewerkschaften (gegenwärtig) keine thematische Allzuständigkeit wahrnehmen: Schließlich vertreten sie nicht universale, sondern bestimmte Interessen; jene der Beschäftigten. Die Gewerkschaften gehen aber das hohe Risiko ein, sich durch die Beibehaltung der Lohnarbeitszentrierung eines gesellschaftlichen Standbeines zu beheben, das für ihre Zukunftsfähigkeit einmal ebenso entscheidend werden kann wie die Frage, wie eine sozial-ökologische Reform umsetzbar ist und welche Folgen daraus für die Arbeit resultieren.[100] Für die Gewerkschaften droht die Gefahr, dass sie im gesellschaftlichen Zukunftsdiskurs, in den sie sich erst jüngst wieder eingeschaltet haben, wieder an Einfluss verlieren werden und anderen das Feld überlassen müssen.

Klar ist, dass die Gewerkschaften sich ihre Entscheidung, entweder an alten, einem Teil der Mitglieder wichtigen Leitbildern festzuhalten oder diese zugunsten neuer Leitbilder aufzugeben, die gegen einen Teil der Mitgliederinteressen verstoßen dürften, nicht leicht machen können. Sie stecken hier vielmehr in einem Dilemma (Vobruba 1983b: 175), das schon seit geraumer Zeit thematisiert wird, aber noch immer nichts an Brisanz verloren hat.[101] Öffnen sich die Gewerkschaften nach außen, verlieren sie die so wichtige Unterstützung von Mitgliedergruppen – vertreten sie konsequent ihre Mitgliederinteressen (was angesichts der zunehmenden Heterogenität der verschiedenen Mitgliedergruppen und ihrer Interessen schon schwer genug sein dürfte), verlieren sie an äußerer Gestaltungsmacht.

Das Bündnis für Arbeit erschien wohl vielen als eine Möglichkeit, sich aus diesem Dilemma zu befreien. Wie sich die Position der Gewerkschaften im Bündnis für Arbeit darstellt, welche Optionen und Risiken sich mit dem Bündnis für die Gewerkschaften verbinden und was mit diesem Politikinstrument überhaupt erreichbar ist, soll Gegenstand des folgenden Kapitels sein.

---

100   Vgl. zu diesem Zusammenhang zahlreiche Beiträge in Bierter/Winterfeld 1998.
101   Vgl. auch Hinrichs/Wiesenthal 1986; zur aktuellen Debatte: Frey 1998: 77ff.; Fricke 1993.

5 Auf dem Weg zu Vollbeschäftigung? Das Bündnis für Arbeit

Um das Bündnis für Arbeit steht es nicht gut. Es ist zwar nicht offiziell gescheitert. Aber Arbeitgeber und Arbeitnehmer liegen insbesondere in der zentralen Frage der Lohnentwicklung weiter denn je auseinander. Die Positionen sind nicht neu, scheinen sich aber verhärtet zu haben. Die Gewerkschaften sehen die Lohnzurückhaltung der Arbeitnehmer in der Vergangenheit als wenig erfolgreich an, da die Arbeitgeber die Beschäftigung im Gegenzug und trotz einer guten konjunkturellen Lage kaum ausgeweitet hätten. Nun müssten die Arbeitnehmer an den Unternehmensgewinnen der Vergangenheit mittels höherer Lohnsteigerungen beteiligt werden. Die Arbeitgeber hingegen bewerten die weitere Lohnzurückhaltung als einziges Mittel, das gegenwärtige konjunkturelle Tief einigermaßen unbeschadet zu überstehen. Die hohen Lohnforderungen der Gewerkschaften seien erstens Gift für die konjunkturelle Erholung und wirkten sich zudem negativ auf den Arbeitsmarkt aus. Ein Kompromiss zwischen den Arbeitsmarktparteien scheint in weite Ferne gerückt zu sein.

Dennoch stellt das Bündnis für Arbeit von Gewerkschaftsseite ein Kerninstrument dar, mit dem sie die Arbeitsmarktkrise angehen will. Auch wenn das Bündnis für Arbeit in einer tiefen Krise steckt, wird es – in welcher Form und mit welchen Aussichten auch immer – wahrscheinlich weiter bestehen. Um die Probleme wie die Möglichkeiten des Bündnisses für Arbeit systematisch zu verstehen, werden wir es im folgenden eingehend analysieren. Erfolge solcher Bündnisse sind nicht unmöglich. Sie sind jedoch voraussetzungsvoll. Die theoriegeleitete Analyse des Bündnisses kann helfen, die politischen Erwartungen an diesen Pakt auf ein realistisches Maß zu senken.

5.1 Die Geschichte des Bündnisses

Was bisher geschah: Erstmals wurde ein Bündnis für Arbeit 1995 vom IG Metall-Vorsitzenden Klaus Zwickel gefordert. Die Gewerkschaften boten der anderen Seite untertariflichen Einstiegslohn für Arbeitslose sowie Lohnzurückhaltung. Im Gegenzug forderten sie die Zusage eines Stopps beim Sozialabbau und einen Beschäftigungsaufbau von 300.000 Arbeitsplätzen in drei Jahren. Nachdem die Bundesregierung dieses Bündnis für Arbeit und Standortsicherung für einige Landtagswahlen im Frühjahr 1996 ausgenutzt hatte, provozierte sie im April 1997 mit dem „Programm für mehr Wachstum und Beschäftigung" sowie insbesondere durch die Angriffe auf die Lohnfortzahlung im Krankheitsfall die Gewerkschaften zum Verlassen der Gespräche. Voswinkel (1999) analysiert die „Dramaturgie" dieses ersten Versuches und stellt fest, dass er bereits im Herbst 1993 mit einer Nullrunde und dem Beschäftigungssicherungsvertrag von Volkswagen begann.[102] Insgesamt zerlegt er den ersten Versuch eines Bündnisses für Arbeit in vier „Akte", wobei er davon ausgeht, dass Akteure nicht nur zweck- und wertrational handeln, sondern auch dramaturgisch. Dabei geht es um die Selbstdarstellung der Akteure: Kompetenz und Moralität werden in dem Bewusstsein dargestellt, dass sie von anderen beobachtet und bewertet werden. Letztlich geht es also um Reputation. Diese Selbstdarstellung beeinflusst die Handlungen und damit auch die Ergebnisse von solchen Verhandlungen (ebd.).

Den zweiten Versuch startete DGB-Vorsitzender Dieter Schulte im Mai 1997 mit dem ,Bündnis-Ost'. Dieser Anlauf scheiterte weniger an offener Konfrontation als vielmehr an der passiven Verweigerungshaltung der Bundesregierung und der Arbeitgeber. Beide machten nicht einmal den Versuch, den Anschein zu erwecken, an einer Einigung interessiert zu sein, woraufhin die Gewerkschaften dieses Bündnis im Mai 1998 verließen (vgl. Esser/Schroeder 1999; Schartau 1998; Schmitthenner 1998a/b; Urban 1998).

Die Hoffnungen auf den Erfolg eines neuen Bündnisses wurden mit veränderten gesellschaftspolitischen Rahmenbedingungen begründet, wie z.B. einer sozialdemokratischen geführten Bundesregierung, die ein solches Bündnis für Arbeit in den Kernbereich ihres Regierungsprogramms aufgenommen hat.[103] Zweitens wird von Befürwortern des Bündnisses betont, dass durch steigende Unternehmensgewinne und positive wirtschaftliche Entwicklung insgesamt auch auf Seiten der Arbeitgeber kooperative Strategien wahrscheinlich werden und neue materielle Spielräume für Kompromisse entstehen könnten. Schließlich wird angeführt, dass nationale Beschäftigungspakte im europäischen Ausland Vorbildwirkung haben (Schmitthenner 1998a).

---

102 Zur genauen Analyse vgl. Voswinkel 1999: 118ff.
103 Mit Hilfe der dramaturgischen Analyse (s. Voswinkel 1999) kann dieser Schritt sicher als eine Selbstdarstellung der Regierung gewertet werden.

5.2 Der Dritte Versuch

Mit dem Sieg der sozialdemokratischen Partei bei den Bundestagswahlen im Jahr 1998 wurden Hoffnungen auf das Gelingen eines neuen Bündnisses geweckt. Bereits im Wahlkampf hat Gerhard Schröder ein Bündnis für Arbeit zur ,Chefsache' einer sozialdemokratischen Regierung erklärt. Anfang Dezember 1998 fand die erste Gesprächsrunde statt, bei der es zunächst zur Sondierung der Interessen der vertretenen Akteure kam. Der neue Titel dieser Gespräche lautete nicht mehr nur Bündnis für Arbeit, sondern Bündnis für Arbeit, Ausbildung und *Wettbewerbsfähigkeit*, was als ein Zugeständnis an die Arbeitgeberseite aufgefasst werden kann (Handschuch et al. 1998: 17). Laut der Erklärung der Teilnehmer stimmten sie insbesondere in den Forderungen bezüglich des Abbaus der Arbeitslosigkeit und der nötigen positiven Entwicklungen am Arbeits- und Ausbildungsmarkt überein. Des weiteren waren sich die Beteiligten einig, dass es zu einer engen Abstimmung zwischen den drei relevanten Akteuren kommen muss, schnelle und umfassende Reformen vonnöten sind und die Tarifautonomie unangetastet bleibt (Schröder 1999).[104] Es wurden erste grobe Ziele vereinbart, wobei die Senkung der Lohnnebenkosten an erster Stelle stand. Weiterhin einigten sich die Akteure unter anderem auf eine beschäftigungswirksame Arbeitsverteilung durch flexible Arbeitszeiten sowie das Inkrafttreten der Unternehmenssteuerreform (vgl. ebd.).

Die organisatorische Struktur des Bündnisses umfasst die Spitzengespräche von Bundesregierung, Gewerkschaften und Wirtschaft, eine Steuerungsgruppe, die die Spitzengespräche vorbereitet sowie die Arbeits- und Expertengruppen koordiniert, insgesamt neun Arbeits- und Expertengruppen[105] zu den verschiedenen Schwerpunkten des Bündnisses sowie die Benchmarking-Gruppe. Letztere ist die wichtigste Arbeitsgruppe in diesem Projekt. Ihre Aufgabe besteht darin, eine Bestandsaufnahme des Wirtschafts- und Sozialstandortes Deutschland im internationalen Vergleich zu erarbeiten. Sie soll als Handlungsgrundlage dienen (Spiegel 19/99: 30ff.).

Wissenschaftler erarbeiteten in dieser Gruppe u.a. einen Reformplan für das Bündnis zum Thema Niedriglohnsektor.[106] Im Mittelpunkt des Plans steht ein

---

104 Nach der dritten Kanzlerrunde am 6. Juli 1999 wurde diese letzte Forderung jedoch fallen gelassen. Lohnpolitik sollte kein Thema im Bündnis werden.
105 Im 7. Spitzengespräch im März 2001 wurde eine neue Arbeitsgruppe „Arbeit durch Innovation" ins Leben gerufen (Presse- und Informationsamt der Bundesregierung 2001c).
106 Neben diesem Bericht der Benchmarking-Gruppe zu Beschäftigungschancen für Geringqualifizierte im Niedriglohnsektor (Presse- und Informationsamt der Bundesregierung o.J.) gibt es weiterhin Thesen zur Aktivierung der Arbeitsmarktpolitik sowie einen Bericht zum Thema Arbeitszeitpolitik (Presse- und Informationsamt der Bundesregierung o.J. bzw. 2000c).

Paradigmenwechsel: Weg von den starren Regeln der Industriegesellschaft, hin zu einer flexiblen Dienstleistungsgesellschaft. Eine „Servicegesellschaft" – so der Plan – benötigt ein anderes Arbeitsregime als eine Industriegesellschaft. Die wichtigsten Forderungen dieser Gruppe sind erstens der Abschied von bisherigen Maßnahmen zur Bekämpfung der Arbeitslosigkeit. Es sei falsche Beschäftigungspolitik betrieben worden, die darauf ausgerichtet war, das Arbeitskraftangebot durch Ausgliederung u.ä. einzuschränken. Die traditionellen End- und Zwischenlager von Arbeitskraft – Familie, Bildungssystem und Alterssicherung – seien nur noch wenig leistungsfähig und hätten Arbeitslosigkeit nicht signifikant abbauen können. Es gehe heute nicht mehr darum, dass Ziel der Reduzierung der Arbeitslosigkeit zu verfolgen, sondern vielmehr darum, mehr Beschäftigung zu schaffen und dadurch die Arbeitslosigkeit zu senken. Internationale Vergleiche zeigten, dass in den Ländern mit den höchsten Beschäftigungsquoten die geringste Arbeitslosigkeit herrscht.

Zweitens solle eine Abkehr vom bisherigen Sozialstaatsdenken stattfinden, welches dazu führt(e), die alleinige Verantwortung für das individuelle und gesellschaftliche Wohl bei der Regierung zu suchen. In diesem Zusammenhang wird gefordert, die Zumutbarkeitskriterien für soziale Leistungen zu verschärfen sowie Sanktionen für Arbeitslose zu verhängen, die sich nicht genügend um einen neuen Arbeitsplatz bemühen bzw. angebotene Stellen ablehnen. Drittens wird eine Expansion des Dienstleistungsbereichs gefordert, die zur beschäftigungspolitischen Wende[107] führen soll. Hinsichtlich dieser Forderung wird eine stärkere Lohnspreizung als notwendig angesehen, da die geringere Produktivität im tertiären Sektor auch entsprechend geringer entlohnt werden müsse und sich für Arbeitgeber nur so die Schaffung von Arbeitsplätzen in diesem Bereich lohnen würde. Gedacht ist beispielsweise an eine Progression bei den Sozialbeiträgen, um solche Arbeitsplätze für Arbeitgeber und Arbeitnehmer attraktiver zu gestalten (vgl. auch Ramthun 1999: 26ff.). Als Vorbild dieser „Zukunftsvision" dient das „niederländische Wunder" (Kamp 1999).

Fazit dieser hier nur grob vorgestellten Forderungen ist, dass dem „Modell Deutschland" nur noch durch eine Öffnung des Arbeitsmarktes geholfen werden kann sowie durch weitere institutionelle Reformen, die letztlich zu einem Beschäftigungsboom im Dienstleistungsbereich führen werden und somit Arbeitslosigkeit reduzieren (Spiegel 19/99).

Die Ideen der vier Fachleute der „Benchmarking-Gruppe" stoßen bei den eigentlichen Bündnispartnern nicht unbedingt auf Akzeptanz (Gersemann/ Hoffmann 1999: 18ff.). Jede Seite hat zentrale Ziele, präferierte Instrumente

---

107   Es wurden rechnerisch bis zu 6 Millionen neue Arbeitsplätze für Geringqualifizierte ermittelt.

sowie Tabuthemen, von denen sie nicht ohne weiteres abweichen will: Die Regierung will die Staatsquote senken, und damit zusammenhängend auch wie die Gewerkschaften Arbeitslosigkeit abbauen. Die Arbeitnehmerseite will zudem den Sozialstaat weiterentwickeln. Die Wirtschaftsverbände dagegen sind hauptsächlich an einer Kostensenkung sowie der Reduzierung des Sozialstaates interessiert (vgl. Esser/Schroeder 1999: 53).

Werden nach diesem Anfangsszenario die Ergebnisse der Bündnistreffen[108] betrachtet, ist Optimismus fehl am Platze. Die Gespräche im Juli 1999, welche von allen Teilnehmern als großer Erfolg gefeiert wurden, brachten das Versprechen der Arbeitgeber, mehr Lehrstellen im nächsten Jahr zur Verfügung zu stellen. In diesem Ausbildungskonsens haben sich die Bündnispartner darauf geeinigt, jedem ausbildungswilligen Jugendlichen der will und kann, eine wohnortnahe und gewünschte Lehrstelle zur Verfügung zu stellen. Dabei muss allerdings beachtet werden, dass 10.000 zusätzliche Arbeitsplätze für Jugendliche nicht genug sein konnten, wenn es bereits einen Mangel von ungefähr 200.000 gab (Frankfurter Rundschau v. 8. Juli 1999: 5). Außerdem wurde lediglich die *Absicht* geäußert, Überstunden abzubauen. Der Preis, den die Gewerkschaften für diese eher „weichen" Zugeständnisse zu zahlen hatten, erscheint hoch: Die zunächst vehemente Ablehnung, Lohnpolitik mit in die Verhandlungen aufzunehmen, wurde aufgegeben. Das nächste Treffen im Dezember 1999 war nicht erfolgreicher. Die gemeinsame Erklärung aller Teilnehmer betonte folgende Aspekte (Presse- und Informationsamt der Bundesregierung 1999): Zunächst wird die verbesserte Situation bezüglich der Lehrstellen als ein Ergebnis des Bündnisses erwähnt. Die Regierung baute dieses Sofortprogramm aus und investierte im Jahr 2000 zusätzlich 2 Mrd. Mark mehr, um die Lücke zwischen Ausbildungsplatzangebot und -nachfrage zu schließen. Weiterhin einigten sich die drei Parteien auf die Implementation spezieller Programme für Langzeitarbeitslose, welche zunächst als Versuchsprojekte in zwei Bundesländern über drei Jahre laufen sollen. Gespräche über Lohnpolitik und die kontroversen Konzepte zur Rente mit 60 sollten zwei Wochen später geführt werden. Dieses Treffen scheiterte allerdings und wurde auf den Januar 2000 verschoben. Die Ergebnisse dieser erneuten Runde wurden wieder als ein Durchbruch gefeiert. Allerdings kam es nur zu wenigen sehr allgemeinen Vereinbarungen: Zukünftige Lohnentscheidungen in den Tarifverhandlungen sollen moderater sein und langfristig orientiert. Des weiteren wurde einstimmig der Frühverrentung im Alter von 60 Jah-

---

108 Die ersten beiden Gespräche am 7. Dezember 1998 und am 9. März 1999 werden hier nicht betrachtet. Sie sind von geringerem Interesse, da es in ihnen lediglich um den Aufbau des Bündnisses als dauerhafter Einrichtung und das Abstecken der jeweiligen Interessen ging.

ren als ein gutes Ziel zugestimmt (Presse- und Informationsamt der Bundesregierung 2000a).

Im unmittelbaren Anschluss interpretierten beide Seiten diese Resultate auf ihre eigene Weise. Das hat zur Folge, dass kaum noch Raum für Kompromisse bleibt. Analytisch interessant ist, dass dieses Gespräch von beiden Seiten als großer Erfolg präsentiert wurde. Gemessen am Kriterium ‚Abbau der Arbeitslosigkeit‘ geht es jedoch nicht um die Fähigkeit, bestimmten Formulierungen zuzustimmen oder nicht. Vielmehr zählen die Beschäftigungseffekte, die mit einem Bündnis erreicht werden können. Die Gespräche Nummer sechs und sieben hatten bei weitem keine so breite öffentliche Resonanz wie die vorhergehenden Treffen. Beim sechsten Gespräch im Juli 2000 waren die Hauptthemen erneut der Ausbildungskonsens, die Reduzierung und Flexibilisierung von Arbeitszeit, Weiterbildung und Qualifizierung und die Förderung von Beschäftigungsmöglichkeiten für Geringqualifizierte (Presse- und Informationsamt der Bundesregierung 2000b). Das siebte Gespräch im März 2001 brachte wiederum nichts Neues: Die Teilnehmer am Bündnis einigten sich auf ein gemeinsames Programm zur Verbesserung von Beschäftigungsaussichten für ältere Arbeitnehmer sowie auf eine Qualifizierungsoffensive. Außerdem wurden im Bündnis Maßnahmen der Verkürzung und Flexibilisierung von Arbeitszeit wie Arbeitszeitkonten, investive Arbeitszeitpolitik, die Steigerung von Teilzeitarbeit und Neueinstellungen für Überstundenabbau verabredet, allerdings ohne dabei die Autonomie der Arbeitgeber stark einzuschränken.

Insgesamt handelt es sich hierbei lediglich um lose Vereinbarungen bzw. eine grundsätzliche Begrüßung solcher Maßnahmen ohne (selbst-)bindenden Charakter. Einige neue Aspekte waren ein Wechsel der Politik bezüglich älterer Arbeitnehmer weg von der Betonung ihrer Ausgliederung aus dem Arbeitsmarkt durch Altersteilzeit und Frühverrentung hin zu deren verstärkter Integration in den Arbeitsmarkt durch frühzeitige Weiterbildung. Weiterhin ging es um eine Verbesserung der Maßnahmen aktiver Arbeitsmarktpolitik, die private Altersvorsorge wurde diskutiert und eine neue Arbeitsgruppe „Arbeit durch Innovation" wurde ins Leben gerufen (Presse- und Informationsamt der Bundesregierung 2001d). Interessant ist auch, dass Gerhard Schröder nach diesem Gespräch im Gegensatz zum fünften Spitzengespräch verkündete, dass Lohnpolitik kein Thema im Bündnis sein kann und wird (Presse- und Informationsamt der Bundesregierung 2001b).

Im Januar 2002 traten die Bündnispartner – gerufen von der Bundesregierung – angesichts der sich infolge der wirtschaftlichen Probleme verschlechternden Arbeitsmarktlage erneut zusammen. Die Gespräche endeten jedoch ohne Ergebnisse. Tatsächlich gingen die Arbeitgeber und Arbeitnehmer weiter auf Distanz zueinander. Insbesondere differieren die Ansichten, welche Einkommenssteigerungen in den kommenden Tarifverhandlungen angemessen und ökonomisch sinnvoll sein können. Die Arbeitgeber plädieren für Zurückhaltung und eine Steigerung in Höhe des (jeweiligen) Produktivitätsfortschritts. Die Gewerkschaften stehen auf dem Standpunkt, dass die Unternehmen in einigen Branchen hohe Gewinne erwirtschaftet hätten, an denen die Arbeitnehmer jetzt beteiligt werden müssten. Außerdem würde auf diese Weise die Nachfrage gestärkt.

Letztlich werden die Ergebnisse des Bündnisses für Arbeit empirisch erst in einigen Jahren zu beurteilen sein. Heute schon möglich ist jedoch die theoretische Analyse dieses Beschäftigungspaktes. Dabei wollen wir nach den Erfolgsbedingungen fragen, wobei wir mit Erfolg nicht nur meinen, dass das Bündnis nicht scheitert, sondern dass die Gespräche zu Vereinbarungen kommen, die geeignet sind, zum Abbau von Arbeitslosigkeit beizutragen. Ziel der folgenden Ausführungen ist es deshalb aufzuzeigen, was dieses Bündnis überhaupt leisten *kann*. Derartige Bündnisse für Arbeit, in denen Gewerkschaften mit Arbeitgeberverbänden unter der Anleitung bzw. Kontrolle des Staates kooperieren, sind klassische Beispiele für neokorporatistische Arrangements, für deren Analyse ein ausgearbeiteter Theorierahmen zur Verfügung steht.

5.3 Das Bündnis für Arbeit als neokorporatistisches Arrangement

Insbesondere bei der Arbeitslosigkeit scheint das Zusammentreffen von Staats- und Marktversagen deutlich zu werden. Die Optimisten sind der Meinung, man müsste „nur" politische Eingriffe in den Marktprozess unterlassen, dann würde sich der Markt schon „von allein regeln".[109] Skeptiker dagegen glauben weniger an automatisch hervorgebrachte sozialverträgliche Marktergebnisse und fordern daher das Eingreifen des Staates. Die Dichotomie von Markt und Staat als die zwei wichtigsten Steuerungsprinzipien in einer Gesellschaft ist jedoch zu einfach und greift zu kurz: „Die einen übersehen, dass der Markt bei bestimmten Problemen versagt, die anderen ignorieren, dass der Staat – auch wenn er wollte – nicht alles kann" (Voelzkow et al. 1987: 80). Diese Betrachtungsweisen blenden wesentliches, in der Gesellschaft vorhandenes Steuerungspotential aus.

Eine Alternative dazu wird im Steuerungspotential von autonomen sozialen Gruppen gesehen. In diesen Kontext gehört die Korporatismus-Debatte, derzu-

---

109 Dass der Arbeitsmarkt allerdings nicht – wie oben bereits angesprochen – wie ein Markt im klassischen Sinn funktioniert (vgl. z.B. Vobruba 1989; Offe/Hinrichs 1984), wird dabei offensichtlich ignoriert.

folge eine Selbstregulierung partikularer Interessen durch Interessenorganisationen und ohne unmittelbaren Staatseingriff erfolgen kann. Verbände sollen neben der Vertretung ihrer Mitgliederinteressen auch öffentliche Funktionen übernehmen. Dieser Mechanismus des Korporatismus soll im Idealfall einen „Dritten Weg" zwischen ‚market failure' und ‚state failure' darstellen und die Realisierung kollektiver Interessen ermöglichen. Das basiert wiederum auf der Annahme, dass derartig organisierte Gruppen die Individuen auf kollektiv-rationales Verhalten hin disziplinieren können. Verbände werden also als dritte Steuerungsebene neben Staat und Markt gesehen, auf der das Prinzip der prozeduralen Steuerung statt Verbot (Staat) oder Anreiz (Markt) gilt (ebd.).

Der Optimismus bezüglich dieses Mechanismus speist sich aus theoretischen Überlegungen der Korporatismusforschung. Empirische Arbeiten dagegen zeigen, dass verbandliche Steuerung sehr voraussetzungsvoll ist. Es erscheint demnach zweifelhaft, ob sie als drittes bzw. viertes Ordnungsprinzip[110] zur Staatsentlastung betrachtet werden kann (Traxler/Vobruba 1987; Voelzkow et al. 1987). Um diese Voraussetzungen soll es im folgenden gehen.

5.3.1 Erste Erfolgsbedingung: Die Handlungswilligkeit von Verbänden

Verhandlungssituationen wie sie das Bündnis für Arbeit darstellen, sind gekennzeichnet durch eine geringe Anzahl von Beteiligten[111] und ein hohes Ausmaß strategischer Interdependenz. Das bedeutet, dass die Ergebnisse einer Partei nicht nur von den eigenen Entscheidungen, sondern auch von denen der Verhandlungspartner abhängig sind[112] (Streeck 1994; Gäfgen 1988; Scharpf 1988a; Wiesenthal 1987; Streeck/Schmitter 1985). Wenn unterstellt wird, dass durch Kooperation für alle ein besseres Ergebnis erzielt werden kann als bei Nicht-Einigung, trotzdem aber von beiden Seiten unterschiedliche Verhandlungsergebnisse präferiert werden, dann hat man es mit „mixed motive-games" zu tun, bei denen die Akteure zwischen Kooperation und Konflikt schwanken (Scharpf

---

110 S. Streeck/Schmitter 1985, die zu den beiden Ordnungsträgern ‚Staat' und ‚Markt' noch die ‚Gemeinschaft' zählen, wobei die ‚Verbände' den vierten Mechanismus darstellen.

111 Mit steigender Zahl der Beteiligten sinken die Erfolgsmöglichkeiten eines Bündnisses, weil sich Abstimmungsprozesse verkomplizieren bzw. weil das Kollektivgut-Problem größer wird (Scharpf 1993a; Esser/Schroeder 1999). Daran schließt im übrigen auch die Kritik des „selektiven Korporatismus" (vgl. u.a. Urban 1998) aus den 70er Jahren an.

112 Im Übrigen stiftet diese wechselseitige Abhängigkeit einer kleinen Zahl von Beteiligten den Anreiz zu Abkommen und Absprachen und damit zu Verhandlungen und Kompromissen.

1988a).[113] In diesem Fall können „Rationalitätsfallen" auftreten, bei denen es zu kollektiv irrationalen Ergebnissen bei individuell rationalem Verhalten kommt. Es handelt sich um Situationen, in denen mehrere kooperative Lösungen möglich sind – mit unterschiedlicher Verteilung der Kosten und Nutzen zwischen den Beteiligten.

Das Verhältnis zwischen den Arbeitgeberverbänden und Gewerkschaften im Bündnis kann als eine solche Situation angesehen werden, weil beide ein gemeinsames Interesse an der Beteiligung am Bündnis haben. Denn nur in derartigen Verhandlungen, wie es das Bündnis für Arbeit darstellt, kann man seine Argumente artikulieren und versuchen, eigene Interessen durchzusetzen. Jedoch besteht kein gemeinsames Interesse am deklarierten Bündnisziel wie wir in Kapitel 2 herausgearbeitet haben. „Das gemeinsame Vollbeschäftigungsziel wird nicht von Beginn an als Verhandlungskonsens unterstellt, sondern eine auf Vollbeschäftigung zielende Politik kann lediglich als Verhandlungsresultat am Ende des Prozesses erwartet werden" (Urban 1998: 620). Es besteht eine Ausgangskonstellation, in der ein allgemeines Verhandlungsinteresse aller Beteiligten gegeben ist, ein Zielkonsens und gemeinsame Zielerreichungsinteressen jedoch nicht vorausgesetzt werden können. Diese Koexistenz von gemeinsamen und konfligierenden Interessen führt zu ambivalenten Verhandlungsbeziehungen. In solchen Situationen sind eindeutige Lösungen (analytisch) nicht zu erwarten. Klare Entscheidungen werden möglich, wenn die Interaktion von den Akteuren kompetitiv definiert wird. Dann sind nur solche Lösungen konsensfähig, bei denen die jeweils andere Partei nicht im Vorteil ist. Bei solidarischer Handlungsorientierung dagegen müssen sich die Akteure nur auf eine der besseren Lösungen einigen.

Die solidarische Variante wäre, objektiv betrachtet, für alle Parteien die vorteilhafteste, wenn man die Situationsdeutung frei wählen könnte. Allerdings ist zu erwarten, dass in Situationen, in denen konvergente und divergente Interessen aufeinander treffen, die egoistisch-rationalen Orientierungen überwiegen (Scharpf 1985).[114] Dies lässt sich mit dem sogenannten Verhandlungsdilemma erklären (Scharpf 1993a: 65; Scharpf 1992). Der Kern dieses Dilemmas besteht darin, dass Akteure, die sich „kooperativ" verhalten, Gefahr laufen, in der Ver-

---

113 Das sind also weder Nullsummenspiele (d.h. Konfliktspiele) noch reine Koordinationsspiele, sondern Koordinationsspiele mit Verteilungskonflikten, die in der Realität wohl am häufigsten auftreten (Scharpf 1988a).

114 Es ist auch ein zyklischer Wechsel von individualistischen, gefolgt von solidarischen und dann kompetitiven Strategien wahrscheinlich: Nachdem man feststellte, dass egoistisch-rationale Kalküle zu beiderseitigen Verlusten führen, wurde zu Kooperation gewechselt bis diese ausgebeutet wird und somit kompetitive Handlungsorientierungen hervorruft (Scharpf 1988a).

teilungsfrage übervorteilt zu werden; ihre einseitige Vorleistung kann ausgebeutet werden. Das führt zu dem paradoxen Ergebnis, dass es zu keiner Lösung kommt, obwohl eine Einigung für alle Beteiligten vorteilhafter wäre als eine Nicht-Einigung. Wenn der Verteilungsvorteil der einen Partei von der anderen nicht hingenommen wird, kann der Verteilungskonflikt Verhandlungsblockaden auslösen oder zu einer Einigung auf niedrigstem Niveau führen. Also werden entweder die Verhandlungen scheitern oder es kommt zu Vereinbarungen auf dem „kleinsten gemeinsamen Nenner". Trifft letzteres zu, läuft das Bündnis Gefahr, zu einer „Koalition der Privilegierten" zu werden und die Arbeitslosen auszuschließen (ebd.).

Voraussetzung für den Erfolg von Verhandlungen in besagten Konstellationen mit gleichzeitig divergenten und konvergenten Interessen sind solidarische Handlungsorientierungen der Akteure. Egoistisch-rationale oder kompetitive bzw. „interessen- und konfliktorientierte" Strategien, wie Urban (1998) sie nennt, sind in solchen Situationen aufgrund der Ausbeutbarkeit von Vorleistungen allerdings wahrscheinlicher. Geht man also davon aus, dass alle Akteure ein Interesse an der Verhandlung selbst haben (sonst würden sie nicht daran teilnehmen[115]), ein Zielkonsens aber nicht gegeben ist, dann ist mit Konflikten und Blockaden durch Konfrontationsstrategien zu rechnen. Jede beteiligte Partei wird auf ihren Konzepten beharren, die mehr oder weniger die jeweiligen ‚reinen' Interessenlagen zum Ausdruck bringen. Wird weiterhin angenommen, dass ‚Vollbeschäftigung' bzw. ‚Abbau von Arbeitslosigkeit' das Hauptziel des Bündnisses für Arbeit ist[116], dann wäre die erste wichtige Bedingung für den Erfolg eines solchen Bündnisses das gemeinsame Interesse der Beteiligten am Abbau von Arbeitslosigkeit. Diese logische Voraussetzung bezeichnen wir als Handlungs*willigkeit* der Verbände.

Mit Blick auf die politische Rhetorik scheint es einen geteilten Konsens über das Ziel des Bündnisses zu geben. Wie die theoretische Analyse der Interessenpositionen von Arbeit, Kapital und Staat zum Thema Vollbeschäftigung gezeigt hat (s. Kap. 2), kann jedoch nicht uneingeschränkt davon ausgegangen werden, dass ein derartiges Interesse bei allen drei Akteuren besteht. Die erste Bedingung für ein erfolgreiches Bündnis ist also nicht erfüllt. Auch wenn alle Beteiligten an Verhandlungen interessiert sind, bestehen unterschiedliche Interessen bezüglich des Verhandlungszieles. Aber selbst wenn die Spitzenvertreter der

---

115 Es wäre auch denkbar, dass die beteiligten Parteien zu einer Teilnahme gezwungen wurden. Aber selbst dann entspricht diese Situation der, dass es für diese Akteure rationaler ist, teilzunehmen, sie allerdings an dem Ausgang der Verhandlungen entweder unterschiedlich oder gar nicht interessiert sind.

116 S. Fußnote 4.

einzelnen Verbände, die in den Verhandlungen vertreten sind, tatsächlich ein gemeinsames Interesse am Bündnisziel hätten, besteht immer noch das Problem, dass diese ihre Entscheidungen vor ihrer Basis legitimieren müssen. Die Führung eines Verbandes kann sich nicht gegen den Willen ihrer Mitgliedschaft auf Vereinbarungen festlegen. Mit anderen Worten, das Organisationsproblem der Verbände – nämlich der Konflikt zwischen Basis und Führung – kann im Verhandlungssystem zu Blockaden führen. Das führt uns zum nächsten Punkt, nämlich den institutionell-organisatorischen Bedingungen, die erfüllt sein müssen, damit verbandliche Staatsentlastung überhaupt funktionieren kann.

5.3.2 Zweite Erfolgsbedingung: Die Handlungsfähigkeit von Verbänden

„Interessenverbände lassen sich definieren als Organisationen, mit deren Hilfe gesellschaftliche Gruppen ihre Interessen als Forderung an die politischen Entscheidungsträger artikulieren und durchzusetzen versuchen" (Abromeit 1993: 35). Verbände sind somit Intermediäre zwischen dem Volk und der Politik, die die egoistischen Interessen ihrer Klientel vertreten und folglich an die Interessen ihrer Mitglieder gebunden sind.

Auf der anderen Seite haben Verbände auch ein Eigeninteresse: Einerseits geht es ihnen um das Überleben und die Expansion der Organisation. Zum anderen kann den Verbandsspitzen Streben nach Einkommen, Macht und Prestige unterstellt werden, das die Nähe zum Machtzentrum mit sich bringt. Das kann dazu führen, dass zwischen Verbänden und Politik Austauschprozesse stattfinden, die bewirken können, dass Verbände nicht nur die partikularen Interessen ihrer Mitglieder vertreten, sondern auch die der Allgemeinheit.[117] Mit anderen Worten: Das Eigeninteresse der Verbände an Bestandssicherung sowie die Motive der Funktionäre führen dazu, dass Organisationen unter anderem Interessen der Allgemeinheit verfolgen. Denn das Interesse an Bestandssicherung und das der Verbandselite wird befriedigt, indem Verbände die vom Staat an sie herangetragenen Aufgaben übernehmen, wobei sie zugleich zur Förderung des Gemeinwohls beitragen. „Verbände vertreten also die Interessen ihrer Klientel, gebrochen durch die Brille ihrer eigeninteressierten Funktionäre und modifiziert durch politische Austauschvorgänge" (Abromeit 1993: 37). Verbände sind demzufolge nicht die Vollstrecker des Willens ihrer Mitglieder, sondern eigenstän-

---

117 Aber auch dem Staat bzw. dem politischen System ist durchaus daran gelegen, öffentliche Aufgaben an Verbände zu übertragen. Im Gegenzug bietet der Staat Organisationshilfen sowie die Beteiligung am politischen Entscheidungsprozess (was dem Macht-, Einfluss- und Prestigestreben entgegenkommt).

dige Akteure, deren Interessen durchaus andere sein können als die ihrer Mitglieder. Mit anderen Worten sind Individuen und Organisationen beide füreinander Umwelt, wobei jede Seite begrenzte Handlungsfreiheit behält. Kollektive Akteure müssen sich von ihren Mitgliedern möglichst unabhängig machen, um handlungsfähig zu werden.

Die Funktion, die Verbänden zuvorderst zugeschrieben wird, besteht in der Vertretung ihrer Mitgliedschaft. Daraus ergeben sich zwei Aufgabenbereiche: Erstens müssen sie die an sie herangetragenen Erwartungen selektieren, über Inhalte und Ziele des Verbandshandelns einen Kompromiss bzw. Konsens bilden, Prioritäten festlegen und außerdem versuchen, Solidarität zu erzeugen, Dienstleistungen anzubieten und die interne Verpflichtungsfähigkeit zu sichern. Zweitens geht es um die Repräsentation der Mitgliederinteressen nach außen, um den Austausch mit den politischen Instanzen. Dafür müssen Interessenorganisationen etwas anzubieten haben. Das ist im wesentlichen das Wohlverhalten der Mitglieder, welches allerdings von einer Sanktionsmacht der Verbandsspitze über die Basis abhängig ist.

Schmitter/Streeck (1981) prägten für diese beiden Bereiche die Begriffe „Mitgliedschaftslogik" und „Einflußlogik". Zwischen ihnen besteht eine enge funktionale Beziehung, denn Sanktionsgewalt hat die Verbandsspitze nur, wenn die Organisation für die Mitglieder sehr wichtig ist, d.h. ein Ausschluss aus ihr dem Mitglied Kosten verursachen kann. Genau das ist der Fall, je erfolgreicher die Organisation mit politischen Instanzen verhandelt (Repräsentativität), und die Erfolgschancen dafür wiederum sind um so größer, je größer die interne Verpflichtungsfähigkeit des Verbandes ist (Effektivität). Diese internen und externen Bestandsbedingungen sind nicht zu harmonisieren; Verbände stehen immer unter internem Stress.

Die beiden Aspekte Repräsentativität und Effektivität können also nicht gleichzeitig optimiert werden. Das Spannungsverhältnis der internen und externen Bestandsbedingungen stellt sich als ein Konflikt zwischen Zielfindungsverfahren und geeigneten Mitteln dar. Der innere Stress, der dabei entsteht, führt zur Strategie der Anpassung an die Umweltbedingungen. Die Wahl der Ziele und Mittel erfolgt nach den gegebenen Durchsetzungschancen. Das Interesse der Verbände an stabilen Umweltbeziehungen kann dann entweder Verselbständigungstendenzen gegenüber den Mitgliedern oder Autonomieverluste bei den Verhandlungspartnern bewirken.

Das bedeutet praktisch, dass durch mehr demokratische Willensbildung innerhalb eines Verbandes dessen interne Konflikte zunehmen. Die Verbandsspitze müsste Entscheidungsgewalt an zeitaufwendige und störanfällige Verfahren der Konsensbildung abtreten und würde Verluste an Effektivität und Be-

standssicherheit erleiden. Je generalisierter also der Steuerungsanspruch eines
Verbandes, desto schwieriger gestaltet sich die Sicherung der Folgebereitschaft
der Mitglieder. Die Erhöhung der Effektivität und Effizienz dagegen bedingt
Zielverluste in die andere Richtung: Es kommt zu einer Abkopplung der Mit-
gliedschaftsmotive vom traditionellen Kollektivbewusstsein, wodurch die Organisation zum Dienstleistungsunternehmen wird und Mobilisierungsfähigkeit
einbüßt. Dieses Problem kommt insbesondere bei solchen kollektiven Akteuren
zum Tragen, die gelegentlich auf die Mitarbeit ihrer Mitglieder angewiesen
sind, wie z.B. Gewerkschaften (Wiesenthal 1987). Demnach müssen Verbände
zunächst ‚regierungsfähig‘ sein, damit Staatsentlastung überhaupt möglich wird.
Die Frage, die sich daraus ableitet, lautet: Wie können sich Interessenorganisationen bzw. deren Führungen die Konformität ihrer Basis sichern? Denn selbst
wenn sich die Interessen der Verbandsführung und deren Klientel decken, ist
deren Beteiligung am Verbandshandeln ungewiss (Kollektivgutproblem).

Die Antwort lautet: Verbandliche Regulierung setzt Macht voraus. Ohne jetzt
auf verschiedene Quellen der Macht für Organisationen näher einzugehen[118],
knüpfen wir an empirische Studien zum Neokorporatismus[119] an. Sie verweisen
darauf, dass insbesondere die glaubhafte Interventionsdrohung des Staates ein
konstitutives Merkmal neokorporatistischer Systeme ist. Der Mechanismus
funktioniert wie folgt: Die Verbandsspitze legitimiert getroffene Vereinbarungen, Zugeständnisse und Kompromisse vor ihrer Basis mit dem Verweis auf das
vermiedene „größere Übel" bei Staatsintervention. Damit wird das Legitima-
tionsproblem der Verbände externalisiert. „Quintessenz dieser Arbeiten ist, daß
die ‚Staatsentlastung durch Verbände‘ nur bei gleichzeitiger Verbändeentlastung
durch den Staat‘ funktioniert" (Vobruba 1992: 103; Traxler/Vobruba 1987;
Voelzkow et al. 1987). Aus diesem „symbiotischen Zusammenhang" (Traxler/
Vobruba 1987: 13) zwischen verbandlicher Steuerung und „starkem" Staat ergibt sich ein Dilemma bezüglich der Steuerungsinhalte in solchen Bündnissen
(Vobruba 1992), das den Optimismus bezüglich eines ‚Dritten Weges‘ zwischen
Staat und Markt dämpft:

Durch die Konkurrenz von Verpflichtungsfähigkeit und Problemlösungskapazität, die darin besteht, dass die Loyalitätssicherung der Mitglieder um so un-
problematischer ist, je partikularistischer die verfolgten Ziele sind, wird die
Steuerungskapazität von Verbänden eingeschränkt. Daraus folgt: „Jene Steuerungsinhalte, auf die sich die Beteiligten leicht verpflichten ließen, lösen kaum
öffentliche Probleme; auf Steuerung, welche öffentliche Probleme lösen könnte,

---

118 Vgl. dazu Etzioni 1961.
119 Vobruba 1992; Voelzkow et al.

lassen sich die Beteiligten nur schwer verpflichten" (Traxler/Vobruba 1987: 14). Mit anderen Worten, besteht in neokorporatistischen Arrangements wie es das Bündnis für Arbeit darstellt, eine Selektivität der Themen dahingehend, dass Lösungen und Vereinbarungen auf die man sich einigen kann, weniger beschäftigungswirksam sind.

Der Staat müsste hier Rahmenbedingungen schaffen, welche egoistisch-rationale Kalküle so sehr verteuern, dass es für Verbände und deren Mitglieder rationaler wird, kollektive, an öffentlichen Aufgaben orientierte Ziele zu verfolgen; mit anderen Worten: Kooperative Strategien müssten für die Beteiligten mehr Nutzen stiften. Die zweite Bedingung für den Erfolg tripartistischer Arrangements besteht also in der glaubhaften Interventionsdrohung des Staates, die die Verbände *befähigt* zu handeln. Wenn nicht davon ausgegangen werden kann, dass ein gemeinsames Interesse am Bündnisziel besteht, dann wird die glaubhafte Drohung des Staates mit Intervention zur wichtigsten Bedingung, damit ein Bündnis für Arbeit wirklich das leisten kann, was es leisten soll. Die Wahrscheinlichkeit des Bündniserfolges lässt sich damit auf folgende Frage zuspitzen: „Kann der Staat glaubhaft mit Ersatzvornahme drohen und das Beschäftigungsniveau autonom politisch steuern?" (Vobruba 1999a: 107)

Wie aus der Analyse der Interessenprofile bereits deutlich wurde, ist es unwahrscheinlich, dass der Staat ein uneingeschränktes Interesse an Vollbeschäftigung hat und demzufolge gewillt sein wird, intervenierend – im Sinne von Vollbeschäftigungspolitik – in das Bündnis für Arbeit einzugreifen. Aber selbst wenn der Staat ein vorrangiges Interesse am Abbau von Arbeitslosigkeit hätte, stehen ihm kaum (bzw. nur indirekt und weniger wirksame) Interventionsmöglichkeiten zur Verfügung. Es lässt sich auch sagen: Er ist *nicht in der Lage*, das Beschäftigungsniveau durch Eingriffe in die Lohnpolitik zu steuern. Staatliche Eingriffe in die Lohnpolitik sind wegen der verfassungsrechtlichen Stellung der Tarifautonomie nicht möglich.

Dies ist im übrigen ein wesentlicher Unterschied zu den Niederlanden. Dort gab es zwischen 1945 und 1963 (formal bis 1970) vom Staat kontrollierte Lohnpolitik. Im Jahre 1970 wurde ein neues Lohngesetz verabschiedet, das die Verantwortung für die Lohnfindung den Tarifparteien überlies. Doch volle Tarifautonomie gibt es seitdem trotzdem nicht. Die Regierung griff mehrmals mit Lohnleitlinien in die Tarifverhandlungen ein, weil sich die Tarifpartner nicht einigen konnten. Seit dem „Abkommen von Wassenaar" 1982 gab es zwar keine staatlichen Eingriffe mehr in die Verhandlungen. In 1993 wurde aber damit gedroht (Visser 1998) – „eine Drohung, die Wunder wirkte" (Hoffmann 1998: 36). Offensichtlich funktioniert der „Schatten der Hierarchie" in den Niederlanden immer noch, obwohl 1987 das Lohngesetz von 1970 geändert und die staatlichen Eingriffsbefugnisse eingeschränkt wurden.[120] Trotzdem unterbreitete der Arbeitsminister 1993 eine Gesetzesvorlage, die letztlich eine Lohn-Nullrunde für das kommende Jahr vorschlug. Inhalt dieser Vorlage war ein Verbot für die Arbeitgeber, höhere Löhne zu zahlen. Dieses Gesetz wurde zwar nie verabschiedet, verfehlte aber seine Wirkung nicht. Die „Rute im Fenster" führte dazu, dass die Tarifpartner einen Kompromiss vereinbarten, in dem die Schaffung von Arbeitsplätzen als oberstes Ziel bestätigt wurde. Die Gewerkschaften schlossen tarifliche Lohnentwicklung unter der Inflationsrate ab und versprachen weitere Dezentralisierung und Flexibilisierung. Im Gegenzug wurde ihnen die Aufgabe des Widerstandes gegen kollektive Arbeitszeitverkürzung sowie Mitbestimmungsrechte der Betriebsräte auf lokaler Ebene zugesichert. Der Erfolg des Bündnisses in den Niederlanden lässt sich also mit der ‚Theorie des kleineren Übels' erklären Es war offensichtlich so, dass die Gewerkschaften vor dem Hintergrund einer schweren Krise und der Vermutung, dass einige Arbeitgeberverbände und Großunternehmen das Interesse an Verhandlungen verlieren würden, hauptsächlich deshalb einlenkten bzw. einlenken *konnten*, um der Einmischung der Regierung in die Lohnpolitik zuvorzukommen.

Erfolg in diesem Zusammenhang bedeutete zunächst einmal, dass die beiden Parteien sich auf ein gemeinsames Abkommen einigen konnten. Der politische Tausch führt aber nicht automatisch zu einem Beschäftigungseffekt. Wie bereits ausgeführt, muss Lohnzurückhaltung nicht zu einem Abbau von Arbeitslosigkeit beitragen. Im niederländischen Beispiel gibt es zwei Erklärungen dafür, dass das neokorporatistische Arrangement offensichtlich erfolgreich war[121]: Zum einen besteht die Möglichkeit, dass Lohnzurückhaltung eine effiziente Maßnahme für kleine Länder mit einem hohen Exportanteil und einem kleinen Binnenmarkt darstellt. Lohnzurückhaltung würde hier die eigene Wirtschaft durch sinkende Kaufkraft im Land weniger tangieren. Solche Länder exportieren Arbeitslosigkeit (Vobruba 2000). Zum anderen ist auch denkbar, dass der erste Schritt der Gewerkschaften die Arbeitgeberverbände in die Lage versetzte, ihrer Basis eine expansive Arbeitsmarktpolitik zu vermitteln, die Beschäftigungseffekte zeitigte. Tatsächlich ist der immense Beschäftigungszuwachs in den Niederlanden auf

---

120 Der Arbeitsminister darf nur in wirtschaftlichen Notsituationen (nach seinem Ermessen) eingreifen.

121 In letzter Zeit wird allerdings Kritik am sogenannten „Poldermodell" laut. Insbesondere wird bemängelt, dass das niederländische Wirtschaftswachstum durch Lohnmäßigung, nicht aber durch hohe Produktivität getragen werde. Die Entwicklung der Arbeitsproduktivität in Holland liegt hinter der Deutschlands zurück (von 1995 bis 1999 1,7% vs. 3,1% Wachstum in Deutschland, vgl. Weidemann 2001a/b).

steigende Teilzeit zurückzuführen.[122] Wie wir unten noch sehen werden, ist dieser politische Tausch von Lohnzurückhaltung gegen Arbeitszeitverkürzung in den Niederlanden nicht ohne weiters auf deutsche Verhältnisse transferierbar.

Aber zunächst einmal steht dem deutschen Staat gar nicht die Möglichkeit zur Verfügung, nach niederländischem Vorbild direkt in die Lohnpolitik einzugreifen. Natürlich hat auch er direkte und indirekte Interventionsmöglichkeiten.[123] Allerdings stehen ihm keine derartig effizienten Eingriffe zur Verfügung, die die anderen beiden Bündnispartner so unter Einigungsdruck setzen können wie in den Niederlanden.

Damit ist auch die zweite Erfolgsbedingung des Bündnisses nicht erfüllt. Das heißt allerdings nicht, dass das Bündnis zu keinerlei Vereinbarungen kommen kann. Vielmehr können nur bei solchen Themen Kompromisse gefunden werden, bei denen entweder von vornherein Konsens besteht (also die erste Bedingung erfüllt ist und ein reines Koordinationsspiel gespielt wird) oder die Verpflichtungsfähigkeit der Mitgliedschaft der Verbände leicht durchzusetzen ist.

Das Bündnis für Arbeit befindet sich demnach in einem Dilemma: Während Begünstigungen der Nachfrageseite (beispielsweise Gewinnförderung, Subventionen) politisch leicht durchsetzbar sind – nicht nur aufgrund der stärkeren Machtposition (durch bessere Konfliktfähigkeit der Arbeitgeberverbände und insbesondere durch die schiefe Arbeitsmarktlage), sondern auch infolge der antagonistischen Interdependenz (s. Kap. 2.2.2) – sind deren Effekte lediglich indirekt beschäftigungsrelevant und treten nicht zwingend ein. Dagegen lässt sich die Angebotsseite auf dem Arbeitsmarkt direkt beschäftigungswirksam steuern (Arbeitszeitverkürzung). Jedoch steht diese Strategie vor großen Umsetzungsproblemen. Je nach Ausformung stößt sie auf den Widerstand der Arbeitgeber, oder es ergeben sich innergewerkschaftliche Aggregations- und Transformationsprobleme (Vobruba 1998).

Arbeitszeitpolitik im weiteren und Arbeitszeitverkürzung im engeren Sinn werden auch im jetzigen Bündnis insbesondere von den Gewerkschaften gefordert. Die Arbeitszeit ist eine Stellschraube in derartigen Beschäftigungspakten und unseres Erachtens aufgrund der vorangegangenen theoretischen Überlegungen der gangbare Weg einer wirksamen Beschäftigungspolitik. Vor den Bündnisgesprächen im März 2001 forderte Dieter Schulte erneut konkretere Regulierungen zum Überstundenabbau. Er verlangte einen Rückgang um 25%, der nach

---

122 In den Niederlanden stieg die Teilzeitrate rasant und lag in 1995 bei 37% (Ganßmann/Haas 2001; Schmid 1997).

123 Beispielsweise Rücknahme der Reformen der alten Koalition (Kündigungsschutz, Lohnfortzahlung) als Gegenleistung für gewerkschaftliche Kooperation bzw. Subventionen oder andere Anreize.

den Berechnungen des DGB einen Beschäftigungseffekt von ca. 250.000 Stellen bringen würde (Behrens 2001). Auch wenn diese Forderung von der Arbeitgeberseite nicht direkt abgelehnt wird, sträubt sie sich trotzdem gegen definitive Zielmarken für den Überstundenabbau. Befürchtet wird, dass durch formalisierte Regeln für Betriebe deren Fähigkeit verloren geht, sich flexibel an wechselnde ökonomische Bedingungen anzupassen. Im Ergebnis kam es lediglich zu unverbindlichen Einigungen darüber, dass alle der Überzeugung sind, dass Überstundenabbau gut ist, weiterhin der Anteil an Teilzeitarbeit erhöht werden müsse und neue Formen von flexibler Arbeitszeit implementiert werden sollen. Bei letzterer geht es insbesondere um Arbeitszeitkonten, auch in Verbindung mit Weiterbildung. Es wird bereits offensichtlich, dass es Arbeitnehmern eher um eine generelle Arbeitszeitverkürzung geht, wohingegen Arbeitgeber eher ihre Flexibilisierung fordern. Um die verschiedenen Einstellungen bezüglich Arbeitszeit, deren Wirksamkeit und Verhandelbarkeit im Bündnis soll es im nächsten Abschnitt gehen.

5.4 Arbeitszeitpolitik im Bündnis für Arbeit

5.4.1 Grundsätzliche Argumente der Arbeitsmarktparteien bezüglich Arbeitszeitverkürzung bzw. -flexibilisierung

Arbeitszeiten sind schon seit langem Objekt ständiger gesellschaftlicher Konflikte. Bezüglich ihrer Verkürzung standen stets zwei Motive im Vordergrund: Einerseits ging es um Arbeitsentlastung, also eher um einen sozialen Aspekt. Andererseits – und insbesondere in der arbeitszeitpolitischen Diskussion der 80er Jahre des letzten Jahrhunderts, aber auch in Bezug auf die heutige Situation der Massenarbeitslosigkeit wieder dominierend – ist die (Um-)Verteilung der Arbeit maßgebend, also ein beschäftigungspolitisches Motiv (Vobruba 1986).
Die Unternehmerseite lehnt allgemeine Arbeitszeitverkürzungen fast einhellig ab. Folgende Argumente werden ins Feld geführt (Hinrichs et al. 1983): (1) Arbeitszeitverkürzungen haben keine Beschäftigungseffekte, da die Struktur der Arbeitslosen bezüglich ihrer Qualifikation und regionalen Verteilung nicht der Nachfrage entspricht. Damit steigt durch Verkürzung der Arbeitszeit lediglich der Facharbeitermangel. Ein weiterer möglicher Effekt besteht darin, dass statt Neueinstellungen die Überstunden erhöht werden bzw. Produktionsausfälle drohen, wenn Überstunden nicht mehr möglich sind. (2) Des weiteren wird argumentiert, dass durch die Irreversibilität der Verkürzung der Arbeitszeit das Problem zukünftiger Arbeitskräfteknappheit verschärft wird. (3) Das dritte Argument

bezieht sich auf die Kostensteigerung derartiger Maßnahmen (Anstieg nicht-proportionaler Arbeitskosten, Aufwendungen für neue Arbeitsplätze etc.). Um diese Kosten zu vermeiden, würde es zu verstärkten Rationalisierungen kommen, die den Beschäftigungseffekt wieder zunichte machen. (4) Es wird von einer Zunahme der Schwarzarbeit ausgegangen, da Arbeitszeitverkürzung nur ohne Lohnausgleich möglich bzw. beschäftigungswirksam ist. Die Arbeitnehmer aber, die mit geringerem Einkommen für ein Mehr an Freizeit nicht einverstanden sind, werden demnach ihre Arbeitskraft schwarz anbieten. Dies hat nicht nur negative Auswirkungen auf das Individuum, das in seiner Freiheit beeinträchtigt ist, sondern schränkt zudem noch Produktionsmöglichkeiten ein und entzieht dem Staat Steuern und Sozialabgaben. (5) Das letzte Argument wird von den Arbeitgebern nicht explizit geäußert. Wie in Kapitel 2 dargestellt, haben die Unternehmer und ihre Verbände kein Interesse an einer ausgeglichenen Situation auf dem Arbeitsmarkt. Solange die Auswirkungen der Arbeitslosigkeit das System nicht gefährden, sind Arbeitgeber an einer Käufermarktsituation interessiert, da ihnen das einen strategischen Machtvorsprung sichert.

Generelle Arbeitszeitverkürzungen werden von den Unternehmen also abgelehnt, dagegen fordern sie verschiedene Formen der Arbeitszeitflexibilisierung. Diese jedoch wurden von den Gewerkschaften früher mit folgenden Argumenten abgewiesen (Hinrichs et al. 1983): (1) Die Flexibilisierung der Arbeitszeit sei lediglich eine betriebliche Maßnahme zur Rationalisierung, mit der eine Arbeitsintensivierung angestrebt wird; man kann hier also eher mit negativen Beschäftigungseffekten rechnen. Außerdem können dadurch Schutzrechte und Ansprüche der Arbeitnehmer umgangen werden. (2) Sind derartige Flexibilisierungen mit hohen Einkommensverlusten verbunden (z.B. bei Teilzeitarbeit), kommen solche Arbeitsplätze nur für Personen in Frage, die auf ein volles Einkommen verzichten können. Solche Arbeitskräfte sehen demnach ihre Arbeit eher als Zuverdienst oder Übergangslösung und nehmen Nachteile und Risiken dieser Arbeitsplätze in Kauf.[124] (3) Schließlich wird eingewandt, dass durch individualisierte Arbeitszeitregelungen tarifliche Vereinbarungen unterlaufen werden und somit die Solidarität zur Durchsetzung weiterer kollektiver Ziele verlorengeht. Die inhaltliche Unbestimmtheit von Einzelabsprachen – vor allem unter Bedingungen einer ungünstigen Arbeitsmarktlage – wird im jeweiligen Arbeitsverhältnis zu Lasten der Arbeitskraft gehen.

---

124 Gegen Teilzeitarbeit wird generell eingewandt, dass derartige Beschäftigungsverhältnisse meist auf einem niedrigen qualifikatorischen Niveau nachgefragt werden, demzufolge kaum Aufstiegschancen bieten und insgesamt stark konjunkturabhängig sind. Außerdem wären sie eine Form der schleichenden Arbeitszeitverkürzung ohne Lohnausgleich und zementierten zusätzlich die traditionelle, geschlechtsspezifische Rollenverteilung.

Auf das Bündnis für Arbeit bezogen, interessieren zuvorderst die Beschäftigungseffekte verschiedener Formen der Arbeitszeitverkürzung sowie deren Verhandelbarkeit. Dies soll Gegenstand der nächsten Abschnitte sein.

5.4.2 Beschäftigungswirksamkeit von Arbeitszeitverkürzung

Aus der Formel aus Abschnitt 2.2.1 kann ableitet werden, dass die Arbeitszeit pro Beschäftigten in dem Maße gekürzt werden muss, wie die Steigerung der Stundenproduktivität das Sozialproduktwachstum übersteigt, um die Beschäftigung wenigstens konstant halten zu können. Ist dagegen an eine Steigerung der Beschäftigung gedacht, muss die Arbeitszeit ceteris paribus stärker gekürzt werden. Bei einer Gleichentwicklung des Stundenlohnes mit der Stundenproduktivität gibt der Produktivitätsfortschritt den Spielraum an, innerhalb dessen eine Arbeitszeitverkürzung ohne Senkung des Reallohnes möglich ist. Arbeitszeitverkürzungen mit Einkommenseinbußen dürften kaum konsensfähig sein; das „Solidaritätsopfer" (Riese 1983: 69) wäre schwerlich durchsetzbar. Aus oben angeführter Gleichung ist weiterhin der Umfang des Beschäftigungseffektes bei Konstanz aller anderen Größen ablesbar. Durch Umrechnung der Senkung des angebotenen Arbeitsvolumens in äquivalente Vollzeitarbeitsplätze ist der rechnerische Mehrbedarf an Arbeitskräften leicht zu ermitteln. Allerdings sind derartige mathematische Überlegungen ‚Milchmädchenrechnungen'. Arbeitszeitverkürzungen haben immer noch Neben- und Sekundärwirkungen, die bei derartigen Rechnungen mit berücksichtigt werden müssen (ebd.).[125]

Der wichtigste Aspekt ist die steigende Stundenproduktivität durch Arbeitszeitverkürzung, die bei konstantem Arbeitsvolumen zu einer Steigerung des Produktionsergebnisses führt. Bei der Berechnung zusätzlicher Arbeitskräfte kommt es nicht auf das konstante Arbeitsvolumen an, sondern vielmehr auf den konstanten Arbeitsertrag (Kunz 1983: 62f.). Unternehmer werden die Beschäftigtenzahl nur unterproportional erhöhen müssen, um den gleichen Arbeitsertrag wie vorher erzielen zu können.[126]

Eine weitere Folge von Arbeitszeitverkürzungen sind, neben den induzierten Produktivitätsgewinnen, Kosten- und Nachfrageveränderungen, die wiederum indirekt die Wettbewerbsfähigkeit der Unternehmen beeinflussen und damit Anreize bzw. Möglichkeiten, neue Arbeitsplätze zu schaffen. Das Problem besteht

---

125 Für eine ausführlich Diskussion zu diesen Nebenwirkungen, die den Beschäftigungseffekt beeinflussen: Vetterlein 2000.
126 Grafisch anschaulich dargestellt bei Kunz 1983: 63.

dabei darin, möglichst gleichzeitig eine kosten- und kaufkraftneutrale Lösung zu finden, damit der Beschäftigungseffekt relativ hoch ausfällt. Diesbezüglich ist die Frage des Lohnausgleichs von großer Bedeutung (Riese 1983). Schließlich ist die Inanspruchnahme der Maßnahmen von Relevanz. Dabei spielt eine Rolle, ob die Arbeitszeitverkürzungsmaßnahmen obligatorisch oder freiwillig sind. Obligatorische Regeln wären auf jeden Fall wirksamer, kollidieren aber mit der Bestrebung, keine Maßnahmen zu oktroyieren. Selbst bei gesetzlicher oder tariflicher Festlegung der Arbeitszeit ist es meist möglich, deren Wirksamkeit zu konterkarieren.

Theoretisch können demzufolge sowohl Argumente für als auch gegen die Beschäftigungswirksamkeit von Arbeitszeitverkürzungen vorgebracht werden. Letztlich lässt sich nur empirisch feststellen, welche Effekte tatsächlich stattfinden. Allerdings drückt sich der positive Beschäftigungseffekt nicht nur in einem Rückgang der amtlichen Arbeitslosenzahlen aus. Denn Beschäftigungseffekte entstehen nicht nur durch Neueinstellungen. Sicherung von Arbeitsplätzen, Verlängerung der Arbeitszeit von vorher unfreiwillig Teilzeitbeschäftigten u.ä. sind ebenfalls Formen beschäftigungspolitischer Wirkungen. Die Probleme, die empirischen Effekte exakt zu ermitteln, mehren sich dadurch erheblich (Bosch/ Lehndorff 1998).

5.4.3 Empirie bisheriger Arbeitszeitverkürzungen

Grundsätzlich sind auf der Basis verschiedener Methoden[127] positive Beschäftigungseffekte der Arbeitszeitverkürzung anzunehmen, wobei diese nicht genau zu quantifizieren sind. Derartige Schätzungen sind immer spekulativ, weil die bisher verwendeten Methoden nicht ausreichen, die Zusammenhänge von Arbeitszeitverkürzung und Wachstum sowie Produktivität und Beschäftigung zu trennen und einzeln zu quantifizieren. Generell wird von einer Beschäftigungswirkung der Hälfte bis zwei Drittel des rechnerischen Wertes der Arbeitszeitverkürzung ausgegangen (Seifert 1997: 58, 1998b; Kurz-Scherf 1993). Die Beschäftigungswirksamkeit hängt neben der Form der Arbeitszeitverkürzung zudem von der Beschäftigtengruppe ab: So wurde ermittelt, dass eine Arbeitszeitverkürzung bei Arbeitern wirksamer ist als bei Angestellten (Seifert 1997).

---

127 Vier methodische Ansätze sind zu unterscheiden: (1) Betriebsbefragungen und Fallstudien, (2) Komponentenrechnungen, (3) ökonometrische Schätzverfahren, also makroökonomische Simulationen und (4) Regressionsanalysen (vgl. Bosch/Lehndorff 1998; Seifert 1997).

Die seit 1984 in Westdeutschland durchgeführte Verkürzung der tariflichen Wochenarbeitszeit von 40 Stunden auf 37,5 hatte einen Beschäftigungseffekt von rund 800.000 erhaltenen bzw. geschaffenen Arbeitsplätzen (Seifert 1997, 1998b). Ohne diese Verkürzung läge der Prozentanteil der Arbeitslosen in Westdeutschland um 3% höher. Hierbei wurden die Wirkungen der Maßnahmen Vorruhestandsregelung, Altersübergangsgeld bzw. Altersteilzeit noch nicht berücksichtigt, die den Arbeitsmarkt um ca. 900.000 Arbeitsplätze entlastet haben. Des weiteren wurden Sabbaticals oder Erziehungsurlaub nicht mit berechnet. Die positiven Beschäftigungseffekte der Steigerung der Teilzeitarbeit, belaufen sich auf rund 250.000 Arbeitsplätze seit Mitte der 90er (ebd.).

Seit Mitte der 80er Jahre ist sowohl die tarifliche als auch die effektive Arbeitszeit deutlich zurückgegangen. Im Durchschnitt arbeiteten Erwerbspersonen 1997 159 Stunden weniger als 1984 (s. Tab. 1). Dazu trugen vier Komponenten der Arbeitszeit bei: Erstens sank die tarifliche Wochenarbeitszeit von 40 Stunden auf 37,5. Außerdem stieg der Anteil der Teilzeitarbeit stark auf 19,3% (s. Tab. 1). Der dritte Grund lag in der Erhöhung des Jahresurlaubs von durchschnittlich 29,5 Tagen in 1984 auf 31,1 Tage 1997. Schließlich ging die Überstundenarbeit 1997 auf 63,5 Stunden leicht zurück (Seifert 1998b).

Tab. 1: Entwicklung der jährlichen Arbeitszeit (Westdeutschland) von 1984 bis 1997

	1984	1997	Veränderungen	
	in Std.	in Std.	in Std.	in %
Tatsächliche Arbeitszeit	1661,6	1502,6	-159	-9,6
Tarifliche Arbeitszeit	1760,6	1641,3	-119	-6,8
Mehrarbeit	65,5	63,5	-2	-3,1
Teilzeiteffekt	79,3	104,9	26	32,3
Teilzeitquote	13,0	19,3		

Quelle: Seifert 1998b: 580

Den größten Anteil an dieser Entwicklung mit mehr als zwei Drittel (ca. 70%) hat die tarifliche Arbeitszeitpolitik, die sich in der kollektiven Verkürzung der Wochenarbeitszeit und der Verlängerung des Jahresurlaubs niederschlägt. Auch die Senkung der Überstunden geht auf das Konto von tarifvertraglichen Vereinbarungen. Die Wirkung individueller Regelungen dagegen – z.B. die Ausweitung der Teilzeitarbeit – macht nur 25% des Arbeitszeitrückgangs aus, wobei man deren rasche Entwicklung nicht vergessen darf, die sich zukünftig wahrscheinlich fortsetzen wird (Seifert 1998b, 1997). Der Ausbau von Teilzeitarbeit wird zunehmend zu einer wichtigeren Form der Umverteilung von Arbeit. Ihr Anteil an der Abnahme der Jahresarbeitszeit um 10,9% (von 1983 bis 1993) beträgt 3,9% (Bosch 1998c: 347; Lehndorff 1998: 570).[128] Der rechnerische Anteil der tariflichen Verkürzung der (Vollzeit-)Arbeitsplätze an der Abnahme der Arbeitszeit sinkt, der der Steigerung von Teilzeitarbeit steigt, wobei diese Entwicklung im europäischen Vergleich am stärksten in den Niederlanden ist (ebd.). „Anders gesagt: Individuell reduzierte Arbeitszeit wird für die Umverteilung des sinkenden Arbeitsvolumens immer wichtiger. Kollektive Arbeitszeitverkürzungen allein haben schon bisher nicht ausgereicht, um die rationalisierungsbedingten Freisetzungen zu kompensieren" (Vobruba 1990: 56). Einer Zunahme von Teilzeitbeschäftigung werden beachtliche Beschäftigungseffekte zugesprochen: In Deutschland könnten 2,7 Millionen Arbeitsplätze entstehen, wenn die Teilzeitquote der Niederlande erreicht würde (Laumann 1999). Das wird durch Studien unterstützt, die einen negativen Zusammenhang zwischen der Teilzeit- und der Arbeitslosenquote belegen. Die tatsächlichen Beschäftigungseffekte sind nicht zu quantifizieren und eher umstritten (s.o.). Einigkeit besteht allerdings darin, dass arbeitszeitpolitische Maßnahmen (individuell und kollektiv) nicht im Jahr ihrer Implementierung ihre vollen Beschäftigungseffekte entfalten und ebenfalls nicht gänzlich in neue Beschäftigungsverhältnisse umgesetzt werden. Im Gegensatz zu der auf individueller Wahl basierenden Arbeitszeitverkürzung wäre die Strategie der tariflich vereinbarten obligatorischen Reduktion mit großer Wahrscheinlichkeit von größerer Wirksamkeit, da sie für alle Arbeitnehmer gleichermaßen gelten würde. Kollektive Arbeitszeitverkürzung stößt jedoch auf große Umsetzungshindernisse. Zwar ist Teilzeitarbeit leichter verhandelbar, solange sie einzelvertraglich oder auf betrieblicher Ebene geregelt wird, allerdings fehlt es aus institutionellen Gründen an einer entsprechenden Nachfrage nach derartigen Arbeitsplätzen. Grundsätzlich ist eine Kombination aus beiden Varianten die beste Alternative, um Beschäftigungseffekte zu erzielen.

Beide Formen der Arbeitsumverteilung führen in der Beschäftigtenstatistik zum gleichen Resultat. Ihre sozialen Konsequenzen dagegen sind höchst unter-

---

128 Zum Vergleich: Der Anteil der Veränderung der Arbeitszeit von Vollzeitbeschäftigten liegt bei -6,1% (ebd.).

schiedlich: Generelle Arbeitszeitverkürzung führt zu einer Veränderung der Normalarbeitszeit; individuelle Arbeitszeitverkürzung dagegen zu einer Abweichung vom Normalarbeitszeitstandard, womit insbesondere aufgrund der unzureichenden sozialen Sicherung individuelle Risiken verbunden sind. Kollektive Nachteile ergeben sich aus der steigenden Differenzierung der Arbeitszeiten und den damit einhergehenden unterschiedlichen Verteilungsinteressen, die wiederum kollektive Interessendurchsetzung negativ beeinflussen. Letzterer Aspekt verweist darauf, dass mit einer Zunahme der Teilzeit die Chancen kollektiver Arbeitszeitverkürzung abnehmen (Vobruba 1990).

5.5 Resümee

Die gewerkschaftliche Initiative zu einem Bündnis für Arbeit war in einer Hinsicht für die Gewerkschaften durchaus erfolgreich. Nachdem die Gewerkschaften jahrelang als gesellschaftliche Akteure in die Defensive gedrängt waren und an Einfluss verloren hatten, konnten sie nun mit dieser Strategie und mit Hilfe der sozialdemokratisch geführten Regierung wieder an Bedeutung und Handlungsfähigkeit gewinnen. Dies gilt auch vor dem Hintergrund des Ergebnisses, welches wir in diesem Kapitel herausgearbeitet haben – nämlich der Vermutung, dass das Bündnis kaum seinem Ziel, dem Abbau der Arbeitslosigkeit, gerecht werden wird.

Wir erarbeiteten zwei Voraussetzungen, von denen der Erfolg neokorporatistischer Arrangements im Sinne einer signifikanten Reduktion von Arbeitslosigkeit abhängig ist. Beide sind in Deutschland nicht erfüllt: Zunächst gibt es kein gemeinsames Interesse am Bündnisziel. Aber selbst wenn die Verbandseliten der jeweiligen Organisation dieses gemeinsame Interesse an Vollbeschäftigung hätten, entstünden innerorganisatorische Konflikte bei der Vermittlung diesbezüglich ausgehandelter Kompromisse an die Basis. Auch die zweite wichtige Bedingung – die glaubhafte Interventionsdrohung des Staates –, die in dieser Situation helfen könnte, indem sie die gespannte Beziehung zwischen Basis und Elite auflöst, ist nicht gegeben.

Das bedeutet jedoch noch nicht, dass das Bündnis völlig zum Scheitern verurteilt ist oder zu keinen Einigungen kommt. Allerdings stellt sich die Frage, was in einem solchen Verhandlungssystem noch möglich ist bzw. erwartet werden kann. Die Tatsache, dass die Bedingungen nicht erfüllt sind, führt zur Verringerung der Steuerungskapazität des neokorporatistischen Arrangements. Die Steuerungsinhalte nämlich, auf die sich die Verbandsmitglieder verpflichten ließen, lösen kaum das Beschäftigungsproblem; die Maßnahmen, die beschäftigungswirksam wären, sind nicht verpflichtungsfähig. Das Bündnis endet also in einer spezifischen Selektivität der Themen, die es verhandeln kann. Empirisch kann diese These bis jetzt bestätigt werden. Die größten Erfolge des Bündnisses scheinen der Ausbildungskonsens und das Sofortprogramm zum Abbau der Jugendarbeitslosigkeit zu sein. Themen, über die sich alle drei gesellschaftlichen Akteure bereits von Anfang an mehr oder weniger einig waren und denen die beiden Arbeitsmarktparteien auch deshalb zustimmen konnten, weil die Mittel dafür hauptsächlich vom Staat bereit gestellt werden. Letzteres Argument gilt auch für die Modellprojekte für Geringqualifizierte und Langzeitarbeitslose. Bei allen anderen verhandelten Themen kam es bis jetzt lediglich zu nicht bindenden Absichtserklärungen oder der Äußerung, dass generell in bestimmten Forderungen übereingestimmt wird (insbesondere bei der Arbeitszeitverkürzung und -flexibilisierung).

Was sich aus diesen Ergebnissen an Risiken und Chancen für die Gewerkschaftspolitik ergibt, werden wir im nächsten Kapitel diskutieren.

6 Politik ohne Vollbeschäftigung: Chancen, Risiken und Perspektiven gewerkschaftlicher Strategien

Im letzten Schritt wollen wir unsere Ergebnisse zusammenführen und zwei Fragen nachgehen: 1) Welche Chancen und Risiken bergen die geschilderten gewerkschaftlichen Handlungsstrategien in sich? 2) Welche konkreten politischen Vorschläge können den Gewerkschaften angesichts der analysierten Chancen und Risiken gemacht werden? Unsere Anregungen zur zweiten Frage sind dabei in zweifacher Hinsicht diskussionsbedürftig: Zum einen fließen in sie nicht nur die Erkenntnisse der vorangegangenen Analyse ein, sondern auch unsere eigenen politischen Einschätzungen. Zum anderen sind sie im Wortsinne Anregungen: Sie bedürfen der weiteren Debatte und Ausarbeitung.

Wir werden drei Punkte erörtern: Erstens Widersprüche zwischen den arbeits- und sozialpolitischen Vorstellungen der Gewerkschaften; zweitens Erfolgszwänge im Bündnis für Arbeit; drittens – und aufgrund ihrer großen strategischen Bedeutung noch einmal sehr ausführlich – Chancen und Probleme kollektiver und individueller Arbeitszeitverkürzungen. Abgeschlossen wird diese Diskussion mit einem kurzem Fazit, in dem wir resümieren wollen, wie weit und in welche Richtung sich die Gewerkschaften bislang bewegt haben bzw. noch bewegen sollten. Bevor wir jedoch in die Diskussion einsteigen, werden die wichtigsten Ergebnisse der vorangegangenen Analyse zuerst noch einmal zusammengefasst.

6.1 Zusammenfassung

Unsere Analyse hatte das Ziel herauszufinden, wie die Gewerkschaften auf den Verlust der traditionellen Vollbeschäftigungsgesellschaft reagieren. Um beurteilen zu können, ob ihre Reaktionen problemadäquat sind, haben wir der Schilderung gewerkschaftlicher Handlungsstrategien zwei Kapitel vorangestellt. Wir haben erstens in einem theoretischen Teil danach gefragt, wer überhaupt ein Interesse an der Vollbeschäftigung hat und wie die Möglichkeiten verschiedener Akteure aussehen, etwas für mehr Beschäftigung zu tun. Zweitens haben wir in einem empirischen Teil danach geschaut, welche Veränderungen die traditionelle Vollbeschäftigungsgesellschaft seit dem Ende der Vollbeschäftigung Mitte der 70er Jahre auf dem Arbeitsmarkt, in sozialer und sozialpolitischer Hinsicht durchlaufen hat.

Die Ergebnisse der Analyse der Interessen an Vollbeschäftigung und der Möglichkeiten etwas für mehr Beschäftigung tun zu können, sind eindeutig. Erstens hat kaum jemand (außer den Arbeitslosen) ein widerspruchsfreies Interesse an Strategien, die zur Wiederherstellung der Vollbeschäftigung führen könnten. Das gilt auch für die Gewerkschaften selbst. Es ist deshalb unwahrscheinlich, dass solche Strategien politisch durchsetzbar sind. Zweitens haben sowohl der Staat als auch die Gewerkschaften oder die einzelnen Arbeitnehmer nur wenig Möglichkeiten, direkt Einfluss auf den Beschäftigtenstand zu nehmen. Entscheidend ist die Nachfrage durch die Arbeitgeber: Allein sie können die Arbeitslosigkeit durch eine veränderte Einstellungspraxis beeinflussen. Staat und Arbeitnehmer können lediglich durch Maßnahmen der Verbesserung des Arbeitsangebotes hoffen, Einfluss auf die Arbeitgeberentscheidungen zu nehmen. Letztlich bleibt dieser Einfluss aber indirekt. Das wirksamste Instrument in Händen der Arbeitnehmerseite ist und bleibt die Angebotsverknappung mittels kollektiver, tariflicher Arbeitszeitverkürzung. Allerdings ist diese Strategie gewerkschaftsintern, bei den Arbeitgebern und auch politisch äußerst umstritten.

Der empirische Teil, in dem wir die Veränderungen der traditionellen Vollbeschäftigungsgesellschaft eingehender betrachtet haben, zeigte, dass die Voraussetzungen und Rahmenbedingungen der traditionellen Vollbeschäftigungsgesellschaft umfassend brüchig geworden sind. Dafür sprechen auf dem Arbeitsmarkt: persistent hohe Arbeitslosigkeit; rascher und fortlaufender wirtschaftlicher Strukturwandel mit der Folge des raschen Veraltens beruflicher Qualifikationen; ein stark gewachsenes Arbeitsangebot; ein Bedeutungsverlust normaler und eine Zunahme atypischer Beschäftigungsverhältnisse mit dem Ergebnis gewachsener Interessengegensätze zwischen den Beschäftigten; Machtverschiebungen zwischen Kapital und Arbeit zugunsten der Kapitalseite; eine Verbetrieblichung der Regulierung der Arbeitsbeziehungen mit dem Ergebnis eines höheren Konfliktpotentials zwischen betrieblicher und gewerkschaftlicher Interessenvertretung. In sozialer Hinsicht erkennt man vor allem eine Veränderung der traditionellen geschlechtlichen Rollenbilder sowie – damit verbunden – eine sukzessive Abkehr von der Normalfamilie. Im wohlfahrtsstaatlichen Gefüge sind insbesondere eine Abkehr vom unbedingten Vorrang der Leistung in Lohnarbeit in der sozialen Sicherung, eine zunehmende Anerkennung alternativer individueller Leistungen (Familie), eine Abnahme der tradierten Festlegung der Geschlechter auf ihre tradierten Rollen in der Erwerbsarbeit bzw. in der Reproduktionssphäre und schließlich eine Reduktion des Gesamtleistungsumfangs und ein Rückzug aus dem Versprechen der individuellen Lebensstandardsicherung bei Eintritt von Marktrisiken zu beobachten.

Die Ergebnisse des theoretischen und empirischen Teils haben für die Rahmenbedingungen gewerkschaftlicher Politik tiefgreifende Folgen. Erstens ist Vollbeschäftigung in absehbarer Zeit unwahrscheinlich; Strategien, die in nennenswertem Umfange mehr Beschäftigung bewirken könnten, sind kaum durchsetzbar. Zweitens sind die Gewerkschaften in jeder Hinsicht mit Veränderungen ihrer Umwelt konfrontiert, die eine politische Orientierung an den Strukturen der traditionellen Vollbeschäftigungsgesellschaft dysfunktional werden lässt. Der Preis, den die Gewerkschaften für ein Festhalten am Ideal der traditionellen Vollbeschäftigungsgesellschaft zu entrichten hätten, wäre wahrscheinlich nicht nur ein weiterer umfassender Mitgliederverlust. Zudem würde den Gewerkschaften ein Absinken in die politische Bedeutungslosigkeit drohen. Weder würden die Arbeitgeber Rücksicht auf geschwächte Gewerkschaften nehmen, noch wären sie interessante Partner im politischen Prozess und besonders für korporatistische Arrangements. Eine Abstiegsspirale aus Mitglieder- und politischem Bedeutungsverlust wäre die wahrscheinliche Folge. Die 80er Jahre haben gezeigt, dass die Gewerkschaften auf dem Weg in diese Richtung waren.

Aber die Gewerkschaften zeigen sich reaktionsfähig. Zum einen haben sie umfassende Veränderungen ihres sozialen Leitbildes eingeleitet. Zum anderen versuchen sie, durch das Bündnis für Arbeit Arbeitslosigkeit abzubauen, ihre politische Rolle zu stabilisieren und für Staat und Arbeitgeber (wieder) zu einem unverzichtbaren Partner bei der Regulierung des Arbeitsmarktes zu werden.

Im Rahmen der Strategie, den Gewerkschaften ein neues soziales Leitbild zu geben, steht der ‚neue Typ von Vollbeschäftigung‘ im Mittelpunkt. Mit dem neuen Typ von Vollbeschäftigung lösen sich die Gewerkschaften vom tradierten Bezug auf die männlich dominierte abhängige Vollzeiterwerbstätigkeit in Normalarbeitsverhältnissen. Sie erkennen statt dessen auch Tätigkeiten außerhalb des Arbeitsmarktes als gesellschaftlich wichtige Leistungen an. Zudem soll der neue Typ von Vollbeschäftigung dazu dienen, die tradierte Rollenteilung zwischen Männern und Frauen zu überwinden. Es sollen neue flexible Arbeitszeitstrukturen und vor allem Arbeitszeitverkürzungen ermöglicht werden. Schließlich soll Erwerbsarbeit außerhalb von Normalarbeitsverhältnissen gewerkschaftlich anerkannt werden. Es lässt sich festhalten, dass sich die Gewerkschaften hier sehr weitgehend von tradierten Normalitätsannahmen ihrer Politik absetzen, die am Leitbild der traditionellen Vollbeschäftigungsgesellschaft orientiert waren. Sie reagieren damit in vielen zentralen Punkten auf soziale und ökonomische Veränderungen. Am wenigsten ausgeprägt erscheint ihre Veränderungsbereitschaft in der Sozialpolitik zu sein. Hier steht das Leitbild der lebenslangen Vollzeiterwerbstätigkeit weiterhin im Mittelpunkt.

Das Bündnis für Arbeit ist im Unterschied zum Versuch, ein neues soziales Leitbild zu etablieren, eine im engeren Sinne arbeitsmarkt- und beschäftigungspolitische Strategie, mit der die Gewerkschaften Einfluss auf den Beschäftigungsstand gewinnen wollen. Mit dem Bündnis für Arbeit haben die Gewerkschaften nicht nur einen großen öffentlichen Imageerfolg erzielt. Außerdem haben sie – bald zwei Jahrzehnte nach dem Scheitern der ‚Konzertierten Aktion' – eine Neuauflage eines korporatistischen Arrangements und damit eine deutliche Aufwertung ihrer politischen Position erreicht. Im Bündnis für Arbeit lässt sich nicht an den Gewerkschaften vorbei regieren. Allerdings wird das Bündnis für Arbeit bei der Lösung des Problems, zu dessen Bearbeitung es eingerichtet wurde (nachhaltige Reduktion der Arbeitslosigkeit), kaum Erfolge verbuchen können. Es befindet sich in einem Dilemma. Denn Maßnahmen, die im Bündnis verhandelbar sind, bewirken nicht viel bei den Arbeitslosenzahlen. Maßnahmen, die an den Arbeitslosenzahlen etwas ändern könnten, sind aber nicht verhandelbar. Zumindest kurzfristig sind vom Bündnis jedenfalls kaum positive Wirkungen auf dem Arbeitsmarkt zu erwarten. Das allerdings ist bei solchen korporatistischen Arrangements nicht verwunderlich. Auch im Bündnismusterbeispiel, den Niederlanden, hat es lange gedauert, bis ein Durchbruch auf dem Arbeitsmarkt erzielt werden konnte. Hier war es das Strategieelement der Arbeitszeitverkürzung, das vor allem gewirkt hat. Das könnte auch in Deutschland wirken, doch ist es im Bündnis selbst kaum konkret zu verhandeln. Außerdem sind in Deutschland die sozialpolitischen Rahmenbedingungen anders als in den Niederlanden. Zudem scheinen die Interessendifferenzen zwischen den organisierten Akteuren von Kapital und Arbeit in Deutschland größer, als sie es in den Niederlanden waren oder sind.

Damit leiten wir jedoch schon über zu unserer abschließenden Diskussion, in der erörtert werden soll, wo aufgrund der gewählten Reaktionen für die Gewerkschaften die zukünftigen Handlungschancen und -risiken liegen könnten. Wie aussichtsreich sind ihre Strategien?

6.2 Handlungschancen und Handlungsrisiken

6.2.1 Arbeits- und Sozialpolitik: Zwei Geschwindigkeiten

Wer geglaubt hat, dass die Gewerkschaften in der Arbeitspolitik nicht mehr realitätstüchtigen Normalitätskonstrukten nachhängen, sieht sich getäuscht. Tatsächlich erkennt man gerade in den arbeitspolitischen Konzepten ein auf Reflexion der vergangenen Entwicklungen beruhendes Bemühen, mit der aktuellen Situation auf dem Arbeitsmarkt und in den Beschäftigungsverhältnissen angemessen Schritt zu halten. Die von den Arbeitgebern so oft eingeforderte Flexibilität ist in den gewerkschaftlichen Konzepten schon Realität. Das betrifft etwa die Frage der Lage und Dauer von Arbeitszeiten genauso wie jene nach den kollektivvertraglichen Regelungskompetenzen: Die Gewerkschaften sind sehr viel mehr als früher bereit, Regelungskompetenzen von der Ebene des Flächen- oder Branchentarifvertrags auf jene des Betriebs zu verlagern, um dort Flexibilitätsspielräume zu ermöglichen. Dass die Gewerkschaften nicht aufgeben werden, die Einigungen auf der Betriebsebene durch übergeordnete Rahmensetzungen kontrollieren zu wollen, kann man ihnen kaum vorwerfen. Die Existenz der Gewerkschaften beruht auf der Voraussetzung, dass die Arbeitnehmer ihre Interessen auf Dauer nur durch kollektive Vertretung gegen die strukturell übermächtige Arbeitgeberseite durchsetzen können. Die vollständige Aufgabe der kollektivvertraglichen Logik würde Arbeitnehmervertretungen und damit den Gewerkschaften ihre Grundlage entziehen. Die Arbeitgeberseite steht vor der Frage, ob die möglichen langfristigen Nachteile, die ihnen selbst aus dem Verlust der kollektiven, überbetrieblichen Vertretung der Arbeitnehmerseite erwachsen können, die erwarteten aber oft unsicheren und kurzfristigen Vorteile nicht überwiegen (vgl. Kap. 3.1).

Die Reaktion der Gewerkschaften auf die Erfahrung, viele kollektivvertragliche Regelungen ebenso wie manche arbeits- und sozialrechtliche Normierungen nicht halten zu können, stellt der Versuch dar, neue Auffanglinien zu errichten. Diese sollen – anders als die verloren gegangenen Normierungen – Flexibilität jedoch nicht verhindern. Vielmehr sollen sie Flexibilität zugleich ermöglichen wie absichern. Man könnte auch sagen, dass eine Art arbeits- wie sozialrechtliche Grundsicherung normiert werden soll, die alle auffängt, die flexibel arbeiten wollen oder müssen.[129]

Die gewerkschaftlichen Reaktionen auf die Veränderungen der sozialen, politischen und ökonomischen Konstitution der Arbeitswelt sind in der Arbeitspolitik bemerkenswert. Sie dürften die aktuelle Politikfähigkeit der Gewerkschaften erhöht haben. Ebenso haben sich die Gewerkschaften damit für gesellschaftliche Gruppen interessanter gemacht, die bislang von gewerkschaftlicher Vertretung nicht viel zu erwarten hatten und deshalb kaum zur Mitgliedschaft der Gewerkschaften zählten. Die Zukunft wird zeigen, ob die Weiterungen des so-

---

129 Die aktuelle gewerkschaftliche Debatte wird unter dem Stichwort „Flexicurity" geführt (vgl. das gleichnamige Schwerpunktheft der WSI-Mitteilungen 5/2000).

zialen Leitbildes sich hier auszahlen. Gelingt es, die negative Entwicklung der Mitgliederzahlen umzukehren, wenigstens den Rückgang abzubremsen? Kann eine Zunahme des Anteils atypisch Beschäftigter an der Mitgliedschaft erreicht werden? Solche Erfolge dürften die Voraussetzung dafür bilden, den eingeschlagenen Weg der Öffnung der Gewerkschaften für die veränderte soziale Realität fortzusetzen.

In den meisten Fällen lassen sich politische Strategien aber nicht auf einen Politikbereich (hier: Arbeitspolitik) begrenzen. Sie zeitigen Nebeneffekte in benachbarten und miteinander im Zusammenhang stehenden Politikfeldern. Ein Nebeneffekt der gewerkschaftlichen Flexibilisierungsbemühungen in der Arbeitspolitik dürften neue Anforderungen an die Sozialpolitik sein. Wir denken, dass die Gewerkschaften diese Herausforderung bislang nicht ausreichend aufgenommen haben.

Wie bereits beschrieben, wendet sich die tradierte deutsche Sozialpolitik vorrangig an vollzeitig und dauerhaft beschäftigte ‚Normalarbeiter‘. Denjenigen, die diesem Beschäftigungstypus gar nicht oder nur teilweise entsprechen, werden in den Sozialversicherungen nur ungenügend abgesichert. Wenn die Gewerkschaften nun offensichtlich flexibleren Beschäftigungsverhältnissen und -biographien ebenso wie Arbeitszeitverkürzungen in all ihren Formen zustimmen, dann nehmen sie sozialpolitische Sicherungsdefizite in Kauf, wenn das System sozialer Sicherung nicht zugleich an die veränderte Beschäftigungsrealität angepasst wird. Die gewerkschaftliche Strategie ist in dieser Hinsicht alles andere als widerspruchsfrei. Zwar wird eine (lohnarbeitszentrierte) soziale Grundsicherung in den Sozialversicherungen gefordert. Wie die jedoch genau aussehen soll und wie Personen abgesichert werden, die außerhalb der Sozialversicherungen stehen, wird nicht verraten.

Es ist offensichtlich, dass die Gewerkschaften intern noch nicht genügend Kraft besitzen, sozialpolitische Konzepte zu konzipieren, die auch diejenigen einbeziehen, die nicht den arbeits- und sozialrechtlichen Normalitätsvorstellungen der traditionellen Vollbeschäftigungsgesellschaft entsprechen. Immerhin wäre das ein weiterer Schritt hin zu der Vorstellung, dass es Lebensentwürfe auch außerhalb der unbedingten Arbeitsmarktteilnahme gibt. Zu groß erscheint ihnen wohl das Risiko, die Gefolgschaft derer zu verlieren, die sie heute in der Hauptsache tragen. Vielleicht können sie auch nicht an allen politischen Fronten zugleich neue Stellungen beziehen. Dennoch: Eine solche Strategie produziert Widersprüche. Diejenigen, welche später nicht ausreichend abgesichert sein werden, werden irgendwann fragen, warum die Gewerkschaften zu dem einen ja (Flexibilisierung) und zu dem anderen nein (Anpassung der Sozialpolitik an die flexibleren Beschäftigungsverhältnisse) gesagt haben.

Was aber können die Gewerkschaften in der Sozialpolitik tun? Die lange Diskussion über die Reform der Sozialpolitik hat gezeigt, dass es keine Königswege gibt. Finanzierungs- und politische Durchsetzungsprobleme von Reformen scheinen oft kaum lösbar zu sein. Allerdings zeigen die Sicherungsdefizite vieler atypischer Beschäftigter bzw. Arbeitsloser einen dringenden Reformbedarf an. Wir sind skeptisch, ob eine in die Sozialversicherungen integrierte Grundsicherung (allein) die Lösung der Sicherungsprobleme bringen kann. Zwar scheint die rot-grüne Bundesregierung diesen Weg zu gehen, wie erste Ansätze zu einer Grundsicherung in der letzten Rentenreform zeigen. Dennoch bleiben viele Fragen offen. Das betrifft etwa die Frage, warum von Niedrigeinkommen Beiträge gezahlt werden sollen, die zu einem Sozialversicherungsanspruch unterhalb des Grundsicherungsniveaus führen. Zweitens ist offen, wie sich die neuen Grundsicherungen in den Sozialversicherungen zur Sozialhilfe verhalten sollen. Sind die Bezugsbedingungen andere? Ist das Leistungsniveau höher? Sollte das der Fall sein, entstünde ein ‚Zwei-Klassen-Grundsicherungssystem'. Eine bessere Grundsicherung für jene, die es bis in die Sozialversicherungen schaffen; eine schlechtere für jene, die die Zugangsvoraussetzungen nicht erfüllen. Das aber hätte im Vergleich zum gegenwärtigen Zustand noch stärker ausschließende Wirkungen, weil die verbleibenden Sozialhilfebezieher weiter denn je vom ‚produktiven Kern' der Gesellschaft abgedrängt würden. Die im deutschen System sozialer Sicherung in seiner historischen Entwicklung angelegte Teilung in „Armen- und Arbeiterpolitik" (Leibfried/Tennstedt 1985) würde eine Bestätigung finden: „»Würdige« und »unwürdige« Arme" (Vobruba 1985a: 45), also arbeitende und nicht arbeitende Arme wären schon von der für sie zuständigen Sicherungsinstitution her wieder sehr deutlich voneinander unterscheidbar. Es kann kein Zweifel daran bestehen, dass eine solche Situation mit dem neuen gewerkschaftlichen sozialen Leitbild, das Leistung auch außerhalb der Erwerbsarbeit honorieren möchte, in Widerspruch geriete.

Dies zeigt, dass es in der Sozialpolitik erstens zu einer Relativierung des Zusammenhangs von Lohnarbeit und Anspruch in der sozialen Sicherung kommen muss, wenn die zukünftigen sozialen Sicherungsdefizite nicht stark anwachsen sollen. *Ein* möglicher Weg liegt in einer umfassenden Reform der Sozialhilfe. Sie ist in der Bundesrepublik die real existierende Grundsicherung, welche die Leistungsempfänger zwar in den Arbeitsmarkt reintegrieren will, wenn sie arbeitsfähig sind, die aber frei von arbeitsmarktbezogenen Vorleistungen ist. Bedürftigkeit allein führt zur Leistungsberechtigung. Außerdem bietet sie an zahlreichen Stellen Anknüpfungspunkte, sie zu einer trag- und leistungsfähigen Grundsicherung auszubauen. Zum Beispiel könnten im Rahmen der „Hilfe zur Arbeit", die einen Kernbestandteil der Sozialhilfe ausmacht, Elemente einer negativen Einkommensteuer eingebaut werden, um den Arbeitsanreiz, insbesondere aber die Arbeitsmöglichkeiten zu erhöhen. Vor allem aber muss die Sozialhilfe aus ihrem Schattendasein neben den Sozialversicherungen heraus geführt werden. Ihr Leistungsniveau müsste ebenso verbessert werden wie die heute oft entwürdigenden Bezugsbedingungen. Eine verbesserte Sozialhilfe würde natürlich Mehrausgaben erfordern, zu denen die Kommunen allein nicht in der Lage sind. Ein verstärktes Engagement des Bundes im letzten Netz sozialer Sicherung wäre also erforderlich.

Eine Verbesserung der Sozialhilfe würde es ermöglichen, die Sozialversicherungen im Gegenzug von vielen Aufgaben zu entlasten, die keine reinen Sozialversicherungsleistungen darstellen. Das wiederum würde zu einer Entlastung der Sozialversicherungshaushalte führen und die Möglichkeit eröffnen, dass sich der Bund aus der Finanzierung der Sozialversicherungen zurückzieht.

Eine *andere*, gleichwohl mit der ersten kombinierbare sozialpolitische Strategie würde darauf hinauslaufen, die Sozialversicherungen zu Volksversicherungen umzubauen. Hier bestünde ein erster Schritt darin, die Finanzierungsbasis der Sozialversicherungen auf tendenziell alle Einkunftsarten (insbesondere Vermögenseinkommen und Einkommen aus Beamtentätigkeiten) zu erweitern. Dadurch würden sowohl die Sozialversicherungshaushalte stabilisiert als auch Ungleichbehandlungen zwischen verschiedenen Einkommensquellen beseitigt. Die Universalisierung der Sozialversicherungen auf der Beitragsseite rechtfertigt eine Universalisierung auch auf der Leistungsseite. Leistungsberechtigt wären alle Einwohner oder Staatsbürger unabhängig von ihrem Erwerbsstatus.[130] Einige europäische Länder verfolgen solche Sicherungsstrategien insbesondere bei der Absicherung im Alter (Schweden, Schweiz, Niederlande). Meist wird die Sicherung in Stufen organisiert. Die erste Stufe ist eine Basisabsicherung, die allen zusteht; die zweite Stufe ist eine darauf aufbauende Pflichtversicherung, die nur jene bekommen können, die Beiträge geleistet haben; die dritte Stufe bildet eine private oder betriebliche Zusatzabsicherung. In Deutschland würde die Sozialhilfe bei solchen Strategien für alle Regelfälle materieller Absicherung überflüssig. Sie würde aber noch für jene benötigt, die wegen Krankheit oder ähnlichem besondere Zusatzbedarfe aufweisen.

---

130 In den Niederlanden ist das bei der Absicherung des Risikos Alter der Fall. Einzige Voraussetzung zum vollen Leistungsbezug ist neben Eintritt des versicherten Risikos eine fünfzigjährige Wohndauer in den Niederlanden. Auch in anderen Ländern, die Volksversicherungen mit Grundsicherungselementen im Alter versehen haben, werden solche Mindestwohndauern für den (vollen) Leistungsbezug vorausgesetzt (zu einer Übersicht über verschiedene Alterssicherungsmodelle vgl. VDR 1999).

Wir wissen, dass diese Vorschläge weder neu noch unumstritten sind. Dennoch sollten die Gewerkschaften hier anknüpfen, um Widersprüche in ihrer Politik abzubauen. Die genannten Handlungsoptionen in der Sozialpolitik leiden ja nicht insgesamt daran, utopisch zu sein. Ihnen fehlt in Deutschland ‚lediglich' politische Unterstützung. Mit den Gewerkschaften im Rücken ließe sich vielleicht einiges umsetzen. Zudem würden die Gewerkschaften neben der Arbeitspolitik auch in der Sozialpolitik zu einer vorwärts treibenden Kraft. Das dürfte ihre Attraktivität in den Augen derer steigern, die von den gegenwärtigen sozialpolitischen Konzepten der Gewerkschaften wenig haben. Wir kommen auf diesen Aspekt im abschließenden Fazit noch einmal zurück.

6.2.2 Erfolgszwang im Bündnis für Arbeit

Wir hatten festgestellt, dass die Gewerkschaften den Arbeitgebern im Bündnis für Arbeit weit entgegen gekommen sind. Das betrifft etwa die Bereitschaft, sich in den Bündnisverhandlungen auf bisherige Tabuthemen (Tarifpolitik; Zusammenhang von Lohnhöhe und Arbeitslosigkeit) einzulassen. Es steht vielleicht nicht zu erwarten, dass daraus innerhalb des Bündnisses konkrete Vereinbarungen erwachsen. Allerdings ist das Tabu gebrochen. Die Gewerkschaften, die sich bislang stets geweigert hatten, den Zusammenhang zwischen Lohnhöhe und Arbeitslosigkeit anzuerkennen, verhandeln jetzt über genau dieses Thema. Damit ist der Konnex zwischen Lohnhöhe und Arbeitslosigkeit faktisch anerkannt (Vobruba 1999b: 24f.). Die Gewerkschaften werden sich bei den nächsten Tarifrunden vorhalten lassen müssen, dass ihre – aus Arbeitgebersicht zu hohen – Lohnforderungen Arbeitsplätze kosten werden, dass nur eine Mäßigung oder gar ein Lohnverzicht zu neuen Arbeitsplätzen führen wird. Die Arbeitgeber haben damit die Möglichkeit, die Schuld an der Arbeitslosigkeit den Gewerkschaften jetzt sogar mit deren faktischer Zustimmung zuzuschreiben. Die Debatte um das VW-Modell „5000 mal 5000" hat dieses Problem für die Gewerkschaften bereits offenkundig werden lassen.[131] Stimmen die Gewerkschaften veränderten Lohnleitlinien nicht zu, werden sie für Arbeitsplatzabbau bzw. ausbleibenden Arbeitsplatzaufbau verantwortlich gemacht. Stimmen sie zu, anerkennen sie zugleich den Zusammenhang von Lohnhöhe und -flexibilität mit Arbeitslosigkeit. Diese Situation ist das Dilemma, in das sich die Gewerkschaften im Bündnis für Arbeit hineinbewegt haben, damit das Bündnis zustande kommt. Jetzt,

---

131 S. Fußnote 46.

wo es besteht, gibt es keine Möglichkeit mehr, diese Vorleistung ungeschehen zu machen (Vobruba 2000, 1999b).

Das hat Rückwirkungen auf ihre Position *im* Bündnis für Arbeit. Bei den ersten beiden Versuchen zu einem Bündnis waren die Gewerkschaften in der Lage, das Scheitern der Bündnisinitiativen auf das mangelhafte Entgegenkommen der christlich-liberalen Bundesregierung und der Arbeitgeber zurückzuführen. Die beiden ersten Bündnisinitiativen gelangten jedoch niemals so weit wie die gegenwärtige. Das gegenwärtige Bündnis arbeitet im Sinne des Wortes. Von ihm werden Ergebnisse erwartet. Aber die Gewerkschaften können kaum etwas tun, um es zum Erfolg zu führen, auch wenn sie den Zusammenhang von hohen Lohnkosten und Arbeitslosigkeit anerkennen. Sie können kaum etwas daran ändern, weil generelle Lohnzurückhaltung in ihrer Mitgliedschaft kaum durchsetzbar wäre. Die dauerhafte Erfolglosigkeit des Bündnisses wird ihnen wahrscheinlich zum Vorwurf gemacht werden. Aber die Gewerkschaften können nicht aus dem Bündnis aussteigen. Auch wenn das Bündnis nicht schnell die Arbeitslosigkeit verringern kann, weil die Arbeitgeber kein großes Interesse an politischen Projekten haben, die den Beschäftigungsstand verbessern könnten; auch wenn die Arbeitgeber den Druck auf die Gewerkschaften weiter verstärken, in Fragen der Lohnsteigerungen zurückhaltend zu sein: Die Gewerkschaften werden im Bündnis verbleiben. Wenn sie ausstiegen, wäre der Preis hoch: sie verlören ihre durch das Zustandekommen eines korporatistischen Arrangements mühsam (zurück) gewonnene politische Position und hätten auf absehbare Zeit keine Chance mehr, erneut in eine vergleichbare Stellung zu gelangen. Außerdem droht die Gefahr, das abgelegte Image zurück zu bekommen, eine Organisation von Modernisierungsverweigerern zu sein.

Die Gewerkschaften sind also mit dem Bündnis für Arbeit zum Erfolg verdammt, der aber höchst unwahrscheinlich ist. Was haben die Gewerkschaften bislang getan, um diese Situation zu ihren Gunsten zu verbessern? Eine gewerkschaftliche Antwort sind die unzähligen Bündnisse für Arbeit, die unterhalb der bundes- und länderweiten Bündnisse für Arbeit auf der Betriebsebene eingerichtet wurden. Viele dieser betrieblichen Bündnisse für Arbeit arbeiten seit vielen Jahren durchaus erfolgreich. Tatsächlich ist unmittelbar einleuchtend, dass die betriebliche Ebene die einzige ist, auf der betriebsadäquate Lösungen gefunden und tatsächlich konkrete, überprüfbare und einklagbare Vereinbarungen zwischen Arbeitgeber- und Arbeitnehmerseite getroffen werden können. Das Problem der mangelhaften Verpflichtungsfähigkeit, welches das Bündnis auf Bundesebene so stark in seinen Möglichkeiten einschränkt, existiert auf Betriebsebene nicht. Auf der Mikroebene des Betriebs verhandeln die Arbeitgeber direkt mit ihren Beschäftigten bzw. mit deren betrieblichen Vertretern. Während die Vereinbarungen auf der Bundesebene eher den Charakter von unverbindlichen Willensbekundungen besitzen müssen, tragen die Vereinbarungen auf Betriebebene den Charakter verbindlicher Verabredungen.

Was aber kann auf der betrieblichen Ebene verhandelt und erreicht werden? In aller Regel geht es auf der betrieblichen Ebene um die *Sicherung* von Arbeitsplätzen. Ein Erfolg in diesem Sinne meint also, dass es gelingt, die Belegschaft eines Betriebes trotz betrieblicher Probleme oder anstehender Produktivitätsfortschritte stabil zu halten. Meist geht es um Lohnzurückhaltung der Beschäftigten, um Arbeitszeitflexibilität oder sogar um Mehrarbeit, um den eigenen Betrieb von Kosten zu entlasten und seine Wettbewerbsposition zu verbessern. Je nach Zahl solcher Bündnisse kann das auf der Makroebene des Arbeitsmarktes immerhin bedeuten, dass das Anwachsen der Arbeitslosigkeit gebremst oder gar gestoppt wird. Den Abgang von Beschäftigten in die Arbeitslosigkeit zu bremsen, dürfte eine Grundvoraussetzung zur Verringerung des Arbeitslosigkeitsproblems bilden.

Allerdings – und damit kommen wir zur problematischen Seite der Betriebsbündnisse – wird auf Betriebsebene in den seltensten Fällen über einen Beschäftigungs*aufbau* verhandelt. Das ist ganz einfach eine Folge des Umstandes, dass die Bündnisse auf betrieblicher Ebene von den beteiligten Interessen her eine *geschlossene Gesellschaft* darstellen: Es verhandeln die Arbeitgeber mit ihren Beschäftigten, nicht aber mit Arbeitslosen, die gerne beschäftigt werden würden. Die im Unternehmen Beschäftigten haben als erstes und unmittelbares Interesse aber nur das Interesse am Erhalt ihres Arbeitsplatzes. Und das kostet sie oftmals bereits genug. Dafür sind sie regelmäßig bereit, in ihren Löhnen oder ihrer Arbeitszeit Bedingungen (weit) unterhalb der Standards zuzustimmen, die sie vorher bereits erreicht hatten. Vielfach nehmen sie für den kurzfristigen Erhalt ihrer Arbeitsplätze sogar den Bruch mit den gewerkschaftlichen Interessen in Kauf, die bei zu weitgehenden Zugeständnissen auf Betriebsebene eine Einigung mit Blick auf die Einhaltung von Tarifverträgen und damit einen Ausverkauf der langfristigen Arbeitnehmerinteressen zu verhindern suchen. Warum sollten die Beschäftigten in einer solchen Situation Solidarität mit den Beschäftigungssuchenden zeigen? Das würde ihre Kosten weiter erhöhen, denn ohne Verzichte der Beschäftigten bei der Arbeitszeit und dem Einkommen sind keine umfassenden Neueinstellungen zu erwarten. Vergleichbares gilt für die Arbeitgeberseite. Sie hat in wirtschaftlich problematischen Zeiten kaum ein Interesse am Beschäftigungsaufbau, weil das ihre Kosten zumindest dann erhöhen würde, wenn die bereits Beschäftigten zu unveränderten Konditionen weiter beschäftigt werden. Im Gegenteil stehen in solchen Situationen die Zeichen regelmäßig auf Beschäftigungsabbau. Ohne dieses Bedrohungsszenario würde ein großer Teil der betrieblichen Bündnisse für Arbeit gar nicht existieren. Umgekehrt: Ist ein Unternehmen erfolgreich und expandiert, dann benötigt es für Neueinstellungen kein Bündnis für Arbeit.

Die Bündnisse für Arbeit auf Betriebsebene sind wichtig, denn Beschäftigungssicherung ist viel. Aber sie ist kein Beschäftigungsaufbau. Mit ihrer Hilfe allein kann das Bündnis für Arbeit auf der Makroebene nicht zum Erfolg geführt werden. Deshalb schlagen die Gewerkschaften – im Verbund mit zahlreichen weiteren politischen Akteuren – ein weiteres Strategieelement vor, dass die Arbeitslosigkeit senken und letztlich auch das Bündnis für Arbeit zum Erfolg führen soll: Arbeitszeitverkürzungen. Da Arbeitszeitverkürzungen gegenwärtig – nicht nur von den Gewerkschaften – als zentrales Element zur Verringerung des Arbeitslosigkeitsproblems gehandelt werden, diskutieren wir die Chancen und Risiken verschiedener Verkürzungsstrategien für die Gewerkschaften im folgenden ausführlich.

6.2.3 Weniger Arbeiten? Kompromissfähigkeit verschiedener Strategien der Arbeitszeitverkürzung

Es gibt zwei Formen von Arbeitszeitverkürzung: Erstens kann die Arbeitszeit mehr oder weniger ‚flächendeckend' mittels tarifvertraglicher Aushandlung verkürzt werden; man spricht von kollektiver Arbeitszeitverkürzung. Zweitens kann jeder einzelne unabhängig von den Arbeitszeiten anderer seine Arbeitszeit verringern; man spricht von individueller Arbeitszeitverkürzung. Wir besprechen zunächst die kollektive und dann die individuelle Arbeitszeitverkürzung.

1) Kollektive Arbeitszeitverkürzung

In den meisten europäischen Ländern wurde die 40-Stunden-Woche bis Ende der 60er Jahre zur Norm. Seit Mitte der 70er Jahre strebten die meisten Gewerkschaften eine weitere Verkürzung der Arbeitszeit an[132] – und hatten Erfolg. In Deutschland begann seit 1985 die Absenkung der Arbeitszeit unter die ‚eherne' 40-Stunden-Grenze. In der für andere Branchen als Vorreiter fungierenden deut-

---

132 Stand bei den Gewerkschaften in der Arbeitszeitdebatte ursprünglich die Verbesserung der Lebens- und Arbeitsbedingungen im Vordergrund, kam seit Mitte der 70er Jahre vor allem das beschäftigungspolitische Argument auf. Zu den unterschiedlichen gewerkschaftlichen Argumentationen in der Arbeitszeitdebatte der 70er, 80er und 90er Jahre s. ausführlich Ritzmann 2001.

schen Metallindustrie wurde die Normalarbeitszeit stufenweise bis auf 35 Stunden 1995 reduziert. Insgesamt wurde die 35-Stunden-Woche aber gerade einmal für 25% aller Beschäftigten in Normalarbeitszeitverhältnissen vereinbart; 60% der Arbeitnehmer arbeiteten noch über 37 Stunden in der Woche (Kurz-Scherf 1993: 16).

Die arbeitszeitpolitischen Erfolge der 80er Jahre waren bislang die letzten ihrer Art. Seitdem stagniert die Entwicklung der tariflichen Wochenarbeitszeit. Der Vorstoß des IG Metall-Vorsitzenden Zwickel in Richtung 32-Stunden-Woche ist zunächst verschoben worden, da nicht nur die Arbeitgeberverbände ihren Protest anmeldeten, sondern sich auch in den eigenen Reihen Widerstand regte. Das Tempo tarifvertraglicher Arbeitszeitverkürzung ist damit seit den 70er Jahren zurückgegangen (Bosch 1998c; Lehndorff 1998; Seifert 1998b). Obwohl die positiven Beschäftigungseffekte kollektiver Arbeitszeitverkürzungen offensichtlich sind (s. Kap. 5.4.2), ist zu bezweifeln, ob die notwendige doppelte Akzeptanz seitens der Arbeitgeber und Arbeitnehmer für eine weitere Arbeitsumverteilung erreicht werden kann.

Auf einer ersten Ebene wird der Konflikt der Arbeitszeitverkürzung zwischen Kapital und Arbeit ausgetragen. Arbeitgeber sind eher an einer Flexibilisierung von Arbeitszeit interessiert und haben generell Vorbehalte gegen tarifliche Regelungen der Verkürzung. Einerseits geht das für sie mit schwer kalkulierbaren Kosten-Nutzen-Effekten einher, andererseits sehen sie sich in ihrer unternehmerischen Entscheidungsfreiheit eingeschränkt: Arbeitszeitverkürzung als bloße Umverteilungsmechanik, die nicht flexibel auf unterschiedliche betriebliche Anforderungen eingehen kann. Und sie müssen befürchten, dass Arbeitszeitverkürzungen mittel- oder langfristig durch die verbesserte Position der Arbeitnehmer zu Lohnsteigerungen führen könnten. Aufgrund ihrer vorteilhafteren Machtposition werden sich die Arbeitgeber wahrscheinlich durchsetzen können (vgl. Kap. 2.2.2).

Auf einer zweiten Ebene verringern Interessengegensätze unter den Beschäftigten die Chancen für weitere Arbeitszeitverkürzungen. Die Argumente, die bei der Forderung nach mehr Arbeitszeitverkürzung ins Feld geführt werden, bewegen sich immer zwischen sozialen und ökonomischen Interessen. Sollen Arbeitszeitverkürzungen nicht nur ökonomisch plausibel, sondern auch politisch durchsetzbar sein, müssen sie sich beider Interessen bedienen. Zwar kann über die Wirksamkeit von Arbeitszeitverkürzung und die Art und Weise der Durchführung ökonomisch diskutiert werden, deren Durchsetzung muss allerdings an den Interessen der Beteiligten anknüpfen. „Prinzipiell gilt das immer. Es gilt noch verstärkt in der gegenwärtigen Krisenkonstellation" (Vobruba 1989: 82). Ein Verweis auf mehr Zeitsouveränität und der Appell an die Solidarität mit den

Arbeitslosen sowie der Organisation erscheinen nützlich. Letztlich müssen die Arbeitszeitverkürzungsforderungen aber direkt mit dem Anliegen der Arbeitenden selbst begründet werden (ebd.). Deshalb wenden wir uns ihren Interessen zu. Sie lassen sich anhand empirischer Daten genauer analysieren.

Arbeitszeit- und Geldpräferenzen der Arbeitnehmer

Das empirische Datenmaterial zeigt, dass unter den Beschäftigten durchaus der Wunsch besteht, die Arbeitszeit zu verkürzen. Schulze-Buschoff (2000) kommt bei einer Auswertung des Sozioökonomischen Panels zu folgenden Ergebnissen: Die Diskrepanz zwischen tatsächlicher und präferierter Arbeitszeit beträgt in Westdeutschland durchschnittlich 4 Stunden (39 vs. 35) und in Ostdeutschland 5,5 (43,5 vs. 38). Derartige Zahlen zeigen zunächst ein beachtliches Umverteilungspotential bei der Arbeitszeit. Allerdings sollte beachtet werden, dass neben der Verkürzung von Arbeitszeit auch deren Verlängerung präferiert werden kann. Bei der Betrachtung der individuellen Differenzen von tatsächlicher und gewünschter Arbeitszeit, mit der man Verkürzungs- wie auch Verlängerungswünsche feststellen kann, ergibt sich ein Anteil von 45% der Erwerbstätigen in Westdeutschland und 54% in Ostdeutschland, die eine Reduktion der Wochenarbeitszeit um drei Stunden wünschen – auch vor dem Hintergrund entsprechender Einkommenseinbußen. Eine Arbeitszeitverlängerung von drei Stunden streben 10% (West) und 12% (Ost) der Arbeitnehmer an; 44% (West) und 34% (Ost) der Erwerbstätigen sind mit ihrer Arbeitszeit zufrieden. Vor allem die Gruppe der geringfügig Beschäftigten zeigt starke Wünsche nach einer Verlängerung der Arbeitszeit. Im Westen wollen 47%, im Osten 59% mindestens drei Stunden länger arbeiten. Teilzeitbeschäftigte sind – relativ zu den anderen Gruppen – sehr zufrieden mit ihrer derzeitigen Arbeitszeit, doch auch hier wünschen sich 24% (West) und 49% (Ost) eine Verlängerung der Wochenarbeitszeit (ebd.).

Die vom ISO seit 1987 durchgeführte Arbeitszeitberichterstattung kommt für das Jahr 1995 neben dem Resultat, dass das Ausmaß der Arbeitszeitflexibilisierung in Form von Gleitzeit, Teilzeit, Überstunden, Wochenendarbeit etc. beträchtlich ist, bezüglich der Arbeitszeitwünsche zu folgenden Ergebnissen (Schilling et al. 1996): In Westdeutschland liegt die durchschnittliche vertragliche Wochenarbeitszeit (35,1 Stunden) drei Stunden unter der im Durchschnitt tatsächlich geleisteten. Die gewünschte Arbeitszeit beträgt durchschnittlich 34,1 Stunden. Der Wunsch nach Verkürzung bezieht sich also insbesondere auf einen Abbau von Überstunden. In Ostdeutschland ergibt sich annähernd dasselbe Bild, obwohl hier die Werte jeweils höher liegen: Die tatsächliche Arbeitszeit liegt im Durchschnitt bei 41,3 Stunden, die tarifliche beträgt durchschnittlich 38,5 und die gewünschte Arbeitszeit bewegt sich bei durchschnittlich 37,2 Stunden.[133]

Dathe (1998) stellt auf Basis des „EC *ad hoc* labour market survey" in allen untersuchten europäischen Ländern eine deutliche Diskrepanz zwischen faktischer und präferierter Arbeitszeit fest, die für eine Arbeitsumverteilung mittels Arbeitszeitverkürzung spricht. Selbst in Ländern mit einer sehr geringen durchschnittlichen Arbeitszeit besteht der Wunsch nach weiterer Verkürzung. „Wo kürzer gearbeitet wird, sind Arbeitszeitverkürzungen auch erheblich populärer als dort, wo länger gearbeitet wird" (Bosch 1998c: 349).[134] Das beste Beispiel sind die Niederlande mit einer vereinbarten Wochenarbeitszeit von 32 Stunden und einer präferierten von durchschnittlich 29 Stunden (Dathe 1998: 11). Arbeitszeitpolitik kann also ihre eigenen Erfolgsbedingungen unter Umständen selbst schaffen.

Allerdings lassen sich aus den Arbeitszeit*wünschen* allein Schlussfolgerungen über das vorhandene Umverteilungspotential ziehen. Denn in Deutschland ist gleichzeitig eine starke Geldpräferenz auszumachen: 1994 sprachen sich auf die Frage nach ihrer Entscheidung zwischen Lohnsteigerung bei gleicher Arbeitszeit oder Verkürzung der Arbeitszeit bei konstantem Lohn 54% der Befragten für eine Lohnsteigerung und nur 32% für eine Arbeitszeitreduzierung aus. Gegenüber 1989 hat der Anteil derjenigen, die eine Lohnsteigerung präferieren, stark zugenommen (42%).[135] Nachdem Dathe die Reaktionen auf vergangene Arbeitszeitverkürzung untersucht hat, kommt er zu dem Schluss, dass die Annahme einer generellen Geldpräferenz nicht bestätigt werden kann. Vielmehr herrschen geschlechtsspezifische, sozioökonomische und demographisch differenzierte Handlungslogiken vor. Die wären allerdings politisch gestaltbar, indem Rahmenbedingungen verändert würden.

Es lässt sich festhalten, dass die Arbeitszeit*wünsche* allein keinen Schluss auf die tatsächliche Handlungs*bereitschaft* erlauben. Es ist durchaus denkbar, dass damit lediglich Meinungen über Arbeitszeit geäußert werden, die aufgrund von Restriktionen nicht in Handlungen umgesetzt werden. Es kann deshalb problematisch sein, in Arbeitszeitkonflikten an arbeitszeitpolitische Interessen zu appellieren. Ferner ist ersichtlich, dass sich Forderungen nach Reduktion der Ar-

---

133 Zu genauer Verteilung nach bestimmten Merkmalen wie Geschlecht, Familienstand vgl. ebd.: 438 bzw. Bauer et al. 1996.

134 Gründe dafür sind neben der höheren Glaubwürdigkeit der Arbeitszeitpolitik in solchen Ländern die relativ hohen Realeinkommen der „unteren" Schichten sowie größere Einkommensgleichheit (ebd.).

135 Nur alte Bundesländer.

beitszeit und das damit angenommene Umverteilungspotential relativieren, wenn die Wünsche nach Verlängerung mit berücksichtigt werden. Weiterhin kommen alle empirischen Analysen zu dem Ergebnis, dass die Differenzierung von früher homogenen Arbeitszeiten immer weiter zunimmt. Darüber hinaus werden die Arbeitszeitpräferenzen nicht nur zwischen den Individuen, sondern auch innerhalb des individuellen Lebenszyklus immer unterschiedlicher. Arbeitszeitpolitik hat die Aufgabe, diese Vielfalt zu organisieren sowie individuelle Wahlmöglichkeiten zu schaffen.

Innergewerkschaftliche Probleme der Durchsetzungsfähigkeit

Aus diesen Resultaten lassen sich die zunehmenden Schwierigkeiten ableiten, mit denen die Gewerkschaften bezüglich kollektiver Arbeitszeitverkürzung zu kämpfen haben. Zur Durchsetzung beschäftigungswirksamer Arbeitszeitverkürzung sind sie auf die Unterstützung ihrer Mitglieder angewiesen. Entweder entsprechen die kollektiv verfolgten Ziele den individuellen Interessen. Oder die individuellen Interessen müssen in kollektive Handlungsrationalität transformiert werden. Die empirischen Daten zeigen: Arbeitszeitverkürzung ist den Beschäftigten zwar wichtig; einen höheren Stellenwert hat aber die Einkommenshöhe. Deshalb wird eine Arbeitszeitreduzierung von den Beschäftigten nur bei vorheriger Realeinkommensverbesserung unterstützt werden. Die seit Jahren zu beobachtende Stagnation der Reallöhne lässt eine Arbeitszeitreduzierung ohne (vollen) Lohnausgleich unter den Beschäftigten als kaum durchsetzbar erscheinen. Eine Arbeitszeitverkürzung mit (vollem) Lohnausgleich könnte zwar die Konkurrenz zwischen Einkommens- und Zeitpräferenz bzw. zwischen der Gruppe der Beschäftigten und der Arbeitslosen mildern. Sie führt aber gleichzeitig zu Durchsetzungsproblemen in der Auseinandersetzung mit den Arbeitgebern. Diese werden nicht bereit sein, die erhöhten Kosten zu tragen. Auch die Beschäftigten in sogenannten Grenzbetrieben (Vobruba 1990: 52), die bei steigenden Kosten vom Markt ausscheiden müssen, würden eine solche Arbeitszeitverkürzung ablehnen. Außerdem sinkt der Beschäftigungseffekt bei einer Arbeitszeitverkürzung mit Lohnausgleich aufgrund der größeren Produktivitätssteigerungen. Arbeitszeitverkürzung mit Lohnausgleich wirkt aufgrund der steigenden Lohnniveaus als „Rationalisierungspeitsche" (Offe 1994: 25).

Denkbar ist es jedoch, die Beschäftigten gegen ihr unmittelbares Interesse an höheren oder zumindest stabilen Einkommen von der kollektiven Rationalität der Arbeitszeitverkürzung zu überzeugen. Dies bedeutet, dass sie dem Ziel eines höheren Beschäftigungsstandes einen normativen Wert zuschreiben, sich mit den Arbeitslosen solidarisch erklären oder erkennen, dass die Absenkung der Arbeitslosenzahlen auch für sie von Vorteil sein kann. Die dafür notwendigen Voraussetzungen sind allerdings schwer herzustellen. Durch Fragmentierung von objektiven Bedingungen und subjektiven Deutungen fehlt der Arbeitnehmerschaft kollektive Identität. Diese Differenzierungen sind durch eine Strategie der „Vereinheitlichung" nicht mehr zu überbrücken (Hinrichs/Wiesenthal 1986).

Arbeitszeitverkürzung in einer Zeit der Massenarbeitslosigkeit führt in eine paradoxe Situation: Das Durchsetzen von Arbeitszeitverkürzungen dann, wenn sie beschäftigungspolitisch besonders vonnöten wäre, ist äußerst schwierig (Vobruba 1990). Betrachtet man die Arbeitszeitentwicklung und deren Geschichte, so lassen sich wenige Beispiele dafür finden, wo Arbeitszeitverkürzungen während einer Krise erfolgreich durchgesetzt wurden. In Zeiten der Vollbeschäftigung, hoher Realeinkommensverbesserungen und einer ausgeprägten Freizeitpräferenz seitens der Arbeitnehmer bzw. Indifferenz zwischen Geld und Zeit konnten Gewerkschaften die Arbeitszeit erfolgreicher verringern. Beschäftigungseffekte entstanden immer nur als nicht intendierte „by-products" (ebd.).

Es stellt sich aber doch die Frage, warum den Gewerkschaftsmitgliedern der langfristige Erfolg einer Arbeitszeitverkürzung in Form einer verbesserten Arbeitsmarktlage nicht ausreicht. Die Gewerkschaft erzielte in der Folge doch bessere Durchsetzungschancen für individualisierbare Vorteile. Hinrichs/ Wiesenthal (1986: 286) sprechen hierbei von einer Investition in ein intermediäres Kollektivgut. Für diese indirekten Strategien (nach dem Muster: einen Schritt zurück und zwei Schritte nach vorn) kann die Unterstützung der Arbeitnehmer nicht erlangt werden, weil die Kosten- und Nutzenverteilung in dreierlei Hinsicht äußerst ungleich ist[136] (ebd.):

(1) Zunächst entsteht eine *soziale Differenzierung*, da die Kosten von den Arbeitnehmern getragen werden müssen, die Vorteile dagegen zunächst allein den Arbeitslosen zugute kommen würden. Wer verzichtet schon auf eigene Einkommensvorteile zugunsten von Beschäftigungsmöglichkeiten für andere? Die potentielle Arbeitsintensivierung durch Arbeitszeitverkürzung trägt zusätzlich zum Widerstand der Beschäftigten bei.

(2) Ein Aspekt, der dieses Problem noch verstärkt, ist die *zeitliche Differenz* von sicheren gegenwärtigen Kosten und unsicheren zukünftigen Nutzen. Es ist nicht sicher, ob man *selbst* in den Genuss der Vorteile kommt. Zumindest ist der Zusammenhang von Arbeitszeitverkürzung und Beschäftigungs-

---

136 Indirekte Strategien sind nur möglich, wenn für die Beteiligten dabei unmittelbare Gewinne entstehen (Wiesenthal 1987).

effekt nicht zwingend.[137] Es kann – wie bereits angesprochen – durchaus sein, dass durch Anpassungsstrategien der Unternehmen (Arbeitsintensivierung, Einsatz produktiverer Maschinen) die Arbeitsmarktlage nicht wesentlich verbessert wird und sich die Verhandlungssituation für die Arbeitnehmerseite nicht grundlegend verändert.

(3) Der dritte Punkt bezieht sich auf *sachliche Differenzen* in der Nutzenverteilung, die vor allem auftreten, wenn die Forderung nach Arbeitszeitreduzierung mit anderen nicht zeitbezogenen Motiven verknüpft wird. Hierbei kommt es zu Durchsetzungsschwierigkeiten, wenn die zur Diskussion stehende Form der Arbeitszeitverkürzung nicht mit den sonstigen Interessen der Arbeitnehmer übereinstimmt. Bei der heute vorherrschenden Heterogenität der Arbeits- und Lebensbedingungen haben Gewerkschaften nicht nur mit der oben erläuterten Geldpräferenz zu kämpfen, sondern zugleich mit differenzierten Zeitpräferenzen. Innergewerkschaftlicher Konsens ist nur gegeben, wenn die Wahrscheinlichkeit von unmittelbaren Gewinnen für Arbeitnehmer groß ist. Die Fähigkeit, ‚investive' Strategien ergreifen zu können, kann bei den Gewerkschaften nicht vorausgesetzt werden.[138]

Sollte also weder der Appell an die Solidarität bzw. kollektive Identität noch das Anknüpfen an individuelle Freizeitpräferenzen mögliche Strategien für die Gewerkschaften sein, dann müssen andere individualisierbare Motive gefunden werden.[139] Denkbar wäre etwa eine annähernd gleiche Verteilung der Wahrscheinlichkeit des Arbeitsplatzverlustes (beispielsweise in einem Betrieb/einer Branche). Unter diesem Umstand werden die Betroffenen bereit sein, gleichverteilte Kosten bei gleichverteilten Erträgen in Kauf zu nehmen (wie das Beispiel der Arbeitszeitverkürzung bei Volkswagen zeigt). Diese Form der beschäftigungsorientierten Arbeitszeitverkürzung entspricht den Bündnissen auf der Betriebsebene und trägt lediglich zur Beschäftigungssicherung bei, schließt aber die Interessen von Arbeitslosen aus (Hinrichs/Wiesenthal 1986).

Sollten tatsächlich Vereinbarungen auf der Makroebene nicht mehr möglich sein, weil die Mobilisierungsfähigkeit und damit die Durchsetzungskraft fehlt,

---

137   Selbst die Verbandseliten der Gewerkschaften sind skeptisch geworden, was die Wirksamkeit allgemeiner Arbeitszeitverkürzungen betrifft. Dagegen wurde der Arbeitszeitkonflikt in den 80er Jahren noch „von oben" initiiert (vgl. Kurz-Scherf 1993).

138   Anzumerken bleibt, dass die Interessen der Arbeitnehmer nicht nur zwischen Zeit und Geld gelagert sind. Es ist auch denkbar, dass sich Widerstände gegen Arbeitszeitverkürzung aus ihr selbst ergeben, weil Arbeit nicht nur zum Gelderwerb dient, sondern auch intrinsischen Nutzen stiftet in Form von Selbstverwirklichung, Status, Anerkennung, sozialen Kontakten etc. (Vobruba 1990; Hinrichs et al. 1983).

139   Als Strategien auf der Gewerkschaftsseite schlagen Hinrichs/Wiesenthal (1986: 294) entweder Zielwechsel oder Selbsttransformation vor.

und demzufolge eine Verschiebung auf niedrigere Verhandlungsebenen wie Betriebsvereinbarung oder sogar Einzelvertrag stattfinden, kommen die Gewerkschaften in eine prekäre Lage. Die Kontrollmacht bleibt ihnen nur erhalten, wenn Arbeitnehmerrechte per Tarifvertrag oder Gesetz festgelegt sind. Dies impliziert ein generelles Problem der arbeitspolitischen Verhandlungsebenen: Nur wo Gewerkschaften über Sanktionsmacht verfügen, sind für Arbeitnehmer günstige Regelungen aushandelbar. Auf der tarifvertraglichen Ebene allerdings kann man aufgrund ihrer Flächendeckung keine hochspezifischen Entscheidungen thematisieren und Kompromisse finden. Dieses Dilemma wird wiederum von den Arbeitgebern genützt, die Vereinbarungen auf Branchen- oder Betriebsebene begrüßen, da dort ausgehandelte Regelungen flexibler und angepasster auf die jeweilige Situation gestaltet werden können. Um dabei aber die einseitigen Vorteile der Unternehmer zu begrenzen, die sich aus deren Machtvorsprung ergeben, ist eine Verlagerung von Normierungs- und Sanktionsmacht von der Tarif- auf die Betriebsebene beispielsweise in Form von Stärkung der betrieblichen Interessenvertretung notwendig.[140] Dies bedarf wiederum staatlicher Intervention (Hinrichs et al. 1983). Wir haben es oben bereits angesprochen: In der Tat steigt die Anzahl von Vereinbarungen auf niedrigeren Verhandlungsebenen. Während das Bündnis für Arbeit auf Bundesebene nicht so recht funktionieren will, gibt es derlei Beschäftigungspakte zur Genüge in einzelnen Betrieben oder Branchen (Schartau 1998).

2) Individuelle Arbeitszeitverkürzung

Die bereits angedeutete Strukturverschiebung von kollektiven zu individuellen Arbeitszeitverkürzungen ist im wesentlichen auf Teilzeitarbeit zurückzuführen (Lehndorff 1998). Daneben gibt es noch andere Formen der individuellen Arbeitszeitverkürzung wie den Abbau von Überstunden, den Ausgleich von Wochenend- und Nachtarbeiten in Freizeit statt in Geld[141], Arbeitszeitkonten und die Altersteilzeit.

Auch bei individueller Arbeitszeitverkürzung ist die Durchsetzbarkeit von der Akzeptanz der Arbeitnehmer auf der einen und der Arbeitgeber auf der anderen Seite abhängig. Der Unterschied zu kollektiver Reduzierung der Arbeitszeit besteht darin, dass diese Formen zumindest im Grundsatz als unstrittig gel-

---

140 Die Novellierung der betrieblichen Mitbestimmung (2001) ist in dieser Hinsicht noch nicht ausreichend gewesen (zum Gesetz: Blanke/Rose 2001).
141 In der Literatur werden diese Formen zur individuellen Reduzierung der Arbeitszeit gezählt (vgl. z.B. Seifert 1998b).

ten. Insbesondere der Abbau von Überstunden sowie die Umwandlung von Geldzuschlägen für Wochenend- und Nachtarbeit in Freizeit scheinen zumindest bei den Arbeitnehmern auf großes Interesse zu stoßen und bergen gleichzeitig Beschäftigungseffekte. Aus Befragungen geht hervor (Bauer et al. 1996; s.o.), dass mehr als die Hälfte der Beschäftigten keine oder weniger Überstunden leisten möchte und etwa die Hälfte der Befragten die Wochenend- und Nachtarbeit zu begrenzen wünscht. Mit derartigen Maßnahmen können sich auch Arbeitgeber arrangieren, wobei individuelle oder betriebliche Vereinbarungen vorausgesetzt werden (Seifert 1998b). Die rechnerischen Beschäftigungseffekte werden für einen Abbau der Überstunden auf 400.000 Vollzeitbeschäftigungsverhältnisse geschätzt (vgl. Seifert 1997: 61f.). Die Effekte des Freizeitausgleichs von Wochenend- und Nachtarbeit belaufen sich auf 375.000 Vollzeitarbeitsplätze (ebd.).[142]

Die insgesamt größten Hoffnungen für den Abbau von Arbeitslosigkeit in Deutschland werden allerdings in die Zunahme der Teilzeitarbeit gesetzt. Das bewirken zum einen Erfahrungen in den Niederlanden mit einer Teilzeitquote von 37%. Zum anderen belegen Ergebnisse aus Umfragen (Bauer et al. 1996), dass ca. 10% der derzeit Vollzeitbeschäftigten gern dauerhaft oder immerhin phasenweise Teilzeit arbeiten möchten.[143] Im folgenden soll es deshalb um Teilzeitarbeit als eine Form der individuellen Arbeitszeitverkürzung sowie um deren Verhandelbarkeit bzw. die Bedingungen ihrer Durchsetzbarkeit gehen. Ein Vergleich mit den auf diesem Gebiet erfolgreichen Niederlanden ist angebracht.

Teilzeitarbeit

Alle gesellschaftlich relevanten Akteure stellen die Forderung nach vermehrter Teilzeit zur Verminderung der Arbeitslosigkeit. Insbesondere wird auf die Niederlande verwiesen, wo schon frühzeitig ein Bündnis für Arbeit auf den Weg gebracht wurde, durch das die Beschäftigung vorwiegend in Form von Teilzeit erhöht wurde. Der dadurch erzielte Effekt war überwältigend: Die Beschäftigtenzahlen stiegen von 4,8 auf 6,5 Millionen in einem Zeitraum von 20 Jahren (bis 1991), das entspricht einem Prozentsatz von 36% (zum Vergleich: Deutschland 8% im selben Zeitraum). Dieses „Jobwunder" ist zuvorderst auf den starken Anstieg der Teilzeitarbeit zurückzuführen, deren Quote von 4% (1973) auf

---

142 Zur Debatte um die Lebensarbeitszeitverkürzung und die verschiedenen Programme, mit denen der Arbeitsmarkt entlastet werden soll(te), s. Vetterlein 2000.

143 Erneut dürfen aber diejenigen nicht vergessen werden, die eine Arbeitszeitverlängerung wünschen (s.o.).

37% (1995) stieg (Schmid 1997: 28f.). Zu berücksichtigen sind allerdings die Zahlen für die geringfügig Beschäftigten (35%), die im Durchschnitt unter 10 Stunden in der Woche arbeiten. Dies dürften größtenteils Personen sein, die ihren Lebensunterhalt aus anderen Quellen als Erwerbstätigkeit bestreiten. Den Einwänden bezüglich des fehlenden arbeitsrechtlichen Schutzes wurde in jüngerer Zeit mit gesetzlichen Regelungen begegnet. Positiv ist hervorzuheben, dass Teilzeit in den Niederlanden überwiegend freiwillig ist, zwei Drittel der Teilzeitbeschäftigten über eine höhere Ausbildung verfügen und 17% der erwerbstätigen Männer Teilzeit arbeiten (im Vergleich: Deutschland 4%) (ebd.).

In Deutschland findet Teilzeitarbeit trotz ständiger Thematisierung nicht dieselbe Resonanz. Obwohl politisch immer wieder gefordert und individuell von vielen gewünscht, bleiben sowohl Angebot an wie auch Nachfrage nach Teilzeitarbeit weit hinter dem niederländischen Niveau zurück. Beide Parteien – Arbeitgeber wie Arbeitnehmer – scheinen nicht bereit zu sein, die Teilzeitquote derart zu erhöhen, dass es zu umfassend positiven Effekten auf dem Arbeitsmarkt kommt. Die Gründe dafür sind offensichtlich in den verschiedenen Interessen der Beteiligten zu suchen. Sie werden von unterschiedlichen Wirkungen der Teilzeitarbeit verletzt. Die wiederum sind abhängig von institutionellen Rahmenbedingungen und variieren dementsprechend von Land zu Land. Es sind diese unterschiedlichen Bedingungskonstellationen, die erklären, warum Teilzeitarbeit nicht überall als *generelles* Mittel zur Bekämpfung von Arbeitslosigkeit eingesetzt werden kann.

Interessenkonstellation bezüglich Teilzeitarbeit

Grundsätzlich ergeben sich für Arbeitnehmer wie Arbeitgeber Vor-, aber auch Nachteile aus Teilzeitarbeit, deren Saldo letztlich von der jeweiligen Form und dem Umfang der Arbeitszeitverkürzung sowie der speziellen betrieblichen und individuellen Situation abhängt. Die Wirkungen können durch Veränderungen der Rahmenbedingungen positiv wie negativ beeinflusst werden. Laumann (1999) hat die Vor- und Nachteile einer Aufspaltung von Vollzeit- in Teilzeitarbeitsplätze für Unternehmen ebenso wie für die Individuen ausführlich untersucht. Wir werden diese in Kurzform darstellen, dann speziell auf deren Verhandelbarkeit eingehen und dabei auftretende Probleme erläutern.

Die positiven Effekte von Teilzeitarbeit für *Unternehmen* sind vor allem auf steigende Flexibilität und die daraus folgende bessere Anpassungsfähigkeit an die betrieblichen Arbeitserfordernisse. Mit Teilzeit besteht auch die Möglichkeit, den Arbeitsertrag qualitativ und quantitativ zu steigern. Die Beschäftigten können produktiver arbeiten. Bei freiwilliger Teilzeit wächst die Motivation der Arbeitnehmer. Daraus kann eine Verringerung von Fehlzeiten resultieren. Schließlich können positive Wirkungen von einer Vermeidung teurer Überstundenzuschläge ausgehen. Auch können die Beschäftigten die entstehende längere Freizeit nutzen, um sich individuell weiter zu bilden. Nachteilig wirken sich Mehrkosten in Form gestiegener Personalneben- und Verwaltungskosten bzw. erhöhter Anforderungen an das Management aus. Auch höhere Humankapitalinvestitionen sowie längere Anlauf- und Rüstzeiten von Teilzeitbeschäftigten lassen die Rentabilität sinken.

Zu einem Anstieg der Nachfrage nach Teilzeitarbeit wird es nur kommen, wenn die Produktivitäts- und Kostenvorteile die teilzeitbedingten Mehrkosten übersteigen. Vorteile sind vor allem bei Routinetätigkeiten gering Qualifizierter zu realisieren. Sobald Teilzeitarbeitsplätze in höher qualifizierten Bereichen eingerichtet werden, steigen die Kosten, die den Unternehmern daraus entstehen. Das führt dazu, dass sich Teilzeitarbeit auf bestimmte Branchen konzentriert (z.B. Handel, Dienstleistungen, Reinigungsgewerbe). Außerdem ist eine starke Geschlechtsspezifik auszumachen. Neben der Rentabilität sind auch konservative Vorbehalte gegenüber Teilzeitarbeit von Belang (vgl. Laumann 1999: 24f.).

Die Interessen der *Arbeitnehmer* werden zuallererst durch die Einkommenseinbußen verletzt, mit denen Teilzeitarbeit verbunden ist. Wie bei kollektiver Arbeitszeitverkürzung (s.o.) spielt auch hier die Konkurrenz von individueller Zeit- und Geldpräferenz eine große Rolle, wobei das gesamte Haushaltseinkommen der Individuen als Entscheidungsparameter herangezogen wird. Des weiteren sind die Kosten der Teilzeitbeschäftigung (beispielsweise Arbeitsweg o.ä.) im Vergleich zu denen der Vollzeitbeschäftigung höher. Ein weiterer großer materieller Nachteil für Teilzeitbeschäftigte ergibt sich aus der Leistungsbemessung des Sozialversicherungssystems. Die Beiträge zur Sozialversicherung steigen proportional zum Einkommen, und die Ansprüche auf Einkommensleistungen hängen direkt mit den Beitragszahlungen zusammen. Besonders negativ wirkte bis 1999 die sozialversicherungsfreie (geringfügige) Beschäftigung, mit der allein keine Anwartschaften erworben werden konnten. Seither werden Beiträge zur Rentenversicherung geleistet, die zu einem – allerdings sehr geringen – Anspruch auf Sozialleistungen im Alter führen. Ferner können den Teilzeitbeschäftigten betriebliche Sozialleistungen vorenthalten werden.

Hinzu kommen die immateriellen Konsequenzen: Einerseits steigt die erwerbsfreie Zeit. Damit wird eine Fülle von Möglichkeiten eröffnet, persönliche Interessen und andere Bedürfnisse zu befriedigen. Andererseits stellt Erwerbsarbeit eine Quelle der persönlichen und sozialen Identität dar, die soziale Kontakte sichert, das Selbstwertgefühl durch Selbstverwirklichung steigert und das

Individuum gesellschaftlich integriert. Teilzeitarbeit kann nicht nur zu verminderten Karrierechancen führen, sondern aufgrund ihrer geringen Anwesenheit im Betrieb auch zu einer schlechteren sozialen Einbindung der Beschäftigten.

Zusammenfassend gilt auch hier: Eine individuelle Verkürzung der Arbeitszeit wird nur gewählt werden, wenn die subjektiven Kosten geringer sind als der erwartete Nutzen. Eine Präferenz für mehr Freizeit kann beispielsweise genauso Ausdruck einer privilegierten Einkommenssituation eines Haushaltes sein und muss nicht aus Gründen außerberuflicher Verpflichtungen oder geringer individueller Leistungsfähigkeit entstehen. Erwerbseinkommen dienen allerdings nicht nur der bloßen Existenzsicherung, sondern steigern auch die Konsummöglichkeiten und damit den Lebensstandard. Obwohl die Konsummöglichkeiten mit steigender Arbeitszeit wiederum abnehmen. Dass das Lohnargument – gerade in einer Zeit großer Einkommensunsicherheit – stärker ist als das Interesse an Arbeitszeitverkürzung, ist nicht verwunderlich, denn Arbeitszeitverkürzungen gehen immer zu Lasten des Lohnes (manchmal sogar überproportional, vgl. Kurz-Scherf 1993). Eine besonders großes Hindernis gegen individuelle Arbeitszeitverkürzung scheinen uns allerdings – neben dem aktuellen Einkommensverlust – die individuellen Nachteile bezüglich des Erwerbs von Anwartschaften in den Sozialversicherungen zu sein. Dieser langfristige Nachteil verhindert oft die Entscheidung, in bestimmten Lebensphasen Teilzeit zu arbeiten. Was wären mögliche Lösungswege?[144]

Aushandeln von Teilzeitbeschäftigung – Notwendigkeit institutionellen Wandels

Die Tarifverträge und Gesetze lassen den Unternehmen die Freiheit, Arbeitsplätze unterhalb der Höchstarbeitszeit einzurichten. Auch die Beschäftigten haben (formal) die Freiheit, kürzere Arbeitszeiten anzubieten. Das bedeutet, dass vor allem die geschilderten Interessen von Arbeitgebern und Arbeitnehmern für die Vereinbarungen ausschlaggebend sind. Teilzeitarbeit bietet eine Möglichkeit zur Arbeitszeitflexibilisierung, bei der es hinsichtlich der Auswirkungen für beide beteiligte Parteien immer darauf ankommt, wer die Wahl bezüglich Dauer, Lage und Verteilung der Arbeitszeit trifft. Aufgrund der ungleichen Machtverteilung zwischen Arbeit und Kapital kann man von einem strukturellen Nachteil der Arbeitnehmer ausgehen. Eine Arbeitsmarktlage, bei der das Angebot größer ist als die Nachfrage, verstärkt diese Machtasymmetrie zugunsten der Arbeitgeber. Ein Arbeitnehmer kann sein Interesse an Teilzeit nur durchsetzen, wenn

---

144 Das 2001 verabschiedete Teilzeitgesetz hat diesbezüglich Verbesserungen gebracht. Darauf kommen wir im folgenden noch genauer zu sprechen.

auch der Arbeitgeber daran interessiert ist. Oder der Wert dieses speziellen Arbeitnehmers muss so groß sein, dass sein Abwandern für das Unternehmen mit hohen Kosten verbunden wäre.

Teilzeitarbeitsplätze werden – wie bereits festgestellt – vor allem dann entstehen, wenn sie den Unternehmen Kostenvorteile bringen, zumindest nicht mit höheren Kosten verbunden sind. In diesen Fällen muss Teilzeitarbeit nicht unbedingt mit den Wünschen der Arbeitnehmer übereinstimmen. Ob derartige Teilzeitbeschäftigung zu großen Beschäftigungseffekten führen wird, ist fraglich. Ein von den Beschäftigten ausgehender Druck auf die Arbeitgeber in Richtung arbeitnehmerfreundlicher Teilzeit ist kaum zu erwarten. Vielmehr wirkt der Anpassungsdruck an betriebliche Arbeitszeitmuster in die andere Richtung. Soll allerdings diese Tendenz in Richtung einer kapazitätsorientierten variablen Arbeitszeit (KAPOVAZ) verhindert werden, dann müssen Regeln und Normierungen geschaffen werden, welche die Interessen der Arbeitnehmer schützen und den Machtvorteil der Arbeitgeber begrenzen.

Seifert (1998b) kommt zu dem Schluss, dass die Gründe für die Nichtinanspruchnahme möglicher Arbeitszeitverkürzung und die daraus folgende enttäuschende Arbeitszeitpraxis damit zu tun haben, „... daß es den Beschäftigten schwerfällt, ihre Arbeitszeitwünsche individuell durchzusetzen, solange entsprechende tariflich oder betrieblich geregelte Ansprüche sowie gesetzliche soziale Absicherungen fehlen" (584). Selbst bei Anspruchsrechten auf Teilzeit, Sabbaticals o.ä. sollte man die hohen Erwartungen an Beschäftigungseffekte relativieren. Deshalb sind Normierungen notwendig, welche die Position der Arbeitnehmer bei Teilzeit schützen. Es stellt sich also die Frage, wie man die Position der Arbeitnehmer stärken kann, damit Arbeitszeitflexibilisierung – also auch Teilzeitarbeit – ihren Wünschen entspricht. Folgende drei Möglichkeiten sind denkbar (vgl. Vobruba 1989, 1985b):

– Rechtsansprüche auf Teilzeitarbeit

Ein allgemeines Recht auf Teilzeitarbeit könnte nicht in einem zum Abbau der Arbeitslosigkeit notwendigem Ausmaß in Anspruch genommen werden, denn Teilzeit können nur die Arbeitnehmer arbeiten, die es sich leisten können. Bei der problematischen materiellen Situation verschiedener gesellschaftlicher Gruppen insbesondere in Ostdeutschland infolge hoher Arbeitslosigkeit sowie durch geringe Vermögensbildung ist individuelle Arbeitszeitverkürzung mit dementsprechenden Einkommenseinbußen kaum wahrscheinlich (Kurz-Scherf 1993).[145] Auch in den Niederlanden gibt es kein allgemeines Recht auf Teil-

---

145 Auch die Verteilung der Haushaltseinkommen muss ausgeglichen sein, denn bei wachsender Ungleichheit sinkt der Anteil derjenigen, die sich Arbeitszeitverkürzung leisten können. Dies

zeit[146], dafür aber wurde zumindest die rechtliche Situation der Teilzeitbeschäftigten verbessert. In 1993 wurde beispielsweise das sogenannte Ein-Drittel-Kriterium bezüglich Mindestlohn und Mindesturlaub abgeschafft, was bedeutet, dass alle Beschäftigten unabhängig von ihrer Arbeitszeit denselben Anspruch auf Urlaub haben und der gesetzliche Mindestlohn für alle gilt. Ein ähnliches Gesetz, welches die Gleichbehandlung von Teilzeitbeschäftigten in einigen Bereichen von Tarifverhandlungen weiter fördern soll, wurde 1996 verabschiedet (Plantenga/Dur 1998). Des weiteren gibt es Ausnahmeregelungen des Kündigungsschutzes für geringfügig Beschäftigte sowie Ersteinstellungen in Form von Teilzeit mit der Aussicht auf einen Vollzeitarbeitsplatz (im öffentlichen Dienst). Nicht nur die Lage der Teilzeitbeschäftigten wird verbessert: So zahlt der Staat beispielsweise auch Prämien für Teilzeitarbeitsplätze an die Unternehmen (Schmid 1997).

Was könnte in Deutschland getan werden, um Teilzeitarbeit attraktiver zu machen? Zum einen könnten den Arbeitnehmern Ausgleichszahlungen angeboten werden, um den Einkommensverlust abzumildern. Um Beschäftigungseffekte zu erzielen, ist es aber wahrscheinlich günstiger, Anreize für die Arbeitgeber bereitzustellen. Mögliche Anreize für Arbeitgeber wären Kostensenkungen beim Einrichten von Teilzeitarbeitsplätzen, wenn daraufhin Neueinstellungen erfolgen (s. Altersteilzeit). Denkbar wären auch Regelungen, die einen bestimmten Prozentsatz an Teilzeitarbeitsplätzen vorsehen, die bei Nichteinhaltung mit Zwangsabgaben bestraft werden (Laumann 1999). Dabei sollten sich die Formen der Reduzierung der Arbeitszeit allerdings auch an den Interessen der Beschäftigten orientieren, damit eine Inanspruchnahme wahrscheinlich wird und somit Beschäftigungseffekte möglich werden. Denn der Wunsch nach vermehrter Freizeit bei gleichzeitigem Einkommensverlust kann erhöht werden, wenn die Gestaltungsmöglichkeiten solcher Arbeitsplätze die Interessen der Arbeitnehmer berücksichtigen. Die politische Durchsetzbarkeit solcher Maßnahmen bleibt zu prüfen.

Ein diesbezügliches Novum stellt das Teilzeitgesetz dar, welches am 1. Januar 2001 in Kraft trat. Ziel des Gesetzes ist es, Teilzeitarbeit zu fördern, indem zunächst einmal Arbeitnehmer aufgrund ihrer Teilzeitarbeit hinsichtlich Arbeitsentgelt sowie bezüglich Aus- und Weiterbildung nicht diskriminiert werden dür-

---

gilt im übrigen auch für die Durchsetzungschancen kollektiver Arbeitszeitverkürzung. Im übrigen ist die Verteilung des Haushaltseinkommens in den Niederlanden viel ausgeglichener als anderswo (Bosch 1998c: 357: Tab. 12).

146 Ein entsprechender Gesetzesvorschlag wurde vom Parlament abgelehnt. Jedoch sind in über der Hälfte der Tarifverträge Regelungen zur Teilzeit enthalten wie beispielsweise das Recht auf Teilzeit, wenn es den Unternehmen nicht schadet (Plantenga/Dur 1998).

fen. Weiterhin wird geregelt, dass die Inanspruchnahme dieses Gesetzes durch einen Arbeitnehmer nicht zu Benachteiligungen führen darf. Der Kern der Regelung besteht darin, dass Teilzeit auf Wunsch des Arbeitnehmers vom Arbeitgeber grundsätzlich ermöglicht werden *muss* (auch in leitenden Positionen), sofern die Voraussetzung erfüllt ist, dass der Arbeitnehmer bereits 6 Monate bei diesem Arbeitgeber beschäftigt ist. Damit kommt das Gesetz einem einklagbaren Recht auf Teilzeit scheinbar sehr nahe. Allerdings gibt es zwei Einschränkungen: Zum einen ist dieses Gesetz erst anwendbar auf Betriebe mit mehr als 15 Beschäftigten. Die weitaus wichtigere Einschränkung besteht darin, dass der Arbeitgeber nur zustimmen muss, solange keine betrieblichen Gründe gegen eine Umwandlung eines Vollzeitarbeitsplatzes in einen Teilzeitarbeitsplatz bestehen. Im Gesetz werden solche Gründe nicht explizit benannt. Es wird aber eingeräumt, dass diese per Tarifvertrag festgelegt werden können (BMA 2001a). Inwieweit dieser letzte Punkt dazu führt, dass den Teilzeitwünschen von Arbeitnehmern nicht entsprochen wird, bleibt abzuwarten.

Rechtsansprüche können zwar nützlich sein, um die Durchsetzungskraft der Arbeitnehmer zu stärken. Allerdings ist damit zu rechnen, dass sie in einer Situation der Machtasymmetrie nicht wahrgenommen werden bzw. dazu führen, dass die Beschäftigtengruppen, die sie in Anspruch nehmen wollen, vom Arbeitsmarkt gedrängt werden.

– Kollektive Arbeitszeitverkürzung

Die zweite Möglichkeit besteht in kollektiver Arbeitszeitverkürzung, welche die Knappheitsrelationen auf dem Arbeitsmarkt zugunsten der Arbeitnehmer ändert und damit deren Verhandlungsposition stärkt. Die Wahrscheinlichkeit weiterer kollektiver Arbeitszeitverkürzungen sind – wie bereits ausgeführt – gering.

– Materielle Mindestsicherung

Die Konstruktion des Systems sozialer Sicherung ist eine wichtige Ursache dafür, weshalb in Deutschland ein Jobwunder nach niederländischem Vorbild nicht funktionieren kann. Die sozialrechtlichen Schwellenwerte beim Zugang zu den meisten Sozialversicherungen waren in Deutschland bis vor kurzem relativ hoch: So musste ein Arbeitnehmer mindestens 15 Stunden pro Woche arbeiten und einen Verdienst von mindestens 610 DM im Monat aufweisen, um überhaupt Sozialversicherungsansprüche erwerben zu können (Bosch 1998c: 357). Dies wurde zwar durch die 1998 gewählte sozialdemokratische Regierung geändert. Trotzdem wirkt sich durch den engen Zusammenhang zwischen Arbeitsentgelt und Leistungshöhe die Entscheidung für eine kürzere Arbeitszeit unmittelbar auf den individuellen Sozialversicherungsschutz aus: Entsprechend dem Äquivalenzprinzip sind die Beiträge in die Sozialversicherung einkommensabhängig, die Höhe der Leistungen beitragsabhängig. Geringere Einkommen aufgrund kürzerer Arbeitszeiten führen also automatisch zu geringeren Leistungen im Versicherungsfall. Es ist anzunehmen, dass Arbeitnehmer kaum freiwillig ihre Arbeitszeit verkürzen, wenn damit ein großer Verlust an sozialer Sicherung einhergeht. In den Niederlanden sieht die Situation anders aus: Der Unterschied zum deutschen System besteht darin, dass die soziale Absicherung weitaus unabhängiger von der Erwerbstätigkeit gewährleistet wird. Es gibt eine Grundsicherung für alle unabhängig von den eingezahlten Beiträgen.[147] Dies versetzt die Beschäftigten in die Lage, zeitweise Teilzeit zu arbeiten, ohne damit in zu großem Umfange Ansprüche auf soziale Sicherung zu verlieren. Mit anderen Worten hat die Konstruktion des sozialen Sicherungssystems Einfluss auf die Wirksamkeit dieser Politik und ist in den Niederlanden offensichtlich politikfördernd. Das großzügigere System sozialer Sicherung, in dem das Normalarbeitsverhältnis nicht dieselbe Priorität besitzt wie in Deutschland, fördert die Inanspruchnahme von Teilzeitarbeit (Ganßmann/Haas 2001).[148]

Eine verbesserte materielle Mindestabsicherung kann das Risiko der Arbeitszeitflexibilisierung mindern. Obwohl sie kein arbeitszeitpolitisches Instrument ist, hat sie aber arbeitszeitpolitische Wirkungen: Sie vermindert erstens das Arbeitsangebot, weil eine arbeitsmarktexterne Existenzsicherung zur Verfügung steht. Genau dieser Aspekt wird jedoch als Argument gegen sie verwendet: Eine volle Alimentierung der Arbeitslosen, die sich auf dieser Hilfe ‚ausruhen‘ könnten, senke die Arbeitsdisziplin. Dass diese Effekte nicht in den von Kritikern geschilderten Ausmaßen auftreten, zeigen Erfahrungen in den USA und in Deutschland (vgl. Vobruba 1989: 109; Vobruba 2001). Letztlich kommt es auf die technische Gestaltung einer neuen Mindestsicherung an. Zweitens steigt durch arbeitsmarktexterne Existenzsicherungen der Spielraum der Arbeitnehmer in Verhandlungen. Erst dadurch wird der Arbeitsmarkt zu einem Markt, auf dem sich Arbeitnehmer und Arbeitgeber in gleicher Augenhöhe begegnen. Drittens ergeben sich durch eine Grundsicherung neue arbeitszeitpolitische Gestaltungsmöglichkeiten wie Teilzeitarbeit, die bis jetzt aufgrund ihrer schlechten sozialrechtlichen Absicherung von nur wenigen Beschäftigten in Anspruch genommen werden kann. Als arbeitsmarktinternes Instrument wird die negative Einkommenssteuer diskutiert. Sie verbindet Arbeitsmarkt und Sozialpolitik und

---

147 Zur genauen Funktionsweise des niederländischen Versicherungssystems vgl. Schmid 1996: 105ff.

148 Wie oben bereits ausgeführt, gewährleistet in Deutschland die Sozialhilfe gegenwärtig die materielle Grundsicherung. Die Sozialhilfe stellt in ihrer gegenwärtigen Ausformung jedoch noch keine Alternative zu Sozialversicherungsleistungen dar. Das liegt zum einen in ihrem niedrigen Niveau und zum anderen in ihren Stigmatisierungswirkungen begründet. Die niederländische Grundsicherung befindet sich in einer weitaus besseren Position.

schafft Anreize zur Arbeitsaufnahme, da man im Falle der Erwerbstätigkeit mehr Einkommen erhält als bei bloßer Absicherung von Arbeitslosigkeit. Ein Vorteil dieser Maßnahme ist, dass man bei ihrer Einführung das soziale Sicherungssystem nicht ändern müsste.

Arbeitszeitpolitische Schlussfolgerungen

Man kann festhalten, dass das oben erörterte Dilemma der Steuerungsinhalte auf der Ebene des Bündnisses für Arbeit auf der untergeordneten Ebene der Arbeitszeitpolitik wiederkehrt. Arbeitszeitverkürzung wurde als ein sehr beschäftigungswirksames angebotsseitiges Instrument zum Abbau von Arbeitslosigkeit erkannt, dessen Kompromissfähigkeit gegenüber Maßnahmen auf der Nachfrageseite jedoch gering ist. Es gibt unterschiedliche Formen der Arbeitszeitverkürzung, die grob in individuelle und kollektive Reduzierung differenziert werden können: Während kollektive Arbeitszeitverkürzungen spürbare Effekte auf dem Arbeitsmarkt versprechen, stoßen sie auf immense Akzeptanzprobleme. Individuelle Arbeitszeitverkürzungen/-flexibilisierungen sind zwar am ehesten konsensfähig; ihre Beschäftigungswirksamkeit ist aber ohne gesetzliche oder tarifliche Anspruchsrechte gering. Abermals zeigt sich das Konkurrenzverhältnis zwischen Verpflichtungsfähigkeit und Problemlösungskapazität: Sobald kollektive Ziele verfolgt werden sollen, die generell wirksamer sind als partikulare, geht die Loyalität der Mitglieder aufgrund der unterschiedlichen (kurzfristigen) Kosten- und Nutzenverteilung verloren.

Die Praxis sieht entsprechend aus: Von kollektiver Arbeitszeitverkürzung im Sinne einer Verkürzung der Wochenarbeitszeit ist überhaupt keine Rede im Bündnis. Aber selbst ein Überstundenabbau, der von den Gewerkschaften als äußerst beschäftigungswirksam eingeschätzt wird, scheint nicht verhandelbar zu sein. Man konnte sich lediglich darauf einigen, dass das eine effiziente Strategie *wäre*. Die Arbeitgeber bekundeten zumindest ihre Bereitschaft, eventuell diesen Weg zu gehen. Doch rechtlich bindende Regelungen entstanden nicht. Obwohl es auch bei all den anderen diskutierten Maßnahmen der Flexibilisierung der Arbeitszeit (insbesondere verschiedene Formen von Arbeitszeitkonten und Teilzeit) bis jetzt zu keinen konkreten Vereinbarungen gekommen ist, kann hier zumindest ein gesteigertes Interesse der Arbeitgeber erkannt werden, zu verhandeln. Dazu sind sie allerdings nur so lange bereit, wie dies zu keinen größeren Handlungsrestriktionen führt. Das wiederum stellt ein Problem für die Arbeitnehmerseite dar: Vermehrte Teilzeit wird im Bündnis immer wieder gefordert. Teilzeit – als eine individuelle Strategie – ist (auf Betriebsebene) grundsätzlich verhandelbar, deren Inanspruchnahme und damit auch ihre Beschäftigungswirksamkeit sind allerdings aufgrund der ungenügenden rechtlichen Absicherung äußerst unsicher.

Diese Unsicherheit könnte durch eine Änderung der Rahmenbedingungen gemindert werden. Die Voraussetzungen für den Erfolg dieser Strategie wären gestaltbar. Praktisch jedoch steht dem großer Widerstand gegenüber.

Offensichtlich muss man sich kurze Arbeitszeiten leisten können. Sie sind demnach ein Wohlstandsindikator. In Krisensituationen, wenn die materiellen Voraussetzungen sich verschlechtern, gewinnt das Einkommen an Priorität. Niedrige Löhne blockieren grundsätzlich die Durchsetzungsfähigkeit von Arbeitszeitverkürzungen und hängen wie „Bleigewichte" an den Füßen der Gewerkschaften (Lehndorff 1998: 576). Dieser Zusammenhang wird übersehen, wenn man gleichzeitig einen Niedriglohnsektor *und* den Ausbau der Teilzeit fordert. Die Durchsetzung des ersten Zieles verändert die Arbeitszeitpräferenzen der Beschäftigten derart, dass eine Arbeitszeitverkürzung nicht mehr mit den Interessen der Individuen korrespondieren *kann*, es sei denn die institutionellen Bedingungen (Sozialversicherungssystem, negative Einkommenssteuer) werden geändert. „Oder anders ausgedrückt: *Eine neoliberale Politik der Einkommensdifferenzierung ist das wirksamste Mittel, weitere Arbeitszeitverkürzungen zu verhindern*" (Bosch 1998c: 358, Hervorhebungen im Original).

Ein Umdenken ist notwendig. Es ist jedoch unwahrscheinlich, dass es von den betroffenen Akteuren selbst ausgehen kann. Diese sind in ihren Handlungsrestriktionen gefangen. Infrage kommen deshalb vor allem staatliche Maßnahmen. Das macht die Gewerkschaften in der Arbeitszeitfrage jedoch nicht unwichtig. Sie könnten eine wichtige Rolle bei der Erarbeitung eines Konzeptes spielen, welches den neuen arbeitszeitpolitischen Bedingungen Genüge tut sowie den Interessen der Arbeitnehmer Rechnung trägt und diese schützt. Die Gewerkschaften haben damit angefangen. Sie sind diesen Weg aber noch nicht konsequent gegangen. Gehen sie ihn weiter, könnten sie dadurch ihre Position gegenüber und in der Kooperation mit den Arbeitgebern, dem Staat und nicht zuletzt ihren eigenen Mitgliedern festigen.

6.3 Fazit

Die gewerkschaftlichen Reaktionen auf die Veränderungen ihrer Umwelt sind beachtlich. Sie widerlegen jedenfalls für die jüngere Vergangenheit das Bild einer erstarrten und nicht mehr reaktionsfähigen Großorganisation, deren Schicksal es ist, dem eigenen Untergang sehenden Auges entgegen zu steuern. Wir haben nicht untersucht, ob die beiden hier behandelten Strategien der Gewerkschaften, also die Versuche, sich ein neues soziales Leitbild zu geben und ein Bündnis für Arbeit erfolgreich zu installieren, von der gewerkschaftlichen Basis tatsächlich positiv aufgenommen und unterstützt werden. Was wir auf Basis unserer Analyse jedoch feststellen können, sind beachtliche Bewegungen des ,Organisationstankers Gewerkschaften'.

Sowohl das neue soziale Leitbild der Gewerkschaften wie auch die Positionen, welche die Gewerkschaften in den Verhandlungen des Bündnisses für Arbeit vertreten, zeigen insgesamt, dass die Gewerkschaften ebenso den Anforderungen des ökonomischen, sozialen und politischen Wandels wie auch den an sie gerichteten Forderungen gerecht werden *wollen*. Es tun sich bei diesem Bemühen selbstverständlich Widersprüche ebenso auf wie neue Dilemmata. Komplexe politische Problemlagen lassen sich weder durch einfache Lösungen noch eindeutig bewältigen. Vielfach birgt der einzige gangbare Lösungsweg schon die neuen Konfliktlagen in sich. Die Problemlösung ist oft ebenso Problemgenerator. Solche Handlungssituationen sind gerade dann wahrscheinlich, wenn es um Handlungen von politischen Akteuren oder Organisationen geht, die multiple Interessenlagen zu berücksichtigen haben. Es kann dann keine alle Seiten zufrieden stellende Handlungsmöglichkeit mehr geben.

Die Gewerkschaften sind bei ihrem Handeln stets gezwungen, wenigstens drei Seiten zu berücksichtigen: die Interessen ihrer Mitglieder, die der Arbeitgeber und die des Staates. Mit allen drei Interessen sind sie zur Kooperation verdammt. Allein kann die Gewerkschaftsspitze wenig bewirken. Nichts lässt sich auf Dauer gegen die eigenen Mitglieder durchsetzen. Auch die Kooperation der Arbeitgeber ist unverzichtbar, weil die Gewerkschaften ohne diese Kooperation keine Erfolge für ihre Mitglieder erreichen können. Selbst dann, wenn die Gewerkschaften einen Konfrontationskurs mit den Arbeitgebern einschlagen, dient das einzig dazu, Kooperation zu erzwingen. Die Konfrontation ist immer nur vorübergehendes und nicht unbegrenzt oft einsetzbares Mittel zum Zwecke möglichst dauerhafter und stabiler Kooperation. Und vom Staat erwarten die Gewerkschaften die Anerkennung als Organisation, die zur Erhaltung und Stiftung des Gemeinwohls zentrale Aufgaben erbringt. Ohne diese Anerkennung verlören die Gewerkschaften ihre politisch prominente Stellung. Sie wären dann noch eine Organisation unter anderen.

Sich aus dieser komplexen Handlungssituation für die Gewerkschaften ergebende Probleme haben wir vor allem in drei Bereichen gesehen:

– erstens in Widersprüchen zwischen der Arbeits- und Sozialpolitik;
– zweitens in einem Dilemma infolge gewerkschaftlichen Erfolgszwanges bei gleichzeitig ungünstiger Verhandlungsposition im Bündnis für Arbeit;

– drittens in den Umsetzungsproblemen der (nicht nur) gewerkschaftlichen Strategie möglichst umfassender Arbeitszeitverkürzungen.

Diese Probleme werden nicht die einzigen sein, mit denen sich die Gewerkschaften in Zukunft auseinandersetzen müssen. Aber es handelt sich um zentrale Problembereiche. Die beobachtbaren Problemlagen sind nicht die Folge unbedachten Handelns. Die Gewerkschaften mussten sich angesichts der veränderten Rahmenbedingungen bewegen. Stillstand wäre problematischer als die jetzt zu beobachtenden Schwierigkeiten. Die Gewerkschaften hatten in den meisten Fällen kaum eine Wahl: Sie mussten ihre arbeitspolitischen Vorstellungen verändern, damit sie realitätstüchtig bleiben; sie mussten das Bündnis für Arbeit oder ein vergleichbares korporatistisches Arrangement anstreben, um wieder politisch handlungsfähig und als initiativ anerkannt zu werden; und sie müssen die Arbeitszeitverkürzung auf ihre Agenda setzen, da es das einzige Mittel zur Bekämpfung der Arbeitslosigkeit ist, zu dem sie selbst direkt etwas beitragen können.

Was kann den Gewerkschaften geraten werden? Wir haben schon mehrfach betont und beharren auch jetzt auf der Ansicht, dass es nicht *den* einen Weg geben kann, auf dem sich die Gewerkschaften aus ihren Problemen werden befreien können. Zu groß ist der Druck, der auf ihnen lastet, zu komplex die Interessenlagen, die sie zu berücksichtigen haben, zu wenig absehbar die Handlungsstrategien angesichts eines sich immer weiter vollziehenden gesellschaftlichen und ökonomischen Wandels.

Wir erkennen allerdings eine zentrale politische Handlungsoption, mittels derer die Gewerkschaften erstens Widersprüche mildern könnten und die zweitens die Dilemmata, in denen sie sich befinden, weniger ausweglos erscheinen lassen könnten. Das sind Veränderungen in ihren sozialpolitischen Vorstellungen. Die Gewerkschaften vertreten bei aller Innovation im Detail im Grundsatz nach wie vor das tradierte deutsche Modell lohnarbeitszentrierter sozialer Sicherung. Dieses Modell ist dem heutigen gesellschaftlichen, politischen und ökonomischen Wandel aber nicht mehr hinreichend angemessen. Es produziert Sicherungsprobleme und es behindert individuelle Handlungsstrategien, die langfristig zum Nutzen aller sein könnten. Wir denken nicht, dass die deutsche Sozialpolitik insgesamt revisionsbedürftig geworden ist. Ein vollkommener Systemwechsel ließe sich auch weder politisch und gesellschaftlich noch rechtlich und ökonomisch durchführen.

Aber es sind Veränderungen notwendig, die auch durchführbar erscheinen. Von zentraler Bedeutung ist die bereits oben angesprochene Relativierung der Lohnarbeitszentriertheit der Sozialversicherungen. Sie muss nicht aufgehoben werden. Aber sie muss sowohl auf der Zugangs- wie auf der Leistungsseite gelockert werden. Wir haben bereits geschildert, was wir darunter verstehen. Auf diese Weise würden Widersprüche zwischen der Arbeits- und Sozialpolitik ebenso verringert wie die gewerkschaftliche Strategiefähigkeit generell erhöht. Für die Gewerkschaften könnte sich der „Zusatznutzen" (Vobruba 1991) einer solchen Sozialpolitik sehr bezahlt machen. Nach innen könnten sie die Notwendigkeit aktueller Verluste (etwa bei Arbeitszeitverkürzungen ohne Lohnausgleich), die sich langfristig zum Nutzen aller herausstellen könnten (Verringerung der Arbeitslosigkeit), besser rechtfertigen. Denn die Beschäftigten könnten sicher sein, auch dann einigermaßen abgesichert zu sein, wenn die Strategien nicht funktionieren oder sie nicht zu den Gewinnern zählen sollten. Diese Gewissheit fehlt ihnen derzeit. Nach außen würden die Gewerkschaften aufgrund des geringeren innergewerkschaftlichen Drucks flexibler. Sie könnten z.B. Formen der Arbeitszeitverkürzung anbieten, welche die Arbeitgeber nicht mehr mit dem Hinweis auf höhere Kosten ablehnen könnten.

Die Gewerkschaften können die Ausrichtung der Sozialpolitik selbstverständlich nicht selbst und schon gar nicht allein verändern. Sie sind auf Bündnispartner angewiesen, die ein solches Projekt politisch umsetzen könnten. Werden die schon realisierten Veränderungen des deutschen Wohlfahrtsstaates betrachtet, die bereits auf eine abnehmende Bedeutung der Lohnarbeitszentriertheit der deutschen Sozialpolitik hinweisen (Bleses/Seeleib-Kaiser 1999; s. Kap. 3.3), erscheint uns ein solches Projekt nicht unmöglich. Widerstand droht aus den Reihen der Gewerkschaften eher als aus den politischen Parteien. Wenn es den Gewerkschaften gelingt, den innergewerkschaftlichen Widerstand der abnehmenden Zahl der Profiteure lohnarbeitszentrierter Sozialpolitik (der ‚Normalarbeiter') zu überwinden, wäre eine wichtige politische Voraussetzung zur Umsetzung einer anderen Sozialpolitik geschaffen. Der langfristige gewerkschaftliche Nutzen einer Sozialpolitik für alle statt einer Sozialpolitik für immer weniger wäre hoch. Aktuell wird ein sozialpolitischer Strategiewechsel für die Gewerkschaften nicht einfach sein. Aber die von uns oben besprochenen Strategiewechsel waren auch nicht einfach. Bisher haben die Gewerkschaften nicht vor den insbesondere von Sozialwissenschaftlern so gerne als unüberwindbar stilisierten Problemen und ausweglosen Dilemmata kapituliert.

Literatur

Abromeit, Heidrun, 1993: *Interessenvermittlung zwischen Konkurrenz und Konkordanz. Studienbuch zur vergleichenden Lehre politischer Systeme*, Opladen: Leske + Budrich.

Anderson, Christopher J., 2001: „Desperate Times Call for Desperate Measures: Unemployment and Citizen Behavior in Comparative Perspective", in: Bermeo, Nancy (Hg.), *Unemployment in the New Europe*, Cambridge: Cambridge University Press: 271-290.

Arlt, Hans-Jürgen, 1998a: „Kampagnen als Kommunikationsstrategie. Über Chancen und Risiken der DGB-Dachkampagne K'98", in: *Gewerkschaftliche Monatshefte* 49: 143-150.

Arlt, Hans-Jürgen, 1998b: „Für eine andere Politik", in: *Die Mitbestimmung* 44: 20-22.

Arlt, Hans-Jürgen, 1999: „Die Zweite Moderne wird postkapitalistisch", in: *Gewerkschaftliche Monatshefte* 50: 195-200.

Arlt, Hans-Jürgen; Nehls, Sabine 1999: *Bündnis für Arbeit. Konstruktion, Kritik, Karriere*, Opladen; Wiesbaden: Westdeutscher Verlag.

Artus, Ingrid, 2001: *Krise des deutschen Tarifsystems. Die Erosion des Flächentarifvertrags in Ost und West*, Wiesbaden: Westdeutscher Verlag.

B'90/Die Grünen, 1998: *Grün ist der Wechsel*, Programm zur Bundestagswahl 1998, Bonn: B'90/Die Grünen Bundesgeschäftsstelle, Referat Öffentlichkeitsarbeit.

Bach, Hans-Uwe, 2001: *Arbeitsvolumen steigt wieder dank mehr Beschäftigung*, IAB-Kurzbericht Nr. 3 / 20. Feb. 2001, Nürnberg: Institut für Arbeitsmarkt- und Berufsforschung der Bundesanstalt für Arbeit.

Bach, Willi, 1994: „25 Jahre Arbeitsförderungsgesetz – ein Grund zum Feiern?", in: *Sozialer Fortschritt* 43: 133-140.

Bauer, Frank et al., 1996: *Arbeitszeit '95. Arbeitszeitstrukturen, Arbeitszeitwünsche und Zeitwünsche der abhängig Beschäftigten in West- und Ostdeutschland*, Düsseldorf: Ministerium für Arbeit, Gesundheit und Soziales des Landes Nordrhein-Westfalen.

Beck, Ulrich, 1998: „Die Seele der Demokratie. Wie wir Bürgerarbeit statt Arbeitslosigkeit finanzieren können", in: *Gewerkschaftliche Monatshefte* 49: 330-335.

Behrens, Martin, 2001: *Alliance for Jobs agrees joint statement on training*, http://www.eiro.eurofound.ie/2001/03/features/DE0103213F.html.

Bieback, Karl-Jürgen, 1997: „Der Umbau der Arbeitsförderung. Das neue Sozialgesetzbuch III – Arbeitsförderung – von 1996/7", in: *Kritische Justiz* 30: 15-29.

Bierter, Willy; Winterfeld, Uta von (Hg.), 1998: *Zukunft der Arbeit – welcher Arbeit?*, Wuppertal Texte, Berlin et al.: Birkhäuser.

Blanke, Thomas; Rose, Edgar, 2001: Betriebsverfassung 2001: „Flexible Mitbestimmung in modernen Zeiten", in: *Recht der Arbeit* 54: 92-104.

Blanke, Thomas; Schmidt, Eberhard (Hg.), 1995: *Tarifpolitik im Umbruch*, München; Mering: Rainer Hampp Verlag.

Bleses, Peter, 1994: *Die staatliche Regulierung der Zuverlässigkeit monetärer Mindestschwellen in der Bundesrepublik Deutschland*, Egelsbach et al.: Hänsel-Hohenhausen.

Bleses, Peter, 2000: *Auf zu neuen Ufern? Arbeit und Einkommen in der gewerkschaftlichen Zukunftsdebatte*, WZB-Discussionpaper P 00-516, Berlin: Wissenschaftszentrum Berlin für Sozialforschung.

Bleses, Peter, 2001: „Wirklich familienfeindlich? Deutscher Wohlfahrtsstaat und Familienpolitik", in: *Kommune* 19, Nr. 7 / Juli: 39-42.

Bleses, Peter; Rose, Edgar, 1998: *Deutungswandel der Sozialpolitik. Die Arbeitsmarkt- und Familienpolitik im parlamentarischen Diskurs*, Schriften des Zentrums für Sozialpolitik, Bd. 8, Frankfurt a.M.; New York: Campus.

Bleses, Peter; Seeleib-Kaiser, Martin, 1999: „Zum Wandel wohlfahrtsstaatlicher Sicherung in der Bundesrepublik Deutschland: Zwischen Lohnarbeit und Familie", in: *Zeitschrift für Soziologie* 28: 114-135.

Bleses, Peter; Vobruba, Georg, 2000: „Institutionelle Normen und individuelle Handlungsoptionen im sozialstaatlichen Wandel", in: Metze, Regina; Mühler, Kurt; Opp, Karl-Dieter (Hg.), *Normen und Institutionen: Entstehung und Wirkungen*, Band 2 der Reihe Leipziger Soziologische Studien, Leipzig: Leipziger Universitätsverlag: 269-297.

BMA (Bundesministerium für Arbeit und Sozialordnung), 1998: *Sozialbericht 1997*, Stand: April 1998, Bonn: BMA.

BMA (Bundesministerium für Arbeit und Sozialordnung), 2000: *Statistisches Taschenbuch 2000. Arbeits- und Sozialstatistik*, Bonn: BMA – Referat Information, Publikation, Redaktion.

BMA (Bundesministerium für Arbeit und Sozialordnung), 2001a: *Teilzeit – alles, was Recht ist*, Bonn: BMA – Referat Information, Publikation, Redaktion.

BMA (Bundesministerium für Arbeit und Sozialordnung), 2001b: *Statistisches Taschenbuch 2001. Arbeits- und Sozialstatistik*, Bonn: BMA – Referat Information, Publikation, Redaktion.

Bonß, Wolfgang; Ludwig-Mayerhofer, Wolfgang, 2000: „Arbeitsmarkt", in: Allmendinger, Jutta; Ludwig-Mayerhofer, Wolfgang (Hg.), *Soziologie des Sozialstaats*, Weinheim; München: Juventa: 109-144.

Bosch, Gerhard, 1998a: „Der Zusammenhang von Arbeitszeitverkürzung, Einkommen und Beschäftigung – Ein internationaler Vergleich", in: IGM (Hg.), *Die Zeiten ändern sich – Arbeitszeit verkürzen und gestalten – gegen Arbeitslosigkeit*, Arbeitszeitpolitische Konferenz der IG Metall vom 7.-9. Mai 1998 in Hannover, Frankfurt a.M.: IG Metall/Vorstand: 47-66.

Bosch, Gerhard, 1998b: „Arbeitszeit und Einkommen – Thesen", in: IGM (Hg.), *Die Zeiten ändern sich – Arbeitszeit verkürzen und gestalten – gegen Arbeitslosigkeit*, Arbeitszeitpolitische Konferenz der IG Metall vom 7.-9. Mai 1998 in Hannover, Frankfurt a.M.: IG Metall/Vorstand: 73-76.

Bosch, Gerhard, 1998c: „Das Ende der Arbeitszeitverkürzung? Zum Zusammenhang von Arbeitszeit, Einkommen und Beschäftigung", in: *WSI-Mitteilungen* 51: 345-359.

Bosch, Gerhard; Lehndorff, Steffen, 1998: „Arbeitszeitverkürzung und Beschäftigung. Erfahrungen in Europa und wirtschaftspolitische Empfehlungen", in: *Vierteljahreshefte zur Wirtschaftsforschung 4* Bd. 67: Berlin: Duncker und Humblot: 300-325.

Büscher, Reinhard, 1996: „Informationsgesellschaft und Beschäftigung. Einige industriepolitische Überlegungen", in: Fricke, Werner (Hg.), *Jahrbuch Arbeit + Technik 1996. Zukunft der Industriegesellschaft*, Bonn: Dietz: 132-140.

Dahrendorf, Ralf, 1983: „Wenn der Arbeitsgesellschaft die Arbeit ausgeht", in: Matthes, Joachim (Hg.), *Krise der Arbeitsgesellschaft? Verhandlungen des 21. Deutschen Soziologentages in Bamberg 1982*, Frankfurt a.M.; New York: Campus: 25-37.

Dathe, Dietmar, 1998: *Wechselwirkungen zwischen Arbeitszeitpolitik und Arbeitsangebotsverhalten. Eine Untersuchung zur Bedeutung der Arbeitszeitpräferenzen für eine Politik der Arbeitsumverteilung*, WZB Discussion Paper FS I 98-201. Berlin: Wissenschaftszentrum für Sozialforschung.

Demel, Jörg; Struck-Möbbeck, Olaf, 1998: *Formen flexibler Beschäftigung. Umfang und Regulierungserfordernisse*, Supplement der Zeitschrift Sozialismus 3/98, Hamburg: VSA.

Dettling, Warnfried, 1995a: „Solidarität neu denken. Über Grundlagen, Ziele und Methoden des Sozialstaates in einer veränderten Welt", in: Fricke, Werner (Hg.), *Jahrbuch Arbeit + Technik. Zukunft des Sozialstaats*, Bonn: Dietz: 100-111.

Dettling, Warnfried, 1995b: *Politik und Lebenswelt. Vom Wohlfahrtsstaat zur Wohlfahrtsgesellschaft*, Gütersloh: Verlag Bertelsmann Stiftung.

DGB, 1977: *Vorschläge des DGB zur Wiederherstellung der Vollbeschäftigung*, Düsseldorf: Deutscher Gewerkschaftsbund, Bundesvorstand.

DGB, 1982: *Beschäftigungspolitik durch Arbeitszeitverkürzung: Mehr Lebensqualität – mehr Arbeitsplätze*, DGB-Schwerpunktthema 82/83. Themenkreis Beschäftigungspolitik II. Abteilung Bildung, Düsseldorf: Deutscher Gewerkschaftsbund, Bundesvorstand.

DGB, 1990: *Sozialpolitisches Programm des DGB 1990*, Abteilung Sozialpolitik, Düsseldorf: Deutscher Gewerkschaftsbund, Bundesvorstand.

DGB, 1994: *Fünf-Wege-Strategie zu mehr Beschäftigung. Positionen des Deutschen Gewerkschaftsbundes*, Abt.: Grundsatz und Politische Planung beim DGB-Bundesvorstand, Düsseldorf: Deutscher Gewerkschaftsbund, Bundesvorstand.

DGB, 1996a: *Grundsatzprogramm des Deutschen Gewerkschaftsbundes*, beschlossen auf dem 5. Außerordentlichen Bundeskongreß am 13.-16. November 1996 in Dresden, Düsseldorf: Deutscher Gewerkschaftsbund, Bundesvorstand.

DGB, 1996b: „Sozialstaatscharta", in: DGB-Bundesvorstand (Hg.), *Sozialstaat braucht Zukunft. Sozialgipfel '96 am 7./8. Mai 1996 in Köln, Grundsatzabteilung beim DGB. – Eine Dokumentation*, Düsseldorf: Deutscher Gewerkschaftsbund: 73-80.

DGB, 1996c: *Höchste Zeit für neue Zeiten. Arbeit neu gestalten – Arbeitszeit selbst bestimmen*, Abt. Öffentlichkeitsarbeit, Düsseldorf: Deutscher Gewerkschaftsbund.

DGB, 1997: *Für Arbeit und soziale Gerechtigkeit. Aktionsprogramm des Deutschen Gewerkschaftsbundes*, beschlossen vom Bundesausschuß des DGB am 5.3.1997 in Düsseldorf, Abt. Öffentlichkeitsarbeit beim DGB, Düsseldorf: Deutscher Gewerkschaftsbund.

DGB, 1998a: *Was geht's mich an? Deine Stimme für Arbeit und soziale Gerechtigkeit*, Abt. Öffentlichkeitsarbeit beim DGB, Düsseldorf: Deutscher Gewerkschaftsbund.

DGB, 1998b: *Positionspapier: Ein neues Bündnis für Arbeit, Bildung und soziale Gerechtigkeit*, 6. Oktober 1998, www.dgb.de : Deutscher Gewerkschaftsbund, Bundesvorstand.

DGB, 1998c: *Zur Entwicklung von Löhnen, Gewinnen, Kapitalrendite und Lohnstückkosten in Deutschland. Kapitalrendite und Lohnquote wie zu Vollbeschäftigungszeiten*, Aktualisierte Ausgabe: Stand April 1998, Abteilung Wirtschafts- und Strukturpolitik, Düsseldorf: Deutscher Gewerkschaftsbund, Bundesvorstand.

DGB, 1999: *50 Jahre DGB. Bewegte Zeiten: Mitgestalten – Mitbestimmen – Mitverantworten*, Düsseldorf: Deutscher Gewerkschaftsbund, Bundesvorstand.

DGB, 2000: *Beschäftigungspolitische Vorschläge des Deutschen Gewerkschaftsbundes für das Jahr 2000*, vom 23. Feb. 2000, www.dgb.de: Deutscher Gewerkschaftsbund.

DIW-Wochenbericht 15/98, www.diw-berlin.de/diwwbd/98-15-1.html.

Downs, Anthony, 1974 [1957]: „Eine ökonomische Theorie des politischen Handelns in der Demokratie", in: Widmaier, H. P. (Hg.): *Politische Ökonomie des Wohlfahrtsstaates. Eine kritische Darstellung der Neuen Politischen Ökonomie*, Frankfurt a.M.: 121-139.

Engelen-Kefer, Ursula et al., 1995: *Beschäftigungspolitik*, 3., völlig neu bearbeitete Aufl., Köln: Bund-Verlag.

Esping-Andersen, Gøsta (Hg.), 1996: *Welfare States in Transition. National Adaptations in Global Economies*, London et al.: Sage.

Esping-Anderson, Gøsta, 1985: *Politics Against Markets. The Social Democratic Road to Power*. Princeton: Princeton University Press.

Esser, Josef; Schroeder, Wolfgang, 1999: „Neues Leben für den Rheinischen Kapitalismus. Vom Bündnis für Arbeit zum Dritten Weg", in: *Blätter für deutsche und internationale Politik*, H. 1: 51-61.

Etzioni, Amitai, 1961: *A Comparative Analysis of Complex Organisations*, New York: Free Press of Glencoe.

Evers, Adalbert; Olk, Thomas, 1996: „Wohlfahrtspluralismus – Analytische und normativ-politische Dimensionen eines Leitbegriffs", in: Evers, Adalbert; Olk, Thomas (Hg.), *Wohlfahrtspluralismus. Vom Wohlfahrtsstaat zur Wohlfahrtsgesellschaft*, Opladen: Westdeutscher Verlag: 9-60.

Frankfurter Rundschau, 1999: „Jusos halten nichts vom »Ausbildungskonsens«", Nr.: 155, v. 8. Juli: 5.

Frey, Birgit, 1998: „Wandel der Gewerkschaften, Gewerkschaften im Wandel. Die Herausforderungen gewerkschaftlicher Reformpolitik", in: Arbeitskreis Nonprofit-Organisationen (Hg.), *Nonprofit-Organisationen im Wandel. Ende der Besonderheiten oder Besonderheiten ohne Ende?*, Schriften des Deutschen Vereins für Öffentliche und Private Fürsorge. Allgemeine Schriften 274, Stuttgart et al.: Kohlhammer: 75-99.

Fricke, Werner (Hg.), 1993: *Jahrbuch Arbeit + Technik 1993. Zukunft der Arbeit – Zukunftsfähigkeit der Gewerkschaften*, Bonn: Dietz.

Fröhner, Rolf; Stackelberg, Maria von; Eser, Wolfgang, 1956: *Familie und Ehe. Probleme in den deutschen Familien der Gegenwart*, Bielefeld: Maria von Stackelberg Verlag.

Fuchs, Johann, 1998: *Angebot an Arbeitskräften bleibt weiter hoch*, IAB-Kurzbericht Nr. 10/ 27.4. 1998, Nürnberg: Institut für Arbeitsmarkt- und Berufsforschung der Bundesanstalt für Arbeit.

Gäfgen, Gerard, 1988: „Kollektivverhandlungen als konstitutiver Allokationsmechanismus korporatistischer Ordnungen", in: Gäfgen, Gerard (Hg.): *Neokorporatismus und Gesundheitswesen. Gesundheitsökonomische Beiträge*, Bd. 1. Baden-Baden: Nomos: 61-89.

Ganßmann, Heiner; Haas, Michael, 1999: *Arbeitsmärkte im Vergleich. Rigidität und Flexibilität auf den Arbeitsmärkten der USA, Japans und der BRD*, hrsg. von Hans-Böckler-Stiftung, Standortdebatte, Marburg: Schüren.

Ganßmann, Heiner; Michael, Haas, 2001: *Arbeitsmärkte im Vergleich II. Flexibilität und Rigidität der Arbeitsmärkte in den Niederlanden, Dänemark und Schweden*, hrsg. von Hans-Böckler-Stiftung, Standortdebatte, Marburg: Schüren.

George, Rainer; Struck, Olaf (Hg.), 2000: *Generationenaustauch im Unternehmen*, München; Mering: Rainer Hampp Verlag.

Gerlach, Irene, 1996: *Familie und staatliches Handeln. Ideologie und politische Praxis in Deutschland*, Opladen: Leske + Budrich.

Gersemann, Olaf; Hoffmann, M., 1999: „Für den Mülleimer", in: *Wirtschaftswoche* Nr. 19: 18-20.

Gesterkamp, Thomas, 1996: „Männerbund Gewerkschaft", in: *Gewerkschaftliche Monatshefte* 47: 596-600.

Gewerkschaft Erziehung und Wissenschaft, 1998: *Bündnis für Arbeit und Bildung*, Forderungen der Gewerkschaft Erziehung und Wissenschaft an ein 100-Tage-Programm der neuen Bundesregierung vom 8. Oktober 1998 (Auszüge): www.einblick.dgb.de/archiv/9821/tx982103.htm.

Görner, Regina, 1995: „Familiengerechte Arbeitsmodelle", in: *Gewerkschaftliche Monatshefte* 46: 156-167.

Grundsatzabteilung, DGB-Bundesvorstand, 1998: „Soziale Gerechtigkeit, Sozialstaat und Innovation", in: Mezger, Erika; West, Klaus W. (Hg.), *Neue Chancen für den Sozialstaat. Soziale Gerechtigkeit, Sozialstaat und Aktivierung*, Marburg: Schüren: 77-86.

Handschuch, Konrad et al., 1998: „Das Eis brechen", in: *Wirtschaftswoche*, Nr. 50: 16-20.

Hank, Rainer, 1996: „Der Zauberer. »Bündnis für Arbeit« statt Programmdebatte", in: *Gewerkschaftliche Monatshefte* 47: 32-40.

Hans-Böckler-Stiftung (Hg.), 1998a: Sachverständigenrat Bildung: *Für ein verändertes System der Bildungsfinanzierung*, Diskussionspapiere Ausgabe 1, Oktober 1998, Düsseldorf: Hans-Böckler-Stiftung.

Hans-Böckler-Stiftung (Hg.), 1998b: Sachverständigenrat Bildung: *Ein neues Leitbild für das Bildungssystem – Elemente einer künftigen Berufsbildung*, Diskussionspapiere Ausgabe 2, Dezember 1998, Düsseldorf: Hans-Böckler-Stiftung.

Hans-Böckler-Stiftung (Hg.), 1999: Sachverständigenrat Bildung: *Jugend, Bildung und Zivilgesellschaft. Anregungen zur Bildungsdiskussion*, Diskussionspapiere Ausgabe 3, März 1999, Düsseldorf: Hans-Böckler-Stiftung.

Häußermann, Hartmut; Siebel, Walter, 1995: *Dienstleistungsgesellschaft*, Frankfurt a.M.: Suhrkamp.

Heinelt, Hubert, 1993: „Policy und Politics. Überlegungen zum Verhältnis von Politikinhalten und Politikprozessen", in: Héritier, Adrienne (Hg.), *Policy-Analyse. Kritik und Neuorientierung*, Politische Vierteljahresschrift, Sonderheft 24, Opladen: Westdeutscher Verlag: 307-327.

Heinelt, Hubert; Weck, Michael, 1998: *Arbeitsmarktpolitik – Vom Vereinigungskonsens zur Standortdebatte*, Opladen: Leske + Budrich.

Heinze, Rolf G. et al., 1984: „Interessendifferenzierung und Gewerkschaftseinheit. Bruchlinien innerhalb der Arbeiterklasse als Herausforderung für gewerkschaftliche Politik", in: Offe, Claus (Hg.), *»Arbeitsgesellschaft«: Strukturprobleme und Zukunftsperspektiven*, Frankfurt a.M.; New York: Campus: 118-137.

Hensche, Detlef, 1995: „Großfusionen sind keine Lösung", in: *Gewerkschaftliche Monatshefte* 46: 65-74.

Hensche, Detlef, 1999: „Geht der Gesellschaft die Arbeit aus?", in: *Sozialismus*, H. 1: 36-44.

Herlth, Alois et al. (Hg.), 1994: *Abschied von der Normalfamilie? Partnerschaft kontra Elternschaft*, Berlin; Heidelberg: Springer.

Herrmann, Christa et al., 1998: „35-Stunden-Woche in der gewerkschaftlichen und betrieblichen Praxis – Kurzdarstellung der Umfrage-Ergebnisse der Forschungsgruppe IPRAS", in: IGM (Hg.), *Die Zeiten ändern sich – Arbeitszeit verkürzen und gestalten – gegen Arbeitslosigkeit*, Arbeitszeitpolitische Konferenz der IG Metall vom 7.-9. Mai 1998 in Hannover, Frankfurt a.M.: IG Metall/Vorstand: 67-71.

Hettlage, Robert, 1998: *Familienreport. Eine Lebensform im Umbruch*, München: Beck.

Hildebrandt, Eckart, 1998: „Arbeiten und Leben im Wissen um ihre ökologischen (Neben-)Folgen", in: Bieter, Willy; Winterfeld, Uta von (Hg.), *Zukunft der Arbeit – welcher Arbeit?*, Wuppertal Texte, Berlin et al.: Birkhäuser: 117-158.

Hinrichs, Karl, 1996: „Das Normalarbeitsverhältnis und der männliche Familienernährer als Leitbilder der Sozialpolitik", in: *Sozialer Fortschritt* 45: 102-107.

Hinrichs, Karl; Offe, Claus; Wiesenthal, Helmut, 1983: „Der Streit um die Zeit – Die Arbeitszeit im gesellschaftspolitischen und industriellen Konflikt", in: Offe, Claus et al. (Hg.): *Arbeitszeitpolitik. Formen und Folgen einer Neuverteilung der Arbeitszeit*, Frankfurt a.M.; New York: Campus: 8-31.

Hinrichs, Karl; Wiesenthal, Helmut, 1986: „Bestandsrationalität versus Kollektivinteresse. Gewerkschaftliche Handlungsprobleme im Arbeitszeitkonflikt 1984", in: *Soziale Welt* 37: 280-296.

Hoffmann, Edeltraut; Walwei, Ulrich, 1998: *Längerfristige Entwicklung von Erwerbsformen in Westdeutschland*, IAB-Kurzbericht Nr. 2/27. Jan. 1998, Nürnberg: Institut für Arbeitsmarkt- und Berufsforschung der Bundesanstalt für Arbeit.

Hoffmann, Edeltraut; Walwei, Ulrich, 2000a: *Erosion oder Renaissance der Normalarbeit? Länder-vergleich Dänemark – Deutschland*, IAB-Kurzbericht Nr. 16 / 6. Dez. 2000, Nürnberg: Institut für Arbeitsmarkt- und Berufsforschung der Bundesanstalt für Arbeit.

Hoffmann, Edeltraut; Walwei, Ulrich, 2000b: *Was ist eigentlich noch »normal«?*, IAB-Kurzbericht Nr. 14 / 25. Okt. 2000, Nürnberg: Institut für Arbeitsmarkt- und Berufsforschung der Bundesanstalt für Arbeit.

Hoffmann, Michaela, 1998: „Mit sanftem Druck. Gelingt Rot-Grün ein Beschäftigungspakt nach holländischem Modell?", in: *Wirtschaftswoche* Nr. 42: 35-39.

Homeyer, Immo von, 1998: „Die Ära Kohl im Spiegel der Statistik. Ein statistischer Überblick über die Wirtschafts-, Beschäftigungs-, Finanz- und Sozialpolitik seit 1982", in: Wewer, Göttrik (Hg.), *Bilanz der Ära Kohl. Christlich-liberale Politik in Deutschland 1982-1998*, Sonderband der Zeitschrift Gegenwartskunde, Opladen: Leske + Budrich: 333-355.

Huinink, Johannes, 1995: *Warum noch Familie? Zur Attraktivität von Partnerschaft und Eltern-schaft in unserer Gesellschaft*, Frankfurt a.M.; New York: Campus.

IGM (Hg.), 1998a: *Die Zeiten ändern sich – Arbeitszeit verkürzen und gestalten – gegen Arbeitslo-sigkeit*, Arbeitszeitpolitische Konferenz der IG Metall vom 7.-9. Mai 1998 in Hannover, Frankfurt a.M.: IG Metall/Vorstand.

IGM, 1996: „Grundsatzreferat, Anträge und Entschließungen vom 18. ordentlichen Gewerkschafts-tag vom 29. Oktober bis 4. November 1995 in Berlin und am 25. November in Mainz", in: *Me-tall* 1/1996, Sonderdruck zur Hauptausgabe.

IGM, 1998b: *IG Metall fordert 6,5 Prozent*, IG Metall Aktuell: Meldungen, www.igmetall.de/aktuell/meldungen/981013_1/index.html: IG Metall, Bundesvorstand.

IGM, 1999: *Arbeitsplätze und Einkommensverteilung. Ein internationaler Vergleich*, Redaktion: R. Kuda, Frankfurt a.M.: IG Metall/Vorstand.

IGM, o.J. (1995): *Bündnis für Arbeit*, IG Metall-Vorstand, Frankfurt a.M.: IG Metall.

IGM-direkt Nr. 15/1999.

Janoski, Thomas, 1990: *The Political Economy of Unemployment. Active Labour Market Policy in West Germany and the United States*, Berkley; Los Angeles; Oxford: University of California Press.

Kamp, Martin, 1999: „Niederländisches Wunder?", in: *Bundesarbeitsblatt*, Nr. 3/99: 23ff.

Kaufmann, Franz-Xaver, 1995: *Zukunft der Familie im vereinten Deutschland. Gesellschaftliche und politische Bedingungen*, München: C.H. Beck.

Klauder, Wolfgang, 1999: *Arbeit, Arbeit, Arbeit. Mit offensiven Strategien zu mehr Beschäftigung*, Osnabrück: Fromm.

Kleinhenz, Gerhard, 2000: *Zur Bedeutung arbeits- und sozialrechtlicher Regelungen bei der Be-kämpfung der Arbeitslosigkeit – Wirtschaftswissenschaftliche Aspekte*, Gutachten für die ar-beitsrechtliche Abteilung des Deutschen Juristentages im September 2000, Berlin: Institut für Arbeitsmarkt- und Berufsforschung der Bundesanstalt für Arbeit.

Klös, Hans-Peter, 1999: „Beschäftigungs- und Produktivitätseffekte der VGR-Revision", in: *iw-trends* 26: 21-34.

Koalitionsvertrag, 1998: *Aufbruch und Erneuerung – Deutschlands Weg ins 21. Jahrhundert Koalitionsvereinbarung zwischen der Sozialdemokratischen Partei Deutschlands und Bündnis 90/Die Grünen*, 20. Okt. 1998, Bonn.

Koch, Claus, 1995: *Die Gier des Marktes. Die Ohnmacht des Staates im Kampf der Weltwirtschaft*, München; Wien: Hanser.

Kohaut, Susanne; Schnabel, Claus, 1998: *Flächentarifvertrag im Westen sehr viel weiter verbreitet als im Osten – Ergebnisse aus dem IAB-Betriebspanel –*, IAB-Kurzbericht Nr. 19 / 23. Dez. 1998, Nürnberg: Institut für Arbeitsmarkt- und Berufsforschung der Bundesanstalt für Arbeit.

Kohaut, Susanne; Schnabel, Claus, 2001: *Tarifverträge – nein danke!? Einflussfaktoren der Tarifbindung west- und ostdeutscher Unternehmen*, Lehrstuhl für Volkswirtschaftslehre, Diskussionspapiere Nr. 8, Erlangen; Nürnberg: Friedrich-Alexander-Universität.

Kohli, Martin, 1985: „Die Institutionalisierung des Lebenslaufs. Historische Befunde und theoretische Argumente", in: *Kölner Zeitschrift für Soziologie und Sozialpsychologie* 37: 1-29.

Kommission für Zukunftsfragen der Freistaaten Bayern und Sachsen, 1996: *Erwerbstätigkeit und Arbeitslosigkeit in Deutschland. Entwicklung, Ursachen und Maßnahmen. Teil I: Entwicklung der Erwerbstätigkeit und Arbeitslosigkeit in Deutschland und anderen frühindustrialisierten Ländern*, Oktober 1996, Bonn.

Krätke, Michael, 1991: „Steuergewalt, Versicherungszwang und ökonomisches Gesetz", in: *Prokla* 21: 112-143.

Kühl, Jürgen, 1993: „Chronik der Arbeitsmarktpolitik", in: *Mitteilung aus der Arbeitsmarkt- und Berufsforschung* 2: 267-280.

Kunz, Dieter, 1983: „Absorptionswirkungen der Arbeitszeitverkürzung", in: Offe, Claus et al. (Hg.): *Arbeitszeitpolitik. Formen und Folgen einer Neuverteilung der Arbeitszeit*, Frankfurt a.M; New York: Campus: 60-72.

Kurz-Scherf, Ingrid, 1993: „Normalarbeitszeit und Zeitsouveränität. Auf der Suche nach Leitbildern für eine neue Arbeitszeitpolitik", in: Seifert, Hartmut (Hg.): *Jenseits der Normalarbeitszeit: Perspektiven für eine bedürfnisgerechtere Arbeitszeitgestaltung*, Köln: Bund-Verlag: 9-79.

Kurz-Scherf, Ingrid, 1998: „Arbeitslosigkeit, Rechtsradikalismus, Vollbeschäftigung", in: *Gewerkschaftliche Monatshefte* 49: 389-394.

Lampert, Heinz, 1989: „20 Jahre Arbeitsförderungsgesetz", in: *Mitteilung für Arbeitsmarkt- und Berufsforschung* 2: 173-186.

Landmann, Juliane, 2000: *Gewerkschaftliche Reaktionen auf den Verlust der Vollbeschäftigung. Der Deutsche Gewerkschaftsbund und das »Bündnis für Arbeit«*, Diplomarbeit am Institut für Soziologie der Universität Leipzig. Ms., Leipzig.

Lantzsch, Jana, 1999: *Die implizite Aufgabe des politischen Ziels Vollbeschäftigung*, Diplomarbeit am Institut für Soziologie der Universität Leipzig. Ms., Leipzig.

Laumann, Maja, 1999: *Teilzeitarbeit zwischen Wunsch und Wirklichkeit. Aspekte des Wechsels vollzeitbeschäftigter Arbeitnehmerinnen in Teilzeitarbeit – dargestellt an Arbeitnehmerinnen in den Neuen Bundesländern im Zeitraum von 1990 bis 1996*, Magisterarbeit am Institut für Soziologie der Universität Leipzig, Ms.: Leipzig.

Lauschke, Karl; West, Klaus-W., 1995: „Jenseits von Markt und Staat", in: *Gewerkschaftliche Monatshefte* 46: 393-405.

Lehndorff, Steffen, 1998: „Von der »kollektiven« zur »individuellen« Arbeitszeitverkürzung? Arbeitszeittrends und -erfahrungen in der Europäischen Union", in: *WSI-Mitteilungen* 51: 569-579.

Leibfried, Stephan; Tennstedt, Florian, 1985: „Armenpolitik und Arbeiterpolitik. Zur Entwicklung und Krise der traditionellen Sozialpolitik der Verteilungsformen", in: Leibfried, Stephan; Tennstedt, Florian (Hg.), *Politik der Armut und die Spaltung des Sozialstaats*, Frankfurt a.M.: Suhrkamp: 64-93.

Leminsky, Gerhard, 1995: „Gewerkschaftsreform und Mitbestimmung", in: *Gewerkschaftliche Monatshefte* 46: 21-34.

Lessenich, Stephan, 1996: „Umbau, Abbau, Neubau? Der deutsche Sozialstaat im Wandel. Eine Provokation", in: *Leviathan* 24: 208-221.

Lessenich, Stephan; Ostner, Ilona, 1995: „Die institutionelle Dynamik, »dritter Wege« – Zur Entwicklung der Familienpolitik in »katholischen« Wohlfahrtsstaaten am Beispiel Deutschlands und Frankreichs", in: *Zeitschrift für Sozialreform* 41: 780-803.

Lindblom, Charles E., 1977: *Politics and Markets – The World's Political Economic Systems*, New York: Basis Books.

Matthies, Hildegard et al., 1994: *Arbeit 2000. Anforderungen an eine Neugestaltung der Arbeitswelt*, Studie der Hans-Böckler-Stiftung, Reinbek bei Hamburg: Rowohlt.

Mückenberger, Ulrich, 1983: „Entwicklung und Funktion des Arbeitszeitrechts", in: Offe, Claus et al. (Hg.): *Arbeitszeitpolitik. Formen und Folgen einer Neuverteilung der Arbeitszeit*, Frankfurt a.M.; New York: Campus: 46-59.

Mückenberger, Ulrich, 1985: „Die Krise des Normalarbeitsverhältnisses – Hat das Arbeitsrecht noch Zukunft?", in: *Zeitschrift für Sozialreform* 31: 415-434 u. 457-475.

Mückenberger, Ulrich, 1995: „Aktuelle Herausforderungen an die Tarifpolitik", in: Blanke, Thomas; Schmidt, Eberhard (Hg.), *Tarifpolitik im Umbruch*, München; Mering: Rainer Hampp Verlag: 19-35.

Müller-Jentsch, Walther, 1995: „Auf dem Prüfstand: Das deutsche Modell der industriellen Beziehungen", in: *Industrielle Beziehungen* 2: 11-24.

Müller-Jentsch, Walther; Ittermann, Peter, 2000: *Industrielle Beziehungen. Daten, Zeitreihen, Trends 1950-1999*, Frankfurt a.M.; New York: Campus.

Münch, Ursula, 1990: *Familienpolitik in der Bundesrepublik Deutschland. Maßnahmen, Defizite, Organisation familienpolitischer Staatstätigkeit*, Freiburg i.Br.: Lambertus.

Neyer, Jürgen; Seeleib-Kaiser, Martin, 1996: „Arbeitsmarktpolitik nach dem Wohlfahrtsstaat. Konsequenzen der ökonomischen Globalisierung", in: *Aus Politik und Zeitgeschichte* B 26/96: 36-44.

Ochel, Wolfgang; Schreyer, Paul, 1988: *Beschäftigungsentwicklung im Bereich der privaten Dienstleistungen. USA – Bundesrepublik im Vergleich*, Berlin; München: Duncker & Humblot.

Offe, Claus et al. (Hg.), 1983: *Arbeitszeitpolitik. Formen und Folgen einer Neuverteilung der Arbeitszeit*, Frankfurt a.M.; New York: Campus.

Offe, Claus, 1975: *Berufsbildungsreform. Eine Fallstudie über Reformpolitik*, Frankfurt a.M.: Suhrkamp.

Offe, Claus, 1984: *»Arbeitsgesellschaft«: Strukturprobleme und Zukunftsperspektiven*, Frankfurt a.M.; New York: Campus.

Offe, Claus, 1994: „Prämien für Aussteiger", in: *Die Zeit* v. 11. März 1994, Nr. 11: 25.

Offe, Claus, 1995: „Freiwillig auf die Teilnahme am Arbeitsmarkt verzichten", in: *Frankfurter Rundschau* 19. Juli 1995, Nr. 165: 10.

Offe, Claus, 1997: „Was tun mit dem »Überangebot« an Arbeitskräften?", in: *Gewerkschaftliche Monatshefte* 48: 239-243.

Offe, Claus; Hinrichs, Karl, 1984: „Sozialökonomie des Arbeitsmarktes: Primäres und sekundäres Machtgefälle", in: Offe, Claus: *»Arbeitsgesellschaft«: Strukturprobleme und Zukunftsperspektiven*, Frankfurt a.M.; New York: Campus: 44-86.

Olson, Mancur, 1992: *Die Logik kollektiven Handelns*, Tübingen: Mohr.

Oppolzer, Alfred; Zachert, Ulrich (Hg.), 2000: *Krise und Zukunft des Flächentarifvertrages*, Schriften der Hans-Böckler-Stiftung Bd. 43, Baden-Baden: Nomos.

Oschmiansky, Heidi; Schmid, Günther, 2000: *Wandel der Erwerbsformen. Berlin und die Bundesrepublik im Vergleich*, Discussion Paper FS I 00-204, Berlin: Wissenschaftszentrum Berlin für Sozialforschung.

Ostner, Ilona, 1995: „Sozialstaatsmodelle und die Situation der Frauen", in: Fricke, Werner (Hg.), *Jahrbuch Arbeit + Technik. Zukunft des Sozialstaats*, Bonn: Dietz: 57-68.

Plantenga, Jannecke; Dur, Robert, 1998: „Arbeitszeitverkürzung in den Niederlanden. Entwicklungen in der Vergangenheit und Aussichten für die Zukunft", in: *WSI-Mitteilungen* 51: 607-614.

Polanyi, Karl, 1977: *The Great Transformation*. Wien: Europaverlag.

Presse- und Informationsamt der Bundesregierung (Hg.), 2001a: *Arbeitsmarkt 2000: Aufhellung hat angehalten*, Sozialpolitische Umschau, Ausgabe 1, Nr. 3, Berlin: 7-19.

Presse- und Informationsamt der Bundesregierung (o.J.): *Bericht zur Verbesserung von Beschäftigungschancen gering qualifizierter Arbeitnehmer*, http://www.buendnis.de/03/08/index2.html.

Presse- und Informationsamt der Bundesregierung, 1999: *Gemeinsame Erklärung des Bündnisses für Arbeit, Ausbildung und Wettbewerbsfähigkeit zu den Ergebnissen des 4. Spitzengesprächs am 12. Dezember 1999*, http://www.buendnis.de/05/06.html.

Presse- und Informationsamt der Bundesregierung, 2000a: *Gemeinsame Erklärung des Bündnisses zu den Ergebnissen des Spitzengesprächs am 9. Januar 2000*, http://www.buendnis.de/05/07.html.

Presse- und Informationsamt der Bundesregierung, 2000b: *Gemeinsame Erklärung des Bündnisses für Arbeit, Ausbildung und Wettbewerbsfähigkeit zu den Ergebnissen des 6. Spitzengesprächs am 10. Juli 2000*, http://www.buendnis.de/05/08.html.

Presse- und Informationsamt der Bundesregierung, 2000c: *Bericht der Benchmarkinggruppe zur Arbeitszeitpolitik*, http://www.buendnis.de/03/08/index5.html.

Presse- und Informationsamt der Bundesregierung, 2001b: *Bundeskanzler Schröder: Bündnis für Arbeit lässt Tarifautonomie unangetastet*, http://www.buendnis.de/08/01/14.html.

Presse- und Informationsamt der Bundesregierung, 2001c: *Die bisherigen Erfolge des Bündnisses für Arbeit*, http://www.buendnis.de/02/08.html.

Presse- und Informationsamt der Bundesregierung, 2001d: *Gemeinsame Erklärung des Bündnisses für Arbeit, Ausbildung und Wettbewerbsfähigkeit zu den Ergebnissen des 7. Spitzengesprächs am 4. März 2001*, http://www.buendnis.de/08/01/09.html.

Prognos (1998): *Prognos Deutschland-Report Nr. 2. Die Bundesrepublik Deutschland 2005 – 2010 – 2020*, http://www.prognos.com/html/p_dreport.html.

Ramthun, Christian, 1999: „Vor den Latz geknallt", in: *Wirtschaftswoche* Nr. 20: 21.

Riedmüller, Barbara; Olk, Thomas (Hg.), 1994: *Grenzen des Sozialversicherungsstaates*, Leviathan Sonderheft 14/1994, Opladen: Westdeutscher Verlag.

Riese, Martin, 1983: „Arbeitszeitverkürzung und Beschäftigung", in: Talos, Emmerich; Vobruba, Georg (Hg.): *Perspektiven der Arbeitszeitpolitik*, Wien: Verlag für Gesellschaftskritik: 65-81.

Riester, Walter, 1998: „Vorwort", in: IGM (Hg.), *Die Zeiten ändern sich – Arbeitszeit verkürzen und gestalten – gegen Arbeitslosigkeit*, Arbeitszeitpolitische Konferenz der IG Metall vom 7.-9. Mai 1998 in Hannover, Frankfurt a.M.: IG Metall/Vorstand: 4-5.

Ritzmann, Sascha, 2001: *Gewerkschaftliche Interessen: die Motive arbeitszeitpolitischer Forderungen*, Diplomarbeit am Institut für Soziologie der Universität Leipzig, Ms., Leipzig.

Rössel, Gottfried; Schaefer, Rainer; Wahse, Jürgen, 1999: *Alterspyramide und Arbeitsmarkt. Zum Alterungsprozeß der Erwerbstätigen in Deutschland*, Frankfurt a.M.; New York: Campus.

Scharpf, Fritz W., 1985: „Die Politikverflechtungs-Falle: Europäische Integration und deutscher Förderalismus im Vergleich", in: *PVS* 26: 323-356.

Scharpf, Fritz W., 1988a: „Verhandlungssysteme, Verteilungskonflikte und Pathologien der politischen Steuerung", in: *PVS*, Sonderheft 19: Opladen: 61-87.

Scharpf, Fritz W., 1988b: „Inflation und Arbeitslosigkeit in Westeuropa. Eine spieltheoretische Interpretation", in: *PVS* 29: 6-41.

Scharpf, Fritz W., 1990: „Structures of Postindustrial Society or Does Mass Unemployment Disappear in the Service and Information Economy?", in: Appelbaum, Eileen; Schettkat, Ronald (Hg.): *Labor Market Adjustments to Structural Change and Technological Progress*, New York: Praeger: 17-35.

Scharpf, Fritz W., 1992: „Einführung: Zur Theorie von Verhandlungssystemen", in: Benz, Arthur; Scharpf, Fritz W.; Zintl, Reinhard (Hg.): *Horizontale Politikverflechtung*, Frankfurt a.M.; New York: Campus: 11-27.

Scharpf, Fritz W., 1993a: „Positive und negative Koordination in Verhandlungssystemen", in: *PVS*, Sonderband 24: Opladen: 57-83.

Scharpf, Fritz W., 1995: „Subventionierte Niedriglohn-Beschäftigung statt bezahlter Arbeitslosigkeit?", in: *Zeitschrift für Sozialreform* 41: 65-82.

Scharpf, Fritz W., 1998: „Die Zukunft der Arbeit im renovierten »Modell Deutschland«", in: *Gewerkschaftliche Monatshefte* 49: 447-451.

Schartau, Harald, 1996: „Chancen für den Industriestandort Deutschland erhalten", in: *Gewerkschaftliche Monatshefte* 47: 647-649.

Schartau, Harald, 1998: „Bündnis für Arbeit und europäische Gewerkschaftsperspektiven", in: *Gewerkschaftliche Monatshefte* 49: 617-626.

Schilling, Gabi et al., 1996: „Arbeitszeiten, Arbeitswünsche und Zeitverwendung in Deutschland – Ergebnisse einer aktuellen Beschäftigtenbefragung in West- und Ostdeutschland", in: *WSI-Mitteilungen* 49: 432-441.

Schmid, Günther, 1997: „Arbeitslosigkeit und Beschäftigung in Europa: Ansätze zu einer Theorie des Beschäftigungsregimes", in: Statistisches Bundesamt (Hg.): *Statistische Informationen zum Arbeitsmarkt – Konzepte und Kritik, Anwendung und Auslegung*, Wiesbaden; Stuttgart: Metzler-Poeschel: 15-39.

Schmid, Josef, 1996: *Wohlfahrtsstaaten im Vergleich. Soziale Sicherungssysteme: Organisation, Finanzierung, Leistungen und Probleme*, Opladen: Leske + Budrich.

Schmid, Thomas (Hg.), 1985: *Das Ende der starren Zeit. Vorschläge zur flexiblen Arbeitszeit*, Berlin: Wagenbach.

Schmidt, Manfred G., 1989: „Massenarbeitslosigkeit und politische Stabilität", in: Peters, Wilhelm (Hg.), *Massenarbeitslosigkeit und Politik – Reaktionsweisen und Strategieoptionen in verschiedenen Politikarenen*. Arbeitspapier 1989-1. Paderborn: Arbeitskreis Sozialwissenschaftliche Arbeitsmarktforschung.

Schmidt, Manfred G., 1998: *Sozialpolitik in Deutschland. Historische Entwicklung und internationaler Vergleich*, 2., vollständig überarbeit. und erweiterte Aufl., Opladen: Leske + Budrich.

Schmidt, Rudi, 2001: „Erosion der Tarifsetzungsmacht", in: Abel, Jörg; Sperling, Hans Joachim (Hg.), *Umbrüche und Kontinuitäten. Perspektiven nationaler und internationaler Arbeitsbeziehungen*, Walther Müller-Jentsch zum 65. Geburtstag, München; Mering: Rainer Hampp Verlag: 201-219.

Schmierl, Klaus, 2001: „Hybridisierung der industriellen Beziehungen in der Bundesrepublik – Übergangsphänomen oder neuer Regulationsmodus?", in: *Soziale Welt* 52: 427-447.

Schmitter, Phillipe C.; Streeck, Wolfgang, 1981: *The organization of business interest: a research design to study the associative action of business in the advanced industriel societies of Western Europe*, WZB Discussion Paper IIM/LMP 81-13. Berlin: Wissenschaftszentrum Berlin für Sozialforschung.

Schmitthenner, Horst, 1998a: „Bündnis für Arbeit – schon wieder?", in: *Blätter für deutsche und internationale Politik* 43: 841-849.

Schmitthenner, Horst, 1998b: „Den Spieß umdrehen. Anforderungen an ein »Bündnis für Arbeit«", in: *Sozialismus* 11/98: 40-42.

Schreyer, Michaele, 1987: „Grundeinkommen – Das Brot der Emanzipation oder Schweigegeld für Frauen?", in: Opielka, Michael; Ostner, Ilona (Hg.), *Umbau des Sozialstaats. Perspektiven der Sozialpolitik*, Essen: Klartext: 270-276.

Schröder, Gerhard, 1999: „Bündnis für Arbeit, Ausbildung und Wettbewerbsfähigkeit. Gemeinsame Erklärung der Teilnehmer der ersten Gesprächsrunde am 7. Dezember 1998 (Wortlaut)", in: *Blätter für deutsche und internationale Politik*, 44: 248ff.

Schroeder, Wolfgang, 2000: *Das Modell Deutschland auf dem Prüfstand. Zur Entwicklung der industriellen Beziehungen in Ostdeutschland*, Wiesbaden: Westdeutscher Verlag.

Schulte, Dieter, 1996: „Reformjahr 1996 – ein Ausblick", in: *Gewerkschaftliche Monatshefte* 47: 2-16.

Schulte, Dieter, 1998a: „Einmischung: Dieter Schulte über die Gewerkschafts-Kampagne im Wahljahr", in: DGB (Hg.), *Was geht's mich an? Deine Stimme für Arbeit und soziale Gerechtigkeit*, Düsseldorf: Deutscher Gewerkschaftsbund: 6-9.

Schulte, Dieter, 1998b: *Statement zum Start der DGB-Kampagne »Deine Stimme für Arbeit und soziale Gerechtigkeit«*, Pressekonferenz des DGB am 14. April 1998 in Düsseldorf, www.dgb.de: Deutscher Gewerkschaftsbund.

Schulte, Dieter, 1998c: *Ende der Arbeitsgesellschaft? Beschäftigungspolitik nach der Jahrhundertwende*, Referat im Walter Eucken Institut am 2. Dezember 1998 in Freiburg, Düsseldorf, www.dgb.de: DGB.

Schulze-Buschoff, Karin, 2000: *Vom Normalarbeitsverhältnis zur Flexibilisierung – über den Wandel der Arbeitszeitmuster: Ausmaß, Bewertung und Präferenzen*, WZB Discussion Paper P 00-511, Berlin: Wissenschaftszentrum Berlin für Sozialforschung.

Schupp, Jürgen et al. (Hg.), 1998: *Arbeitsmarktstatistik zwischen Realität und Fiktion*, Berlin: Sigma.

Seifert, Hartmut (Hg.), 1993: *Jenseits der Normalarbeitszeit. Perspektiven für eine bedürfnisgerechtere Arbeitszeitgestaltung*, Köln: Bund.

Seifert, Hartmut, 1997: „Überlegungen zu qualifikationsorientierten Arbeitszeitverkürzungen", in: *WSI-Mitteilungen* 50, Sonderheft: 57-63.

Seifert, Hartmut, 1998a: „Beschäftigungspolitik und Arbeitszeitverkürzung", in: IGM (Hg.), *Die Zeiten ändern sich – Arbeitszeit verkürzen und gestalten – gegen Arbeitslosigkeit*, Arbeitszeitpolitische Konferenz der IG Metall vom 7.-9. Mai 1998 in Hannover, Frankfurt a.M.: IG Metall/ Vorstand: 29-41.

Seifert, Hartmut, 1998b: Arbeitszeitpolitik in Deutschland: auf der Suche nach neuen Wegen. In: *WSI-Mitteilungen* 51: 579-588.

Sesselmeier, Werner; Blauermel, Gregor, 1998: *Arbeitsmarkttheorien. Ein Überblick*, 2. überarb. und erw. Aufl., Heidelberg: Physica-Verlag.

Sitte, Ralf, 1998: „Wer nicht genug verdient, dem soll gegeben werden. Subventionierte Niedriglöhne als Innovation in der Beschäftigungspolitik?", in: *Gewerkschaftliche Monatshefte* 49: 36-47.

Spahn, Heinz-Peter, 1996: *Makroökonomie: theoretische Grundlagen und stabilitätspolitische Strategien*, Berlin et al.: Springer.

SPD (Sozialdemokratische Partei Deutschlands), 1998: *Arbeit, Innovation und Gerechtigkeit – SPD-Programm für die Bundestagswahl 1998*, Bonn: Parteivorstand der SPD.

187

Spiegel, 1999: „Schröders Denkfabrik", Nr.: 19: 30-45.

Statistisches Bundesamt (Hg.), 1997: *Datenreport. Zahlen und Fakten über die Bundesrepublik Deutschland*, Schriftenreihe 340, Bonn: Bundeszentrale für politische Bildung.

Statistisches Bundesamt (Hg.), 2001: *Datenreport 1999. Zahlen und Fakten über die Bundesrepublik Deutschland*, Aktualisierte Ausgabe. Schriftenreihe Band 365, Bonn: Bundeszentrale für politische Bildung.

Statistisches Bundesamt, 1999: *Sozialleistungen. Sozialhilfe in Deutschland: Entwicklung und Strukturen*, Presseexemplar. Januar 1999, Wiesbaden: Statistisches Bundesamt.

Streeck, Wolfgang, 1994: „Einleitung des Herausgebers. Staat und Verbände: Neue Fragen. Neue Antworten?", in: *PVS*, Sonderband 25: Opladen: 7-34.

Streeck, Wolfgang, 1998: „Wirklichkeitsnah und pragmatisch", in: *Die Mitbestimmung* 44: 15-18.

Streeck, Wolfgang; Schmitter, Phillipe C., 1985: „Gemeinschaft, Markt und Staat – und die Verbände?. Der mögliche Beitrag von Interessenregierungen zur sozialen Ordnung", in: *Journal für Sozialforschung* 25: 133-157.

Struck, Olaf; Simonson, Julia, 2000: „Übergänge im Erwerbsleben. Theoretische Konzepte und empirische Befunde zur betrieblichen Lebenslaufpolitik", in: George, Rainer; Struck, Olaf (Hg.), *Generationenaustausch im Unternehmen*, München; Mering: Rainer Hampp Verlag: 21-54.

SVR, 1998: *Jahresgutachten 1998/99 des Sachverständigenrates zur Begutachtung der gesamtwirtschaftlichen Entwicklung*, Deutscher Bundestag, Unterrichtung durch die Bundesregierung, Drucksache 14/73 v. 20.11.98, Bonn: Bundesanzeiger.

Textor, Martin, 1991: *Familienpolitik. Probleme, Maßnahmen, Forderungen*, Bonn: Bundeszentrale für politische Bildung.

Thome, Rainer (Hg.), 1997: *Arbeit ohne Zukunft? Organisatorische Konsequenz der wirtschaftlichen Informationsverarbeitung*, München: Vahlen.

Traxler, Franz, 1988: „Politischer Tausch, kollektives Handeln und Interessenregulierung. Zu einer Theorie der Genesis verbandlicher Tarifbeziehungen und korporatistischer Steuerungssysteme", in: *Journal für Sozialforschung* 28: 267-285.

Traxler, Franz; Vobruba, Georg, 1987: „Selbststeuerung als funktionales Äquivalent zum Recht?: Zur Steuerungskapazität von neokorporatistischen Arrangements und reflexivem Recht", in: *Zeitschrift für Soziologie.* 16: 3-15.

Trinczek, Rainer, 1998: „35-Stunden-Woche in der gewerkschaftlichen und betrieblichen Praxis – Kurzdarstellung der Umfrage-Ergebnisse der Forschungsgruppe IPRAS", in: IGM (Hg.): *Die Zeiten ändern sich – Arbeitszeit verkürzen und gestalten – gegen Arbeitslosigkeit*, Arbeitszeitpolitische Konferenz der IG Metall vom 7.-9. Mai 1998 in Hannover, Frankfurt a.M.: IG Metall/Vorstand: 42-46.

Tyrell, Hartmann, 1988: „Ehe und Familie – Institutionalisierung und Deinstitutionalisierung", in: Lüscher, Kurt; Schultheis, Franz; Wehrspaun, Michael (Hg.): *Die postmoderne Familie. Familiale Strategien und Familienpolitik in einer Übergangszeit*, Konstanz: Universitätsverlag Konstanz: 145-156.

Urban, Hans-Jürgen, 1998: „Ein neues »Bündnis für Arbeit«? Über Interessenlagen und Verhandlungsstrategien in einem neokorporatistischen Beschäftigungspakt", in: *Zeitschrift für Sozialreform* 44, S 613-637.

VDR, Verband Deutscher Rentenversicherungsträger, 1999: *Rentenversicherung im internationalen Vergleich*, DRV Schriften Band 15-1999, Bad Homburg: VDR.

Vetterlein, Antje, 2000: *Verhandelbarkeit von Arbeitszeitverkürzung. Zum Versuch neokorporatistischer Beschäftigungssteuerung im »Bündnis für Arbeit«*, WZB Discussion Paper P 00-517. Berlin: Wissenschaftszentrum für Sozialforschung.

Visser, Jelle, 1998: „Fünfzehn Jahre Bündnis für Arbeit in den Niederlanden", in: *Gewerkschaftliche Monatshefte* 49: 661-668.

Vobruba, Georg, 1983a: *Politik mit dem Wohlfahrtsstaat*, Frankfurt a.M.: Suhrkamp.

Vobruba, Georg, 1983b: „Gewerkschaftsöffnung. Plädoyer für eine Erweiterung gesellschaftspolitischer Aufmerksamkeit", in: *Gewerkschaftliche Monatshefte* 34: 163-176.

Vobruba, Georg, 1985a: „Arbeiten und Essen. Die Logik im Wandel des Verhältnisses von gesellschaftlicher Arbeit und existentieller Sicherung im Kapitalismus", in: Leibfried, Stephan; Tennstedt, Florian (Hg.), *Politik der Armut und die Spaltung des Sozialstaats*, Frankfurt a.M.: Suhrkamp: 41-63.

Vobruba, Georg, 1985b: „Wege aus der Flexibilisierungsfalle. Plädoyer für die Verbindung von Arbeitszeitverkürzung, Flexibilisierung und garantiertem Grundeinkommen", in: Schmid, Thomas (Hg.): *Das Ende der starren Zeit*, Berlin: Wagenbach: 25-39.

Vobruba, Georg, 1986: „Arbeitszeitpolitik", in: Meyer, Thomas et al. (Hg.): *Lexikon des Sozialismus*, Köln: Bund-Verlag: 67f.

Vobruba, Georg, 1989: *Arbeiten und Essen. Politik an den Grenzen des Arbeitsmarkts*, Wien: Passagen-Verlag.

Vobruba, Georg, 1990: „Lohnarbeitszentrierte Sozialpolitik in der Krise der Lohnarbeit", in: Vobruba, Georg (Hg.): *Strukturwandel der Sozialpolitik*, Frankfurt a.M.: Suhrkamp: 11-80.

Vobruba, Georg, 1991: *Jenseits der sozialen Fragen*, Frankfurt a.M.: Suhrkamp.

Vobruba, Georg, 1992: „Wirtschaftsverbände und Gemeinwohl", in: Mayntz, Renate (Hg.): *Verbände zwischen Mitgliederinteressen und Gemeinwohl*, Gütersloh: Verlag Bertelsmann-Stiftung: 80-121.

Vobruba, Georg, 1997: *Autonomiegewinne. Sozialstaatsdynamik, Moralfreiheit, Transnationalisierung*, Wien: Passagen-Verlag.

Vobruba, Georg, 1998: „Ende der Vollbeschäftigungsgesellschaft", in: Eicker-Wolf, Kai et al. (Hg.): *Die arbeitslose Gesellschaft und ihr Sozialstaat*: Metropolis: 21-51.

Vobruba, Georg, 1999a: „Income Mixes. Die neue Normalität nach der Vollbeschäftigung", in: Fricke, Werner (Hg.): *Jahrbuch Arbeit und Technik 1999/2000. Was die Gesellschaft bewegt*. Bonn: Dietz: 103-113.

Vobruba, Georg, 1999b: „Das Bündnis für Arbeit oder: »Wo ist denn hier der Notausgang?«", in: *Kommune* 24-25.

Vobruba, Georg, 2000: *Alternativen zur Vollbeschäftigung. Die Transformation von Arbeit und Einkommen*, Frankfurt a.M.: Suhrkamp.

Vobruba, Georg, 2001: „Und sie arbeiten doch!", in: *Blätter für deutsche und internationale Politik* 46: 1163-1167.

Voelzkow, Helmut et al., 1987: „»Regierung der Verbände« – am Beispiel der umweltbezogenen Techniksteuerung", in: *PVS* 28: 80-100.

Voswinkel Stephan, 1999: „Der Globalisierungsdiskurs und die deutschen industriellen Beziehungen", in: Brose, Hanns-Georg; Voelzkow (Hg.): *Institutioneller Kontext wirtschaftlichen Handelns und Globalisierung: Die Dramaturgie des »Bedürfnisses für Arbeit«*, Marburg: Metropolis: 113-136.

Wagner, Hilde; Schild, Armin, 1999: „Auf dem Weg zur Tarifbindung im Informations- und Kommunikationssektor. Ein Beispiel der Tarifpolitik der IG Metall im Bereich industrieller Dienstleistungen", in: *WSI-Mitteilungen* 52: 87-98.

Webber, Douglas, 1987: „Eine Wende in der deutschen Arbeitsmarktpolitik? Sozialliberale und christlich-liberale Antworten auf die Beschäftigungskrise", in: Abromeit, Heidrun; Blanke, Bernhard (Hg.): *Arbeitsmarkt, Arbeitsbeziehungen und Politik in den 80er Jahren*, Leviathan, Sonderheft 8, Opladen: Westdeutscher Verlag: 74-85.

Weidemann, Siggi, 2001a: „Konsens ohne Innovation", in: *Süddeutsche Zeitung* v. 3. Jan.: 21.

Weidemann, Siggi, 2001b: „Den Niederlanden droht eine Rezession", in: *Süddeutsche Zeitung* v. 21. Feb.: 25.

Weinkopf, Claudia, 1998: „Beschäftigung im Bereich sozialer Dienstleistungen", in: Mezger, Erika; West, Klaus W. (Hg.), *Neue Chancen für den Sozialstaat. Soziale Gerechtigkeit, Sozialstaat und Aktivierung*, Marburg: Schüren: 42-54.

Wiedemann, Eberhard et al. (Hg.), 1999: *Die arbeitsmarkt- und beschäftigungspolitische Herausforderung in Ostdeutschland*, Beiträge zur Arbeitsmarkt und Berufsforschung 223, Nürnberg: Institut für Arbeitsmarkt- und Berufsforschung der Bundesanstalt für Arbeit.

Wiesenthal, Helmut, 1987: *Strategie und Illusion: Rationalitätsgrenzen kollektiver Akteure am Beispiel der Arbeitszeitpolitik 1980-1985*, Frankfurt a.M.; New York: Campus.

Willke, Gerhard, 1999: *Die Zukunft unserer Arbeit*, Frankfurt a.M.; New York: Campus.

Wingen, Max, 1997: *Familienpolitik. Grundlagen und aktuelle Probleme*, Stuttgart: Lucius & Lucius.

WSI, 2001: *Informationen zur Tarifpolitik. Tarifpolitischer Jahresbericht 2000*, Hans-Böckler-Stiftung: Düsseldorf.

WSI-Mitteilungen, 2000: *Flexicurity – Arbeitsmarkt und Sozialpolitik in Zeiten der Flexibilisierung*, Schwerpunktheft 5/2000, Jg. 53, Köln: Bund-Verlag.

Wunder, Dieter, 1996: „Das Dilemma eines neuen Grundsatzprogramms", in: *Gewerkschaftliche Monatshefte* 47: 503-508.

Zwickel, Klaus, 1995a: „Interessenvertretung und Gesellschaftsreform", in: IG Metall, Vorstand (Hg.), *Interessenvertretung, Organisationsentwicklung und Gesellschaftsreform*, Frankfurt a.M.: IG Metall: 13-31.

Zwickel, Klaus, 1995b: „Umbrüche im Regulierungssystem. Herausforderung für Erneuerung und Reform der Gewerkschaften", in: *Gewerkschaftliche Monatshefte* 46: 1-12.

Zwickel, Klaus, 1998a: *Streiten für Arbeit. Gewerkschaften contra Kapitalismus pur*, Berlin: Aufbau Taschenbuch Verlag.

Zwickel, Klaus, 1998b: „Eröffnungsrede", in: IGM (Hg*.), Die Zeiten ändern sich – Arbeitszeit verkürzen und gestalten – gegen Arbeitslosigkeit*, Arbeitszeitpolitische Konferenz der IG Metall vom 7.-9. Mai 1998 in Hannover, Frankfurt a.M.: IG Metall/Vorstand: 10-21.

If you have any concerns about our products,
you can contact us on
ProductSafety@springernature.com

In case Publisher is established outside the EU,
the EU authorized representative is:
**Springer Nature Customer Service Center GmbH
Europaplatz 3, 69115 Heidelberg, Germany**

Printed by Libri Plureos GmbH
in Hamburg, Germany